古典文獻研究輯刊

二七編

潘美月・杜潔祥 主編

第20冊

《全元文》補正（第一冊）

陳 開 林 著

國家圖書館出版品預行編目資料

《全元文》補正（第一冊）／陳開林 著 — 初版 — 新北市：花
木蘭文化事業有限公司，2018〔民 107〕
目 4+260 面；19×26 公分
（古典文獻研究輯刊 二七編：第 20 冊）
ISBN 978-986-485-578-0（精裝）
1. 全元文 2. 研究考訂
011.08　　　　　　　　　　　　　　　　　　107012297

ISBN-978-986-485-578-0

9 789864 855780

古典文獻研究輯刊
二七編　第二十冊　　　　　ISBN：978-986-485-578-0

《全元文》補正（第一冊）

作　　者　陳開林
主　　編　潘美月　杜潔祥
總 編 輯　杜潔祥
副總編輯　楊嘉樂
編　　輯　許郁翎、王筑　美術編輯　陳逸婷
出　　版　花木蘭文化事業有限公司
發 行 人　高小娟
聯絡地址　235 新北市中和區中安街七二號十三樓
　　　　　電話：02-2923-1455／傳真：02-2923-1452
網　　址　http://www.huamulan.tw　信箱 hml810518@gmail.com
印　　刷　普羅文化出版廣告事業
初　　版　2018 年 9 月
全書字數　844182 字
定　　價　二七編 24 冊（精裝）新台幣 46,000 元

《全元文》補正（第一冊）

陳開林 著

作者簡介

陳開林（1985～），湖北麻城人。2012 年畢業於湖北大學，獲文學碩士學位（中國古代文學先秦方向）。2015 年畢業於華中師範大學，獲文學博士學位（中國古代文學元明清方向）。現爲鹽城師範學院文學院講師。主要研究宋元明清文學、近代文學、中國古典文獻學、經學。在《圖書館雜誌》《文獻》《中國典籍與文化》《古典文獻研究》《中國詩學》等刊物發表論文 70 餘篇。

提　　要

　　《緒論》指出了元代文學研究的現狀，凸顯了《全元文》編纂的必要性，並對其成就予以肯定。同時，總結了《全元文》存在的諸方面的問題，從「文」的範圍界定不清、作家收錄標準不統一、文本問題、小傳不夠精審、大量的佚文有待發掘、對學界已有的研究成果重視不夠六個方面予以闡述。針對這些問題，學界時有匡正，故略作述評，以呈現學界的研究現狀，並揭櫫本書的研究範圍及方法，《〈全元文〉作家重收誤收考》，考定重收作家 64 人、誤收作家 35 人，另有一文分屬兩人的現象，共計 4 篇。《〈全元文〉作家小傳補正》，針對《全元文》所寫定的作家小傳予以補正，共計 260 人。同時，就輯錄有佚文而《全元文》失收的作家，考證其生平，共計 90 人。《〈全元文〉作品校證》，針對《全元文》所收文章進行校勘，共 653 篇。對文本中的錯訛、脫文、倒文、衍文等情況予以糾正，並結合相關典籍，對部分異文進行考實。其中，有多篇文字，《全元文》所收文本不全，均可據以補全。《〈全元文〉作品繫年》，主要是通過文章內容的信息、《全元文》未採用的其他版本而遺漏的文本信息，以考訂相關作品的寫作時間，共計 197 篇。《〈全元文〉佚文輯校》，新輯錄佚文 673 篇。其中，《全元文》已收作家 161 人，佚文 313 篇；未收作家 242 人，佚文 360 篇。

目次

凡　例

一、本書用（數字／數字）形式，表示該作家在《全元文》中的冊數及起始
　　頁碼，以便查檢。
　　　如：虞集（26／1），即表明虞集之文載於《全元文》第26冊，自第一頁
　　　　始。
二、涉及文本校勘時，未免繁冗，書名多用簡稱。如《皕宋樓藏書志》簡稱
　　《藏書志》、《吳郡文編》簡稱《文編》，《歷代賦匯》簡稱《賦匯》。
三、若校勘一文，涉及多本書名時，則簡稱隨之有變化。如同時使用《愛日
　　精廬藏書志》《皕宋樓藏書志》時，則相應簡稱爲《愛日精廬》《皕宋樓》，
　　以示區分。以故同一典籍在本書不同章節，簡稱略有不同。但在同一篇
　　文本中，簡稱一致。
四、《〈全元文〉失收作家小傳考補》中「失收作家」僅限於《〈全元文〉失收
　　242位作家佚文320篇》之作家。本書未輯錄其佚文的《全元文》失收作
　　家，不在考訂範圍之列。
五、爲不掠人之美，本書凡引用各家之說，均一一注明出處。

緒　論

一、元代文學與《全元文》的編纂

　　相較於其他朝代而言，元代的文化研究相對不被重視，文學研究主要集中在元曲方面，文章研究明顯滯後〔註1〕。造成這個現象的原因，一方面是囿於傳統的觀念，輕視元朝文物的成見橫亙心中〔註2〕；另一方面也在於元代文獻的散亂，加深了研究的困難。

　　正如吳組緗、沈天祐《宋元文學史稿》一書中的論斷一樣，對元代文學的評價較爲典型的折射了學界的整體態度。該書在第六章概述元代詩文時指出：

　　　　元代文學的成就如前所説比較集中地體現在戲劇、小説一類通
　　俗文學上，特別是戲劇已成爲元代文學的標誌。而傳統的詩文創作
　　在元代則顯得暗淡無光，與唐、宋兩代的輝煌成就相比，簡直不可
　　同日而語了。

〔註 1〕何躍《論元代文學接受和研究的特點及新思路》，《東方論壇》2014 年第 3 期，
　　　　第 64～69 頁。
〔註 2〕趙翼《廿二史札記》卷 30《元諸帝多不習漢文》，中華書局 1982 年版，第 687
　　　　頁。對此，陳垣《元西域人華化考》卷 8《結論》有駁議，上海古籍出版社
　　　　2000 年版，第 130～134 頁。李則芬《元史之研究》（見《元史新講》第一冊，
　　　　黎明文化事業公司 1978 年版，第 19～23 頁）、《明人歪曲了元代歷史》（見《文
　　　　史雜考》，臺灣學生書局 1979 年版，第 159～200 頁），均對傳統誤解有相關
　　　　駁正。

整個元代沒有出現什麼傑出的詩文作家，無論詩和文‧題材都偏於狹窄，內容也較貧乏，當時社會和時代的一些本質矛盾和重大事件都沒有在詩文中得到應有的反映，有的作品即便反映了一些，但也比較膚淺，加之藝術上因襲前人較多，沒有什麼創新和開拓，所以元代詩文總的說來成就不大，缺乏一批感人至深、經得住時間考驗的作品。〔註3〕

《宋元文學史稿》從作家、作品入手，認爲元代詩文成就「暗淡無光」，與同時期的戲劇、小說不可同年而語。〔註4〕就學界而言，元代各類文學總集的編纂也反映了這一事實。隋樹森編《全元散曲》（1964）、唐圭璋編《全金元詞》（1979）、王季思主編《全元戲曲》（1990），均早已蜚聲學界。相比之下，《全元文》、《全元詩》的整理就較爲落後。

然而，與此同時，史學界對於元代文學卻有一些不同的聲音。除了陳垣先生《元西域人華化考》、李則芬先生《元史之研究》中對前人成見有所駁正外，柳詒徵先生也高度肯定了元代文學的成就，尤其是詩文成就。柳詒徵先生首先指出了元代文化的獨特性：

遼、夏及金，以殊族而同化於漢族，固不能出中國之範圍也。至於蒙古，則不然。成吉思汗之興，先用兵於西北，至於太宗、憲忠之世，其疆域已據有今之內外蒙古、天山南北路、中國之西北部、阿富汗、波斯之北部、俄羅斯之南部，而分爲四大汗國。至世祖時，始滅宋而全有華夏。故蒙古所吸收之文化，蓋兼中國、印度、大食及歐洲四種性質，未可專屬於中國之系統。是亦吾國歷史上特殊之事也。〔註5〕

正是基於元代政權的特殊性，柳先生進而指出「元代統馭東亞，鞭笞萬里，典章制作，必有遠軼前代者」〔註6〕、並認爲「宋元之詩文家極黟，稽其數量

〔註3〕吳組緗、沈天祐《宋元文學史稿》，北京大學出版社1989年版，第373頁。

〔註4〕按：韓儒林主編《元朝史》（修訂本）第九章《元代的文化科學》第一節《文學藝術》分述元曲（雜劇、南戲、散曲）、小說、詩詞和民歌（詩詞、民歌）、書畫，並未提及文章。人民出版社2008年版，第680～698頁。另外，程千帆《元代文學史》共12章，僅最後一章題爲《元代詩文》。鄧紹基《元代文學史》共27章，僅17～23章介紹元代詩文。

〔註5〕柳詒徵《中國文化史》第二十一章《蒙古之文化》，中國大百科全書出版社1988年版，第544頁。

〔註6〕柳詒徵《中國文化史》第二十一章《蒙古之文化》，中國大百科全書出版社1988年版，第552頁。

倍蓰於唐。而其作品又多別開戶牖，能發唐人之所未發」〔註7〕。較之通行的
評論，持論公允。

　　在文史研究中，文獻的重要性顯而易見。離開了文獻，研究工作就無法
繼續。從這個意義來講，要有效地加強元代文學的整體研究，編纂有元一代
的各類文體總集就顯得尤爲必要。隨著《全唐文》、《全唐詩》、《全宋詩》、《全
宋文》、《全遼金文》、《全遼金詩》、《全明詩》、《全清詞》等大型斷代詩文總
集的陸續編纂發行，同時，學界對於元代詩文研究的日益加劇，《全元文》、《全
元詩》的編纂，正是順應這一趨勢而來。由北京師範大學古籍所李修生先生
主編的《全元文》，「旨在搜集有元一代之漢文單篇散文、駢文和詩詞曲以外
的韻文」，(《全元文》第一冊「凡例」)，自 1999 年出版第一輯，至 2004 年全
部出齊，共 60 冊（另有《全元文索引》一冊，2005 年出版）。據相關統計，
所收作者達 3200 餘人，文章有 35000 多篇。另外，楊鐮主編《全元詩》2013
年已由中華書局出版，共 68 冊。收錄元代近 5000 位詩人，傳世的 14 萬首詩
篇，2000 多萬字。二書耙梳剔抉、搜輯校點，蒐羅有元一代的詩文文獻，爲
元代詩文研究提供了極大便利。通過二書收錄詩文的數量來看，足見王士禎
「元代文章極盛」〔註8〕之論，並非無稽之談。

二、《全元文》存在的問題

　　斷代總集作爲「文章之衡鑒，著作之淵藪」(《四庫全書總目》卷 186《總
集類序》)，要做到「鉅細兼收，義取全備」〔註9〕(《四庫全書總目》卷 189
《宋文紀》)。關於其編纂標準，前人多有論列。如繆鉞先生爲巴蜀版《全宋
文》所作序言，指出編纂《全宋文》，「其難厥有四端」，分別爲「普查搜採之
難」、「校勘辨訂之難」、「分類編序之難」、「制訂條例之難」〔註10〕。在其他
斷代總集編纂過程中，同樣會面臨這些難度。

〔註7〕柳詒徵《中國文化史》第二十三章《宋元間之文物》，中國大百科全書出版社
　　　　1988 年版，第 576 頁。
〔註8〕（清）王士禎《居易錄》卷 2，《王士禎全集》第 5 冊，齊魯書社 2007 年版，
　　　　第 3700 頁。
〔註9〕（清）永瑢《四庫全書總目》，中華書局 1965 年版，第 1685、1721 頁。
〔註10〕曾棗莊、劉琳主編《全宋文》（第一冊），巴蜀書社 1988 年版，第 1～2 頁。

另外，陳尚君先生在《斷代文學全集編纂的回顧與展望》中指出「衡定大型斷代全書學術質量的準繩」〔註11〕，即是斷代全集的編纂標準，條舉得更爲具體。其標準共計八則：（1）搜羅全備；（2）注明出處；（3）講求用書及版本；（4）錄文準確，備錄異文；（5）甄別眞僞互見之作；（6）限定收錄範圍；（7）作者小傳及作品考按；（8）編次有序。

陳先生所言的八項準繩，可謂面面俱到。針對陳先生指出的編纂斷代總集的通例，在編纂總集之先，可以事先制定出各項相應的「凡例」。然而，這其中每一條標準都不容易完全做到。囿於多方面的限制，在具體操作過程當中往往難以如願執行，以致編纂難度極大，最終整理出版的總集也難免存在各方面的紕謬。

《全元文》的編纂出版，誠然是元代斷代文獻整理的輝煌成就，爲元代文章研究提供了便利的平臺。然而，通過具體的考察，其中存在的謬誤也不難發見。因此，在肯定《全元文》編纂取得重大價值的同時，我們對其存在的相關不足之處也不容諱言（已有學者發文探討，詳後）。

結合學界的相關討論，及筆者在研讀《全元文》過程中的發見，本文認爲《全元文》的不足可以概括爲如下幾個方面：

（一）「文」的範圍界定不清。比如詩前之序，時有收錄。茲舉一例，畢仲永《餞都提舉貫相公詩（有序）》，見《全元詩》52 冊第 390 頁，乃二首七言律詩，詩前長序，即錄於《全元文》59 冊第 548 頁。類似的文體還有遊覽形勝時的《題名》，以及《辭》，收錄標準並不一致。

（二）《全元文》收錄標準不統一，即入選作家範圍的界定。（1）從政權存亡時段來講，元朝形勢比較特殊，立國時間雖然不足百年，前與南宋、西遼、金，後與明朝均有重合。這就給易代之際的作家的歸屬造成了困難。儘管在《凡例》中指出原金朝管轄區作家以金朝滅亡時間（1234 年）、原南宋管轄區作家以南宋南宋滅亡時間（1279 年）爲上限，以元朝滅亡時間（1368 年）爲下限，但在具體操作過程之中標準難以掌握。因此，與先行整理出版的《全宋文》、《全遼金文》而言，《全元文》作家的收錄與二書多有重合。如重見於《全宋文》的作家有鄭思肖、胡次焱、董嗣杲、鄧剡、鮑雲龍等，重見於《全遼金文》的作家有元好問、李俊民等。而《全元文》第 59 冊收錄的作家如高

〔註11〕陳尚君《漢唐文學與文獻論考》，上海古籍出版社 2008 年版，第 25～31 頁。

巽志（95頁）〔註12〕、陶振（310頁）〔註13〕，據相關典籍記載，二人均親歷明成祖朱棣發動的「靖難之役」（1399～1402）。第 58 冊收錄的俞貞木（442頁），可考定其生卒年爲1331～1401 年，即卒於建文三年。其時距元代亡國已逾三十年，其朝代歸屬當以明代爲宜。特別是俞貞木有《建寧府儒學訓導徐良夫墓誌銘》（《全元文》失收，詳下文），徐良夫即徐達左，「（洪武）二十八年乙亥四月二十日，以疾卒於學舍……享年六十有三」，其人先俞貞木而卒，然不載於《全元文》。（2）外國人的收錄問題。如《全元文》36 冊錄李瑱文（341頁）、52 冊錄崔瀣文（396頁），二人均爲高麗人。元代立國的百年，同時期的高麗王朝保存至今的別集有 30 部〔註14〕，《全元文》卻並未全部收錄。另外《全元文》59 冊所錄釋印元（609 頁），乃日本僧人。同時期尚有越南作家，如黎崱《安南志略》中的序卻未見收錄。是以《全元文》有顧此失彼之嫌。

　　（三）文本問題。（1）底本的採用。部分作家有別集傳世，《全元文》卻未加利用，反而援引一些詩文總集錄文，以致文章收錄不全。比如胡一桂《雙湖先生文集》、朱右《白雲稿》、林右《天台林公輔先生文集》、涂幾《涂子類稿》、鄭淵《遂初齋集》等均留存至今。（2）由於文獻在傳播過程中，會產生不同的文本形態，由於人爲（如傳抄、刊刻、篡改、政治）、及非人爲（如災害等）因素的影響，同一作品見存於後世者，彼此之間往往會會產生文本的差異。有些文本相近，然而脫、誤、衍、倒等情況不一而足；另外，部分篇目文本差異極大。因此，選擇好的底本、比勘不同版本，就會取得精益求精的效果（如調整卷次、補正文字）。《全元文》不少別集、篇目有多種可資比勘、補正的文本來源，但在編纂時未能有效的利用。這以輯錄體目錄、地方文獻總集、方志爲最。另外，點校亦有不少問題。

　　（四）小傳不夠精審。金代元好問編纂《中州集》，「其例每人各爲小傳，詳具始末」〔註15〕，誠如錢謙益《列朝詩集序》載所言「元氏之集詩也，以

〔註12〕　（清）朱彝尊《跋釣鼇集》稱陶振「長陵師起北平，作《哀吳王濞歌》，感慨悲壯。」朱彝尊《曝書亭序跋》，上海古籍出版社 2010 年版，第 272 頁。

〔註13〕　（明）焦竑《國朝獻徵錄》中《太常寺少卿高遜志傳》有其傳，稱「壬午之變，王度、葉惠仲死難，餘順命顯庸。遜志存沒無可考見，殆晦跡終身，挺節不污於時耶？」焦竑《國朝獻徵錄》（第 5 冊），臺灣學生書局 1984 年版，第 3032 頁。

〔註14〕　邱瑞中《高麗末年三十家文集提要（上)》，《元代文獻與文化研究》第一輯，中華書局 2012 年版，第 43 頁。

〔註15〕　（清）永瑢《四庫全書總目》，中華書局 1965 年版，第 1706 頁。

詩繫人，以人繫傳。《中州》之詩，亦金元之史也〔註16〕」。此後，通行的斷代總集、詩歌總集一般均仿此例。一方面，通過綜述作家的生平，可以做到知人論世，這是中國文學批評的傳統。另一方面，確定一位作家的時代歸屬，也應當從其生平來進行考察。《全元文》小傳中關於作者的生卒年、生平資料、著作等時有闕誤。

（五）大量的佚文有待發掘。俞樾在《全唐文續拾序》中指出陸心源所輯《全唐文續拾》一書「蒐羅之富，採集之勤，可謂至矣」，稱「幾於無一字一句之或遺」〔註17〕。然而，與陳尚君《全唐文補編》相較，遺漏甚多。斷代總集要做到「全」，難度較大。隨著文獻的不斷挖掘、學界的持續努力，佚文也逐漸湧現。經查考，《全元文》已收作家的佚文時有發見，其中不乏名家之作，如虞集、歐陽玄、揭傒斯等。此外，失收作家的佚文數量也較為可觀。《全元文》補遺尚有較大的開發空間。

（六）對學界已有的研究成果重視不夠，未能較好吸收現有成果。在《全元文》編纂之前，學界就有關於元代作家、元人別集、元代文章的相關研究。其中的一些研究成果，《全元文》在編纂過程中，並未吸納。比如胥惠民先生整理的《貫雲石作品輯注》，1986年由新疆人民出版社出版。1994年，羅忼烈先生《兩小山齋雜著》出版，其中有《貫雲石的佚詩佚文——補〈貫雲石作品輯注〉》一文。文中輯錄貫雲石的佚文，《全元文》並未收錄。

造成這些缺失的原因：（一）沒有基礎可以依憑。相比於唐宋而言，《全唐文》、《全宋文》均在清朝有過編纂，此後學者多有補輯、考訂，故而為新修《全唐文》、《全宋文》奠定了良好的基礎。而元代文獻的編纂與之相比，就顯得較為冷落。儘管元朝蘇天爵編過《國朝文類》、周南瑞編過《天下同文集》等，但都是詩文總集，且其編纂目的非為求「全」，因此，與『全元文』宗旨根本有異。近人陸峻嶺編的《元人文集篇目分類索引》，羅列了170種元人文集中的文章篇目。與《全元文》相比，內容依然較為單薄。（二）元朝文獻散佚嚴重。文獻散佚，這在文獻流傳過程中是不可避免的。有意、無意地破壞在在皆是。正如陳垣所說：「論世者輕之，則以為元享國不及百年，明人蔽於戰勝餘威，輒視為無物，加以種族之見，橫互胸中，有時雜以嘲戲〔註18〕」。

〔註16〕　（清）錢謙益《列朝詩集》（第1冊），中華書局2007年版，第1頁。
〔註17〕　（清）俞樾《春在堂雜文》六編卷七，文海出版社1966年版，第2465頁。
〔註18〕　陳垣《元西域人華化考》卷8《結論》，上海古籍出版社2000年版，第132頁。

（三）成於眾手，整理質量參差不齊。如《全元文》36／74 有張起岩《漢泉漫稿序》（據涵芬樓秘笈本《漢泉漫稿》卷首），39／223 有呂思誠《漢泉漫稿序》（據文淵閣四庫全書《曹文貞公詩集》卷首），實則曹伯啓《漢泉漫稿》由其子曹復亨於至元四年刊刻，此刻本已影引收入《北京圖書館古籍珍本叢刊》集部第 94 冊，兩序俱存。類似情況較多。

三、國內外研究現狀述略

　　《全元文》作爲元代文章淵藪，其編纂出版具有里程碑的意義。因此，其所取得的成就不言而喻，頗獲學界好評。然而，其中存在的問題，也引起了學界的廣泛探討。

　　（一）編纂存在問題的討論。《全元文》出版後，曾有學者對其質量有所質疑。如周清澍《元代文獻輯佚中的問題——評〈全元文〉1～10 冊》（《蒙古史研究》第 6 輯，2000 年）一文，有鑒於已編的 10 冊中存在的不足，提出六條意見：（1）選好底本和校本；（2）輯文應儘量利用原始文獻；（3）避免漏收、誤收和重複；（4）合理編排所輯各篇順序和確定篇名；（5）標點欠妥；（6）文字失校。劉曉《〈全元文〉整理質疑》（《文獻》，2002 年第 1 期），將其問題歸結爲四個方面：（1）漏收作者問題；（2）作者小傳考證欠精詳；（3）文獻搜集不全；（4）選用版本不當。李新宇《〈全元文〉「辭賦作品」闕誤考述》（《古典文獻研究》，2006 年）第三節「作家作品的問題」論及「收錄作家標準不清」、「作品出處漏標或誤注」、「作品排序之誤」、「作品名稱不準確」等問題。潘榮生《〈全元文〉諸失補罅》（《古籍整理研究學刊》，2010 年第 1 期），從「補校」、「補遺」、「補殘」、「補附」等角度進行了補正。其中，林慶彰先生主編的《中國歷代文學總集述評》書中，錄有吳佩瑜撰寫的《全元文》述評〔註19〕，內容頗爲全面。

　　（二）文本問題，主要涉及文本收錄範圍（《全元文》之「文」）、文本內容（脫、衍、訛、倒）、點校等問題。如上述周清澍《元代文獻輯佚中的問題——評〈全元文〉1～10 冊》第 5、6 節探討「標點欠妥」、「文字失校」的問題。武懷軍《〈全元文〉辭賦作品校讀》（《中國韻文學刊》，2001 年第 1 期），

〔註19〕林慶彰主編《中國歷代文學總集述評》，萬卷樓圖書有限公司 2007 年版，第547～572 頁。

從「校本與校訂問題」、「標點問題」、「辭賦作品的甄別和其他」三個角度進行了探討。文章認爲「《全元文》對底本和校本的選擇是非常謹慎和認眞的。但是辭賦作品除了收入一般的文集之外，還有很多專集總集在流傳」，但是《全元文》似乎並未重視這些辭賦總集。如《歷代賦匯》，收錄元賦甚多，足資比勘。「辭賦作品的甄別和其他」主要探析「賦」體的界定，進而討論《全元文》收錄文章的標準。李新宇《〈全元文〉「辭賦作品」闕誤考述》（《古典文獻研究》，2006 年）第二節「文章辨體的問題」談及「賦」體之擇定；第四節「校對勘核問題」指出《全元文》「出現了許多漏校之處」，並從「誤字」、「脫文、衍文」、「缺字」、「錯位」、「綜合」五方面列舉大量材料；第五節討論「標點符號問題」。左鵬《〈全元文〉趙孟頫卷補校百例》（《古籍整理研究學刊》，2011年第 3 期），該文就「《全元文》趙孟頫卷進行補校，擇取訛脫衍倒、標點失當等問題一百例以呈大方」。此外，尚有鄒虎《〈全元文〉缺字補校百例——以明清地方志爲據》（《唐山學院學報》，2013 年第 4 期）等。

（三）佚文的輯錄。這是學界對《全元文》集中研究的課題，而且成果比較突出。主要表現爲如下幾個方面：

一方面表現在輯佚的論文比較多（主要刊發在《古籍整理研究學刊》）。如：羅鷺《〈全元文〉虞集卷佚文篇目輯存》（《古典文獻研究》，2005 年）、劉洪強《〈全元文〉補目 160 篇》（《古籍整理研究學刊》，2009 年第 3 期）等。這類論文主要通過對方志、金石碑刻、地方文獻、總集的耙梳，發現了一批鮮爲人知的元代作家的作品，也包括一些知名作家的集外文，極大地豐富了《全元文》的數量。同時，這些不常見的材料的發掘，如墓誌等，就可以有效地解決某些作家的生平問題。

二是一批元人別集的陸續刊行，也在《全元文》的基礎上有所補充。如吉林文史出版社發行的《元代別集叢刊》等。《全元文》出版之後，囿於其只收散文的特點，一些出版社紛紛推出部分作家的別集，一方面彌補詩文分離，研究不便的問題，同時也是對《全元文》的部分補正。如《許衡集》、《歐陽玄集》已有數個版本刊行。這些別集的出版，融作家詩文於一體，後出轉精，頗有可以借鑒之處。今以四川大學出版社《歐陽玄全集》爲例，一方面增補歐陽玄的新發現的文章，一方面對其作品多有繫年，同時考辨其僞作，極具參考價值。

三是對部分作家的深入研究，也有力地推進了作家作品的搜羅輯錄。如：羅鷺《虞集年譜》，在虞集文輯佚方面成果顯著。

　　這一方面的研究成果頗爲豐富，因篇幅較大，茲不俱列。《全元文》學界輯佚的已有成果，詳見論文附錄。

　　文獻考辨——辨僞、重收、誤收等。由於文本的輾轉流傳，別集中竄入他人之作、文章誤題等現象時有發生。同時，《全元文》分批整理，成於眾手，難免失於照應，因此重收情況也較爲明顯。對此，學界也有相關的研究成果。李舜臣《〈全元文〉誤收吳澄集外文一篇》（《江海學刊》，2005 年第 2 期）考訂《全元文》卷四百八十七所輯吳澄集外文當爲程鉅夫之文章。李新宇《〈全元文〉「辭賦作品」闕誤考述》（《古典文獻研究》，2006 年）第一節「收錄採集問題」中「誤收」條，考辨《全元文》中收有唐人作品，且有作品誤題作者等缺失；「重出」條考辨同篇附於二人之下。薛瑞兆《〈全元文〉校讀》（《古籍研究整理學刊》，2010 年第 4 期）第一節「金人作品時有混入」，考察作品誤收；第二節「署名不當屢有發生」，辨析「名同而人異」和「名異而人同」而導致的諸問題。另有相關文章，如張立敏《〈全元文〉誤收重收三則》（《淮南師範學院學報》，2008 年第 1 期）、鄧淑蘭《〈全元文〉所收趙孟頫文辨誤四則》（《暨南學報》（哲學社會科學版），2008 年第 1 期）、蘇成愛《〈全元文〉所見重出陳澔佚文考校》（文教資料，2008 年第 29 期）、李傑榮《〈全元文〉所收趙孟頫《跋所臨馬和之毛詩圖》辨僞（《古籍整理研究學刊》，2013 年第 3 期）。此外，新近整理出版的部分元人別集，亦多有考辨〔註20〕。

　　郭沫若曾說：「無論做任何研究，材料的檢驗是最必要的基礎階段。材料不夠固然大成問題，而材料的眞僞或時代性如未規定清楚，那比缺乏材料還更加危險。因爲材料缺乏，頂多得不出結論而已，而材料不正確便會得出錯誤的結論。這樣的結論比沒有更要有害。」〔註21〕這些論文多就《全元文》已收部分作品作有考訂，重收、誤收等情況的辨正，可以爲學界更好利用《全元文》提供材料上的保證，避免因使用錯誤材料而作出的相關結論。

　　（五）作者考訂。有關元代人物的生平，已有臺灣學者王德毅、李榮村、潘柏澄合編的《元人傳記資料索引》（全五冊）可供參考。另外蕭啓慶先生《元代進士輯考》、柴建虹《〈元詩選〉癸集西域作家考略》〔註22〕也補充了部分

〔註20〕　（元）虞集著，王頲點校《虞集全集·前言》考辨歐陽玄集中部分詩文乃他人之作，如《天馬頌》、《潘雲谷墨贊》等，天津古籍出版社 2007 年版，第 35 頁。

〔註21〕　郭沫若《十批判書》，東方出版社 1996 年版，第 2 頁。

〔註22〕　《文史》第 31 輯，中華書局 1988 年版，第 283～302 頁。

人物的傳記資料。羅鷺《〈元詩選〉與元詩文文獻研究》第五章《〈元詩選〉詩人傳記訂誤》對《元詩選》所收詩人的傳記進行了全面檢討。《全元文》所撰寫的人物小傳，雖然創獲甚多，然而不無闕誤。前舉三書中的成果，《全元文》尚有未顧及之處。對此，學界也有一些相關的成果。焦印亭《獻疑〈全元文〉第十卷「趙文的生卒年」》（《陝西師範大學學報》（哲學社會科學版），2006 年第 3 期）考論趙文之生卒時間。李新宇《〈全元文〉「辭賦作品」闕誤考述》（《古典文獻研究》，2006 年）第三節「作家作品的問題」論及「作家小傳之誤」。薛瑞兆《〈全元文〉校讀》（《古籍研究整理學刊》，2010 年第 4 期）第二節「署名不當屢有發生」中談及「有關撰者的信息失檢或失考」。此外，在佚文輯錄文章中多附作者考辨。如：曹剛華《明代佛教方志及作者考——〈全元文〉補遺》（《黑龍江民族叢刊》，2008 年第 6 期）、王樹林《〈全元文〉中程文漏收文拾輯及生平著作小考》（《中國典籍與文化》，2008 年第 1 期）、王樹林《〈全元文〉中宋禧漏收文拾輯及生平著作考》（南通大學學報（社會科學版），2007 年第 5 期）、羅海燕《現存元人碑刻資料及其作者考略——〈全元文〉補目 42 篇》（《古籍整理研究學刊》，2011 年第 5 期）、黃仁生《陸居仁卒年考》（《武陵學刊》，2012 年第 5 期）、彭萬隆《元代文學家盧摯生平新考》（《浙江工業大學學報（社會科學版）》，2013 年第 1 期）、張建松《元人生平札記二題》（《元代文獻與文化研究》第一輯，2012 年）等。

　　鑒於《全元文》的闕誤，學界早有相應的願景，部分學者已經提出要重修、補修《全元文》，以期爲學界提供一個精良的元代文章載體。（如《全元文》編者已著手編輯出版《元代別集叢刊》，即是對此期待做出的積極的反應。）然而，《全元文》的修訂畢竟是一件艱巨的過程，並非在短期內可以一蹴而就。這個課題需要投入大量人力、物力，並且需要相當長的時間，作深入的統籌和調查，進行全面的訂補，使之逐步趨於完善。

　　綜上所述，《全元文》自出版以來，爲元代文化研究提供了極大便利。同時，由於斷代總集的編纂難度，也使得該書在編纂過程中遺留了不少問題。筆者選擇《全元文》作爲研究選題，即是基於上述考慮。期望在能力所及的範圍內，通過對以上的幾種問題的探究，爲將來《全元文》的修訂提供一些有價值的材料。故本選題的研究意義可概括爲：

　　（1）《全元文·前言》指出：「元代文化研究，在某種程度上講，尚是一個被人忽略的課題，而且存有明顯的偏見。」（《全元文》第一冊第 5 頁）《全

元文》的編纂作爲元代文化研究的基礎工作，可以爲相關研究提供載體，從而喚起人們對元代的認識和理解。本文在其基礎上進行訂補，校正其失誤，補充其遺漏，在其質量和數量上略有補益。對這些問題的探討，有利於對有元一代文獻的搜羅，也爲將來《全元文》的修訂累積相關材料，提供有利信息。

（2）《全元文》發行以後，針對其未盡之處，學界頗有討論，相關成果也不斷湧現，較爲分散。本文將相關成果予以收集和整理，爲將來《全元文》的修訂提供便利。比如《全元文》輯佚的文題，學界發表的論文較多，然而羅列其佚文篇目，不難發現有部分文章「佚文」，其實在《全元文》中有收錄，作者失之查考；另外，不同的文章中，所輯的佚文有重複的情況。文章的附錄，彙集相關的輯佚成果，以免輯佚工作的重複進行。

由於《全元文》關涉有元一代的文人、文章，卷帙浩繁，工程浩大，這樣一個選題的工作量非常龐雜。加之個人精力、時間的限制，還有典籍的見聞等因素的制約，因此，本課題不可能面面俱到。比如《全元文》點校的問題、卷次編排的問題，只能付之闕如。本書的主要內容，即是運用文獻學、目錄學、版本學、校勘學、史源學、考據學等方法，對《全元文》的部分文本進行校勘、對誤收、重收情況予以考辨、對作者小傳進行補正，對部分作品進行繫年，對《全元文》的佚文進行輯錄，以期爲《全元文》的進一步完善盡綿薄之力。

第一章 《全元文》作家重收誤收考

　　總集的編纂要求「鉅細兼收，義取全備」〔註1〕，一方面要求作家收錄完整，另一方面則是收錄文章的齊全。因此，作為斷代的文章總集，在編纂之初，就需要界定入選的作家範圍和「文」的範疇。「文」的範疇，相對較為簡單，誠如《全元文‧凡例》所言（當然，也存在界限不明的問題）。然而，「元代作家」的範圍卻頗為難以限定。

　　元代立國時間較短，處於朝代交錯時期，上與南宋、金朝交集並立，下與明代相接，部分作家身歷兩個朝代，其作品究竟歸為哪個朝代，爭議較大。儘管《全元文》在《凡例》中指出原金朝管轄區作家以金朝滅亡時間（1234年）、原南宋管轄區作家以南宋南宋滅亡時間（1279年）為上限，以元朝滅亡時間（1368年）為下限，但這個標準在具體操作過程之中實際上很難把握。因此，《全元文》中作家重收、誤收情況較為嚴重。

一、《全元文》作家重收考

　　《全元文》分四期出版，1998年出版1～10冊，2000年出版11～15冊，2001年出版16～25冊，2004年出版26～60冊。《全元文索引》在《全元文》全部編纂完成之後，方才出版。由於分期出版，所收人物繁雜，且成於眾手，因此，《全元文》所收人物往往失之點檢，以致有重收現象。另外，由於不明作家名、字，而誤作兩人。

〔註1〕 （清）永瑢《四庫全書總目》，中華書局1965年版，第1721頁。

此外，由於作品在流傳過程中，以致作品有誤題的現象。同一篇文章，分屬不同作者，《全元文》亦有失檢之處。今依據《全元文索引》所載人物順序，對重收現象予以揭櫫。

（一）作家重收

1. 兀納罕

按：52／400 錄文二篇，其一爲《增修中山府廟學記》，58／232 錄文一篇，題爲《重修中山府學記略》，實乃《增修中山府廟學記》之節文。故 58 冊所收當刪。

2. 王剌哈剌

按：39／453 據《廣勝寺志》、47／354 據《山右石刻叢編》錄《重修明應王殿之碑》，重。

3. 毛元慶

按：36／209、58／582 均據道光二十年《濟南府志》錄《山東鄉試題名碑記》。58 冊收文三篇，且小傳較詳，36 冊所收當刪。

4. 石登

按：36／353 據清嘉慶十七年《江津縣志》錄《重修文廟記》、59／615 據 1924 年《江津縣志》錄《重修江津縣學宮記》。二文內容近同，因文題不同而重收。59 冊所收當刪。

5. 石岩

按：21／381 據《趙氏鐵網珊瑚》錄《題文湖舟竹》，22／501 據《清河書畫舫》錄《題文與可水墨此君圖》。二文內容全同，因文題不同而重收。21 冊收文 3 篇，22 冊所收當刪。

6. 朱繼雲

按：58／152 據清光緒十年《畿輔通志》錄《重修肥鄉縣學記》，《全元文》於題下注「節文」，59／393 據清雍正十年《肥鄉縣志》錄《廣平路肥鄉縣重修廟學碑》，乃全文。58 冊所收當刪。

7. 任秉直

按：45／67 據《井陘縣志》第 14 輯、《常山貞石志》錄《加封孔子制誥碑》、

53／581 據《井陘縣志料》第 14 輯錄《井陘縣建加封孔子制詁碑》。所據同爲《井陘縣志料》，45 冊脫「料」字。

8. 杜思敬

按：9／197 據康熙《平遙縣志》錄《故承務郎顧鎮鐵冶提舉杜公神道碑》、《故明威將軍吉州路達魯花赤杜公表銘碑》二文；31／21 錄文三篇，其中含《故承務郎顧鎮鐵冶提舉杜公神道碑》、《故明威將軍吉州路達魯花赤杜公表銘碑》二文，均據 1927 年《平遙縣志》錄，文後多碑刻立石時間。9 冊所收當刪。

9. 杜敬祖

按：39／676 據明嘉靖二十八年《眞定府志》錄《恆岩記》。48／558 據《道家金石略》錄《皇帝登極祀嶽之記》，且以明嘉靖二十八年《眞定府志》參校。二文內容近同，因文題不同而重收。故 39 冊所收當刪。

10. 李桓

按：46／88 錄文五篇。56／130 錄文 3 篇，分別爲《續復古編序》、《釋氏稽古略序》、《玉海序》，均見 46 冊。故 56 冊所收當刪。

11. 李翼

按：46／86 據民國二十三年中華書局本《古今圖書集成》、48／20 據文淵閣四庫全書本《歷代賦匯》錄《龍馬圖賦》。48 冊有文章繫年，且句讀較爲精審。故 46 冊所收當刪。

12. 吳存

按：20／129 收文 2 篇，22／319 收文一篇（與 20 冊所收不同）。20 冊小傳較詳，22 冊當併入。

13. 吳亨壽

按：17／69 錄吳亨壽一文，題爲《答起岩論潮書》。20／99 收吳觀望文二篇，其一爲《答高岩起論潮書》。吳觀望，字亨壽，《答起岩論潮書》與《答高岩起論潮書》內容近同，實乃重收。故 17 冊所收當刪。

14. 吳德昭

按：53／562、59／245 各收一文。53 冊言吳德昭爲番易人。59 冊言「生平不詳」，實則 59 冊所收《番易餞章序》文中言：「僕，番易吳德昭也」，則其爲番易人無疑。且此文爲餞別復齋郭公（即郭郁，字文卿）而作。關於郭郁的

事蹟，元代福州路儒學教授徐東輯有《運使復齋郭公敏行錄》一書。《番易餞章序》即選自《運使復齋郭公敏行錄》。該書有林興祖序。53 冊所收吳德昭《蘚林集後序》言「至治癸亥，予備員徽泮」。《四庫總目提要》中關於艾元英《如宜方》提到書前有二序，一為至正乙未林興祖序，一為至治癸亥吳德昭序。二人同為番易人，同在林興祖之前。故當為一人。

15. 何瑋

按：13／79、31／78 均據 1934 年《安徽通志稿·金石古物考五》錄《祭張飛卿文》。31 冊著錄《安徽通志稿》為 1935 年，誤；另缺文末一句。故 31 冊所收當刪。

16. 何克明

按：39／571、54／580 各錄何克明文一篇。54 冊小傳較詳。當合。

17. 伯篤魯丁

按：分見 48／5、58／522。48 冊錄文 2 篇，58 冊錄文一篇（與 48 冊不同），當合。

18. 林轅

按：35／158 收文四篇、36／273 收文一篇，題為《古神篇序》，與 35 冊所收《古神篇敘》重。故 36 冊所收當刪。

19. 林仲節

按：45／7 收文 1 篇，56／137 收文 2 篇，文不同。當並。

20. 述律傑

按：46／546 收文 5 篇。52／364 收文 2 篇，題為《滇南華亭山圓覺寺圓通禪師行實塔銘》、《寶珠山能仁寺之碑》，均見錄 46 冊。故 52 冊所收當刪。

21. 周文英

按：35／306、51／43 各錄周文英文一篇，當合。

22. 周自強

按：39／513 收文 2 篇。46／213 一篇，題為《孝女圖記》，與 39 冊重。故 46 冊所收當刪。

23. 周萬石

按：39／516 據清嘉慶抄本《續溪縣志》錄《重修儒學記》、54／96 據明弘治《徽州府志》錄《續溪縣修學記》。二文同，因文題不同而重收。

24. 段輔

按：31／120 據元刻明修本《二妙集》錄《二妙集跋》。54／58 收文 2 篇，有《二妙集跋》，據文淵閣四庫全書本《二妙集》錄文，重。

25. 俞鎮

按：37／9、39／606 各收四文，全同。

26. 袁緯

按：28／304、36／159 均據清乾隆《衡水縣志》錄《唐祭酒孔憲公墓誌》。28 冊小傳較詳，故 36 冊所收當刪。

27. 晏天麟

按：46／184 據清同治七年《荊門直隸州志》、52／382 據天啓元年《荊門州志》錄《荊門州守佐題名記》。46 冊缺文末寫作時間，當刪。

28. 翁傳心

按：31／107 據煙嶼樓校本《四明續志》錄《慈谿縣醫學記》、48／24 據清咸豐四年《開慶四明續志》錄《慈谿縣醫學創立講堂記》。實爲一文，因文題不同而重收。但 48 冊句讀較爲精審，故 31 冊所收當刪。

29. 烏古孫良楨

按：47／389 據明崇禎刻本《二十一史文選》錄《請定禮制疏》、據明崇禎本《歷代名臣奏議》錄《請置儒臣於禁密疏》；56／134 據《元史》錄《求賢自輔疏》、據文淵閣四庫本《元朝典故編年考》錄《請國從禮制疏》。《請定禮制疏》與《請國從禮制疏》（繫於至正十三年）、《請置儒臣於禁密疏》（繫於至治二年）與《求賢自輔疏》文同。烏古孫良楨傳見《元史》卷 187。第 56 冊作烏古遜良楨，誤。

30. 陶澤

按：10／553、46／174 均據民國十五年《松陽縣志》錄入《松陽縣儒學復頻地記》。第 46 冊小傳較詳。

31. 陶鑄

按：35／311 據 1934 年《湖北通志》、46／152 據清《湖北金石略》錄《京山廟學記》，當合。

32. 黃向

按：36／388、46／150 均據《江蘇通志稿・金石二一》錄入《天妃廟迎送神曲並序》，重。

33. 許有孚

按：36／201、51／433 均收許有孚文三篇。36 冊所收《圭塘小稿序》、《圭塘瑞蓮詩序》與 51 冊《圭塘小稿序》、《瑞蓮歌序》重。

34. 商琥

按：9／206 據文淵閣四庫全書本《山東通志》、光緒十一年《新修菏澤縣志》；36／221 據乾隆《山東通志》錄《濟瀆廟碑》。第 9 冊小傳較詳，文本無脫字。故 36 冊所收當刪。

35. 張兌

按：52／55 據民國二十三年《安徽通志稿》，58／251 據民國二十四年《安徽通志稿》錄張兌《太平路采石書院增修置田記》。《安徽通志稿》1934 年鉛印刊行，58 冊作「民國二十四年」有誤。

36. 張思敬

按：35／94 錄文 6 篇。39／431 錄文一篇，題爲《重修臥龍祠記》，與 35 冊均據《山右石刻叢編》錄入重。故 39 冊所收當刪。

37. 陽恪

按：36／225 收文一篇，題爲《道德眞經集義大旨序跋》；51／42 收文一篇，題爲《大旨序跋》。均據正統《道藏》本《道德眞經集義大旨》錄入。故 51 冊所收當刪。

38. 葉林

按：13／281 錄文 2 篇。36／282 錄文一篇，題爲《洞霄圖志跋》，據民國八年餘杭縣志；與 13 冊據《知不足齋叢書》本《洞霄圖志》所錄重。且 36 冊小傳不及 13 冊詳，當刪。

39. 董立

按：56／337、58／525 錄文三篇，均據民國《滿洲金石志》錄《御香代祀記》、據清乾隆四十八年《三原縣志》錄《重修文廟記》、據《中國歷代石刻拓本》錄《宣聖廟碑》（58 冊題爲《大元重修宣聖廟記》）。故 58 冊所收當刪。

40. 董圭

按：35／145 錄二文，其中《百戶綦公葬先塋之碣》據民國 25 年《續平度縣志》收錄。此文 54／41 重收，文後提及據「民國 26 年《平度續縣志》」，當爲「民國 25 年《續平度縣志》」。第 54 冊所收當刪。

41. 董珪

按：46／205 錄文一篇，題爲《息齋鐘樓記》，據明成化二十二年《河南總志》錄入，清嘉慶四年《息縣志》參校（漏校之處頗多）。54／43 錄文二篇，分別爲《薛大猷墓碣》、《鐘樓記》。《鐘樓記》據清嘉慶四年《息縣志》錄，即《息齋鐘樓記》。另 46 冊小傳頗詳，故 54 冊當與 46 冊併合。

42. 程鼎

按：13／267 據清道光十五年《長清縣志》錄入《高公伯溫德政碑》，康熙十一年《長清縣志》參校、53／637 據康熙十一年《長清縣志》重收。

43. 程龍

按：11 冊、59 冊均只錄文一篇。11／81 據四庫全書本《新安文獻志》、59／467 據明萬曆《新安文獻志》重收《書婺源龍陂程氏譜》。11 冊小傳頗詳，59 冊所收當刪。

44. 楊桓

按：31／15 收文二篇，一篇題爲《續復古編序》，此爲另見 56／131，作者實爲李桓；一篇題爲《重修文廟記》，與 9／129《重修廟學碑記》同。第 9 冊收楊桓文 10 篇，故 31 冊所收當刪。

45. 賈道存

按：13／29、22／461 均據《道家金石略》錄《黃庭觀記》。13 冊有作品繫年，22 冊有作者表字及籍貫。

46. 趙鳳儀

按：37／216 收文三篇。《溫州路總政堂記》據清光緒二十五年《浙江通志》錄、《六書故序》據清乾隆四十九年《六書故》錄、《大成殿先師像石碣》據清光緒二十五年《東甌金石志》錄。46／7 趙鳳儀重出，收文 6 篇。其中《溫州路總政堂記》據明弘治十六年刻《溫州府志》、清康熙二十四年刻《溫州府志》錄，對勘文本，知 37 冊脫文甚多；《六書故序》據民國二十四年刻《永嘉縣志》、清乾隆四十九年《六書故》錄；《先師像石碣》（即 37 冊《大成殿先師像石碣》）據民國二十四年刻《永嘉縣志》、清光緒二十五年《東甌金石志》錄。故 37 冊所收當刪。

47. 鄭滁孫

按：28／28 錄文二篇，題爲《進中天表》、《大易法象通贊序》。11／91 錄文三篇，亦有《進中天表》、《大易法象通贊序》，文題略有不同。28 冊所收當刪。

48. 劉有慶

按：39／479 錄二文，56／96 錄一文，文不同。實爲一人，當合。

49. 劉敬立

按：39／103 據清光緒 7 年刻《繁峙縣志》、清光緒 27 年《山右石刻叢編》卷 38 錄《元王氏世德碑》，54／574 據清光緒 27 年《山右石刻叢編》卷 30 錄《繁峙王氏世德之碑》。實則爲一文，因文題不同而重收。

50. 儲惟賢

按：58／624、59／614 各收文一篇。59 冊小傳較略，當併入 58 冊。

51. 鮮瑈

按：鮮瑈《廟學門記》，10／545 據 1932《綿陽縣志》錄、文淵閣四庫全書本《四川通志》參校，59／615 據明嘉靖 24 年《四川總志》錄。59 冊文本與文淵閣本基本相同。59 冊所收當刪。

52. 謝應木

按：31／410 據民國商務本《湖南通志》錄《常德路修學記》（此文不全，全文已輯）、《哈珊大中郡監修學碑記略》。47／18 據明嘉靖十四年《常德府志》錄《哈珊大中郡監修學記》。《哈珊大中郡監修學碑記略》乃《哈珊大中郡監修學記》文末一段，當刪。

53. 彌里杲帶

按：8／285 據《道家金石略》錄《崇道碑》，22／271 據《元代白話碑集錄》錄《鼇屺重陽萬壽宮聖旨碑》。二文內容全同，因文題不同而重收。22 冊文題較優，小傳較詳，第 8 冊所收當刪。

54. 聶明德

按：46／507、47／14 均據《道家金石略》錄《長春眞人門徒王史郭公碑》。46 冊有繫年，47 冊所收當刪。

55. 釋玄通

按：46／237 據民國 38 年鉛印《新纂雲南通志》、民國雲南叢書本《滇文叢錄》，47／69 據光緒 23 年刻《雲南通志》（民國《新纂雲南通志》參校）錄《創建靈芝山慈勝蘭若碑》。47 冊有繫年，46 冊所收當刪。

56. 釋良琦

按：54／126 收其文 4 篇。58／523 收其文 2 篇（《玉山宴集酬唱詩序》、《分韻詩序》），與第 54 冊重，當刪。

57. 釋祖瑛

按：37／122 據文淵閣四庫全書本《吳郡文粹續編》錄《姑蘇能仁庵記》，58／232 據民國二十二年《吳縣志》錄《能仁菴記略》。後文乃前文之節略，當刪。第 58 冊小傳較詳，當補入第 37 冊。

58. 釋虛谷

按：35／288 據清刻本《湖北金石志》、47／319 據民國《湖北通志》收《荊門州當陽縣玉泉景德禪寺鐘銘》。第 47 冊缺文末題款，當刪。

59. 釋惠亮

按：57／832、58／710 均據清《雙鳳里志》錄《雙鳳法輪寺記》。第 58 冊所收當刪。

60. 釋道昕

按：11／108、17／30 均據同治十三年《臨邑縣志》錄入《重修清涼禪院之碑》。第 17 冊小傳較詳。第 11 冊所收當刪。

61. 釋應深

按：31／117、118 據元至順《鎮江志》錄《水陸大會碑記》、《復建水陸大會記》。47／318、319 據清光緒《金山志》錄，當刪。

62. 釋懷言

按：35／244 據《安徽通志》錄《浮渡山華嚴寺田畝記》，36／318 據《安徽通志稿》錄《題洪開浮渡山華嚴寺田畝記後》。後文乃前文的文末一段文字，當刪。

63. 釋印吉祥

按：22／405 收《清涼國師妙覺塔記》、《善公行實碑》。31／88 收《善公行實碑》。《善公行實碑》一文重，第 22 冊據《湖北通志》、第 31 冊據《湖北金石志》。第 31 冊文本、句讀多誤，當刪。

64. 酈居敬

按：10／534、22／459 均據《道家金石略》錄入《欒城縣太極觀記》。第 22 冊小傳相對較詳，當保留。

（二）一文誤題二人

　　《全元文》中一文誤題二人的現象，對此學界已有相關的考辨〔註2〕。如吳澄《揭曼碩詩序》（14／427），與程鉅夫《揭曼碩詩引》（16／116）同〔註3〕；《壁上三韓三重大匡推誠定策安社功臣匡靖大夫都僉議中贊上護軍判典理事致仕鄭公墓誌銘》，分系方於宣（28／285）、於宣（42／91）二人〔註4〕。今將此類謬誤考辨如下。

1. 《昭惠靈顯真人祠記》

按：《全元文》（24／247）據 1926 年刻本《銅山縣志》卷 12、同治十三年刻本《徐州府志》卷 14 錄《昭惠靈顯真人祠記》，作者題為「曹元用」。文末句作「恍惚兮若逢，丕欣歡兮來享，祉斯民兮無窮」。而《全元文》（45／24）

〔註2〕 虞集《跋胡剛簡公奏稿》、《跋文信公封事》乃吳澄之作（王頲整理《虞集全集》，天津古籍出版社 2007 年版，第 4～5 頁）；姚燧《烈婦胡氏傳》（9/482）乃王惲作品（6/363）（查洪德編校《姚燧集》，人民文學出版社 2011 年版，第 36 頁）

〔註3〕 李舜臣《〈全元文〉誤收吳澄集外文一篇》，《江海學刊》2005 年第 2 期，第 65 頁。

〔註4〕 張立敏《〈全元文〉誤收重收三則》，《淮南師範學院學報》2008 年第 1 期，第 22 頁。

有《昭惠靈顯眞人祠堂記》，據正統十二年抄本《彭城志》卷 15 錄文，文末作「恍惚兮若逢，丕欣歡兮來享。泰定元年四月，榮祿大夫司徒汪公記」，故爾題署作者爲「汪公」，小傳言其「名不詳」。

今比勘二文，除末句不同外，其他部分正同，爲同一篇文字無疑。

檢清代劉庠《同治徐州府志》卷二十《碑碣考》載《元昭惠靈顯眞人祠碑記》，並有相關考辨，稱：

> 右《昭惠靈顯眞人祠碑記》，元曹元用撰文，見《祠祀考》〔註5〕。
> 在呂梁東。文稱「皇慶壬子秋重構」，知碑立於仁宗皇慶元年也。《姜州志》云此記與吳善元《武殿記》，並趙孟頫書石，爲世所重。今碑汨沒，不可復睹，良可惜也。〔註6〕

《昭惠靈顯眞人祠碑記》文中稱「其祠歲久，摧倒垂盡，居民陳必德諮志驛長董恩，於皇慶壬子之秋，重構正堂四楹」，並云「監察御史仁甫屬余爲文以紀之」。誠如劉庠所言，此文當作於皇慶壬子（1312 年）。而《全元文》（45／24）《昭惠靈顯眞人祠堂記》，文末稱「泰定元年四月，榮祿大夫司徒汪公記」，時間顯然不符。

因此，此文作者當爲曹元用。

2. 《羅浮鳳賦》

按：《全元文》（34／388）據清同治刊本《湖南文徵》卷五十三錄《羅浮鳳賦》（並序），作者爲歐陽玄。《歷代賦匯》正集卷一百三十三亦題歐陽玄作。此文另見《全元文》（44／5），作者爲吳萊。湯瑞校點整理《歐陽玄全集》曾有辨正，認爲《羅浮鳳賦》乃吳萊作品〔註7〕。

另外《全元文》（34／582）所收歐陽玄《天馬頌》，湯瑞考訂當爲揭傒斯作品〔註8〕。揭傒斯另有《天馬贊》，見《全元文》（28／472）。《全元文》（34／584）所收歐陽玄《潘雲谷墨贊》，湯瑞考訂當爲李泂作品〔註9〕。李泂，《全

〔註5〕 按：卷 14 爲《祠祀考》，《昭惠靈顯眞人祠記》即錄於此卷。（清）劉庠《同治徐州府志》，成文出版社 1970 年版，454 頁。
〔註6〕 （清）劉庠《同治徐州府志》，成文出版社 1970 年版，第 583 頁。
〔註7〕 （元）歐陽玄著，湯瑞校點整理《歐陽玄全集》，四川大學出版社 2010 年版，第 440～441 頁。
〔註8〕 （元）歐陽玄著，湯瑞校點整理《歐陽玄全集》，四川大學出版社 2010 年版，第 52～53 頁。
〔註9〕 （元）歐陽玄著，湯瑞校點整理《歐陽玄全集》，四川大學出版社 2010 年版，第 53～54 頁。

元文》未收。《全元詩》言其生平頗詳，稱「李洞（1273～1331），字溉之。滕州（今屬山東）人」，並載其詩十五首〔註10〕。

3. 《天馬賦》

按：《全元文》（34／384）錄《天馬賦》，作者爲歐陽玄。今檢《全元文》（59／324），據元刻本《新刊類編歷舉三朝文選》錄入《天馬賦》，賦文不全，僅剩後半部，作者題爲郭再。比勘其文本，其內容實爲歐陽玄《天馬賦》中文字。此文作者題爲郭再，顯誤。

然而，湯瑞考訂當爲揭傒斯作品〔註11〕。

4. 《琴川志後序》

按：《全元文》（53／300）據《常熟縣志》卷十五收錄此文，作者題爲戴良。核檢文本，另見《全元文》第59冊128頁，題爲《重修琴川志記》，作者爲盧鎮。戴良另有《琴川志序》（53／252）。

今考清代錢陸燦等纂《康熙常熟縣志》附錄《舊序》〔註12〕，有丘岳、褚中、戴良、盧鎮、張洪、李傑、桑瑜、鄧敏、管一德所作之序。戴良之序即《琴川志序》（53／252），盧鎮之序記《重修琴川志記》（59／128）。

盧鎮撰《琴川志》，其《序》中已提及，云：「鎮〔註13〕惟是州，虞仲、子游文化之地，不可無紀。」文末有「至正癸卯秋七月初吉，守禦常熟領兵副元帥兼平江路常熟州知州盧鎮謹識」的題署，則此文爲盧鎮所作無疑。

戴良《琴川志序》中亦提到「知常熟州事淮南盧君，以爲古者郡國有圖，風土有記，所以備一方之紀載，今之志書是也。」並言《琴川志》將鋟梓以行，盧鎮請其作序。

另清代陸心源《皕宋樓藏書志》、清代龐鴻文等纂《光緒常昭合志稿》卷末《總敘》均以此文爲盧鎮作，當無疑義。

〔註10〕 楊鐮《全元詩》（第27冊），中華書局2013年版，第87頁。
〔註11〕 （元）歐陽玄著，湯瑞校點整理《歐陽玄全集》，四川大學出版社2010年版，第52～53頁。
〔註12〕 （清）楊振藻、高士鸃修，錢陸燦等纂《康熙常熟縣志》，《中國地方志集成》江蘇府縣志輯21，江蘇古籍出版社1991年版，第657～663頁。
〔註13〕 《全元文》本《重修琴川志記》中「鎮」作「靖」，詳見該文校記。

二、《全元文》誤收作家考

　　《全元文》與先行整理出版的《全宋文》、《全遼金文》而言，《全元文》作家的收錄與二書多有重合。如重見於《全宋文》的作家有鄭思肖、胡次焱、董嗣杲、鄧剡、鮑雲龍等，重見於《全遼金文》的作家有元好問、李俊民等。對此類易代之際的作家，其歸屬存有爭議，本文不作辨析。通過史料的勾稽，茲就明顯不屬於元代的作家，予以考甄辨正。

1. 鍾世美（53／571）

按：《全元文》錄鍾世美文五篇，均據明代王崇《嘉靖池州府志》錄文。第一篇《新修郭西昭明廟碑》，另以清康熙《池州府志》、清乾隆四十四年《池州府志》、民國九年《杏花村志》參校。此文亦載於《全宋文》〔註14〕，題爲《元祐廟記》，據清抄本《昭明天子事實》卷下、《民國安徽通志稿》卷 3 錄文，且文前有較詳的小傳。

　　王崇《嘉靖池州府志》卷九〔註15〕、郎遂《康熙杏花村志》卷九〔註16〕，鍾世美文入元代。而清代趙紹祖《安徽金石略》卷四載：「宋《新修昭明太子廟碑》，元祐元年鍾世美撰。在貴池，佚文載《貴池縣志》。」〔註17〕

　　聚訟原因主要源於文首「元初元年夏六月初吉」。據《全宋文》、《全元文》，《康熙池州府志》、《乾隆池州府志》、《昭明天子事實》、《民國安徽通志稿》中「初」均作「祐」。《全元文》校記載《民國杏花村志》「元」作「延」，今考《康熙杏花村志》，「元」不作「延」。元初乃漢安帝年號，「祐」訛爲「初」，已有書本可證。而「延」訛爲「元」，僅此一見。

　　檢清代何紹基《光緒重修安徽通志》卷二百二十六有鍾世美傳。傳云〔註18〕：「鍾世美，字公實，旌德人。元豐初遊上庠，獻書萬言，大略論教化未宣，法制未備，守令不擇，舊疆未復。書入，上亟嘉獎，出示大臣，授將仕郎，充學正。累遷至諫議大夫。著有《陵陽集》。子邦直，通判舒州。」卷三百四十三載：「《陵陽集》二十卷，鍾世美著。」

〔註14〕　曾棗莊、劉琳主編《全宋文》第 93 冊，上海辭書出版社、安徽教育出版社 2006 年版，第 248 頁。
〔註15〕　（明）王崇《嘉靖池州府志》，天一閣藏明代地方志叢刊本。
〔註16〕　（清）郎遂《康熙杏花村志》，清康熙二十四年刻本。
〔註17〕　（清）趙紹祖《安徽金石略》，《續修四庫全書》第 912 冊，上海古籍出版社 1996 年版，第 229 頁。
〔註18〕　（清）何紹基《光緒重修安徽通志》，清光緒四年刻本。

綜上，鍾世美當爲宋人。

2. 王洪（55／92）

按：《全元文》據《古今圖書集成・學行典》錄其《學訓》，小傳云「事蹟未
詳」。今考《四庫全書總目》卷一百七十著錄《毅齋詩文集》8 卷、《附錄》1
卷，云：

> 明王洪撰。洪字希範，錢塘人。年十八，舉洪武丁丑進士，授
> 行人，尋擢吏科給事中。以薦入翰林，由檢討歷官修撰、侍講，爲
> 《永樂大典》副總裁官。《明史・文苑傳》附載《林鴻傳》中，稱：
> 「成祖嘗命洪爲文，洪逡巡不應詔。爲同列所排，不復進用。」而
> 是集有劉公潛所作《挽洪詩序》及莫琚《後跋》，乃言洪預修國史，
> 會大臣欲載其家瑞異入日曆中，洪持不可。至聞於成祖前，坐謫禮
> 部主事，卒於官。曾棨《挽洪詩》所謂「玉堂分職見孤忠」，亦指是
> 事。《明史》蓋偶遺也。此集即莫琚所編。雜文皆樸雅，駢體亦工，
> 詩尤具有唐格，而不爲林鴻、高棟之鉤摹。其《序文》及《序書》
> 二篇，立論具見根柢。其《序胡儼詩集》，謂：「至元、天曆間，趙、
> 虞、范、揭各鳴一時之盛。及其衰也，學者以粗豪爲壯，以尖新爲
> 奇，語言纖薄，音律怗懘。」論元末之弊，至爲切中。則洪之所見，
> 高出當日遠矣。雖名位不昌，要爲有明初年屹然一作者。《明史・文
> 苑傳》稱「王偁預修《永樂大典》，學博才雄，自負無輩行，獨推讓
> 同官王洪」，則洪之文章，概可見矣。〔註19〕

「年十八，舉洪武丁丑進士」，洪武丁丑乃洪武三十年（1397），故王洪生於
1379 年，顯爲明人無疑。傅璇琮主編《中國古代詩文名著提要（明清卷）》對
《毅齋詩文集》亦有相關介紹〔註20〕。

3. 俞貞木（58／442）

按：明代都穆《都公談纂》卷上載〔註21〕：「鄉先生俞貞木，嘗作《厚薄銘》，
言近而意切，深中今時之病。銘曰：「厚於淫祀，薄於祖宗；厚於妻子，薄於

〔註19〕 （清）永瑢《四庫全書總目》，中華書局 1965 年版，第 1483 頁。

〔註20〕 傅璇琮主編《中國古代詩文名著提要（明清卷）》，河北教育出版社 2009 年版，
第 47 頁。

〔註21〕 （明）都穆《都公談纂》，《明代筆記小説大觀》第一冊，上海古籍出版社 2005
年版，第 559 頁。

父母；厚於巫卜，薄於醫藥；厚於嫁女，薄於教子；厚於異端，薄於賢士；厚於誇誕，薄於信實；厚於屋室，薄於殯葬；厚於懼內，薄於畏法；厚於貨財，薄於仁義；厚於責人，薄於責己；厚於祈福，薄於修德。」公爲石澗先生之孫，初名禎（按：誤，當作「楨」），字叔元，後更名貞木，字有立。洪武間，嘗知樂昌、都昌二縣事。」

另清代馮桂芬《同治蘇州府志》卷七十九《人物》有其傳，載〔註22〕：

> 俞貞木，初名楨，字貞木，後以字行，更字有立，琰之孫。自少篤志問學，力追古人。既冠，以學未成，不娶。負笈從永嘉陳麟學《易》。元季兵起，杜門不出。洪武初，以薦授樂昌知縣，丁父憂。服闋，改都昌縣。復以母憂去。後以親族犯法，例弗起。郡守姚善雅重之，延以訓子。無何，會鄉人有辨曲直者，妄以書抵之。被逮至京，既白將歸，病暴下卒，時建文三年七月壬寅也，年七十一。貞木爲人清苦，敦行古道。居官務崇禮化，有古循吏風，晚歲益勵清節朝，夕不繼，澹如也。

據「時建文三年七月壬寅也，年七十一」，則俞貞木的生卒年爲 1331～1401年。《同治蘇州府志·藝文志》載其著有《種樹書》三卷，有俞貞木自序，《全元文》失收。

4. 高巽志（高遜志）（59／95）

按：《全元文》小傳言「與倪瓚同時」，語焉不詳。實則高遜志，明代史書多有記載。如屠叔方《建文朝野彙編》卷十一、許相卿《革朝志》卷九《名臣列傳》、焦竑《國朝獻徵錄》卷七十《太常寺·南太常寺》等。今引《國朝獻徵錄》中《太常寺少卿高遜志傳》，傳云：

> 高遜（一作巽）志，字士敏。直隸蕭縣人。元末僑寓嘉興，好學嗜文。嘗侍父宦遊吳中，一時文章家如宣城貢師泰、鄱陽周伯琦、遂昌鄭之祐，俱客遊吳。遜志皆獲受業，故其爲文深醇雅則，成一家言。年二十五爲郟山書院山長。洪武二年，徵修《元史》，入翰林爲編修。累遷侍講學士。革朝庚辰會試，禮部尚書陳廸、侍中黃觀知貢舉遜志以太常寺右少卿與董倫爲考試官，得吉水王艮、常熟黃鉞、莆田陳繼之、盧陵胡廣、崇仁吳溥、建安楊子榮、新淦金幼孜、石首楊溥、武

〔註22〕 康成懿《關於〈種樹書〉的作者成書年代及其版本》，見俞貞木《種樹書》附錄，農業出版社1961年版，第80～84頁。

進胡濴、太康顧佐，時稱得人。同較藝者，右拾遺朱逢吉、編修史官
吳勤、葉惠仲、趙友士、徐旭（一作旻）、張秉彝、監試御史王度、
俞士吉，亦一時之選。壬午之變，王度、葉惠仲死難，餘順命顯庸。
遜志存沒無可考見，殆晦跡終身，挺節不污於時耶？〔註23〕

過庭訓《本朝分省人物考》卷四十一〔註24〕記載與此同。據此記載，高遜志
尚經歷「壬午之變」（即「靖難之役」），則當歸入明人。

5. 何秋崖（59／154）

按：《全元文》據 1926 年《晉寧州志》錄《大盤龍庵大覺禪師寶雲塔銘》，署
名爲何秋崖。此文亦見收於民國《新纂雲南通志》卷九十四《金石考》〔註25〕。
文題後有「滇城玉案山遍覺禪寺開經律論法門慶源撰」、文末有「時至正壬子
年夏四月良日，住持長老絕相口源並門徒立石，滇海箕齋隱士何秋崖書並篆
額，匠黃君泰刊」，據此，則此文作者當爲釋慶源。何秋崖僅僅是書丹並篆額
而已。

6. 鄒奕（59／188）

按：鄒奕，《明人傳記資料索引》著錄〔註26〕。蕭啓慶先生《元代進士輯考》
對其生平梳理甚詳，今迻錄如下：

> 鄒奕，字弘道，吳江（今江蘇吳江）人。祖士表，宋國子監丞。
> 父某，仕元任教授，以能詩知名，與陳基爲友。奕與其弟均受舉子
> 業於楊維楨。弈以《詩經》中江浙鄉試。登第後授饒州錄事，至正
> 十四年以江西省使，糴糧於吳。明初任贛州知府，坐事謫甘肅二十
> 餘年。永樂初，召還。有文名，著有《吳樵稿》一書。〔註27〕

《全元文》小傳亦言「永樂初召還」，當作明人。

7. 楊漢卿（59／219）

按：《全元文》錄《重修微子廟記》一文。此文見錄於《全遼金文》，文末題

〔註23〕（明）焦竑《國朝獻徵錄》（第 5 冊），臺灣學生書局 1984 年版，第 3032 頁。
〔註24〕（明）過庭訓《本朝分省人物考》，《續修四庫全書》第 534 冊，上海古籍出
版社 1996 年版，第 95 頁。
〔註25〕龍雲修，周鍾岳、趙式銘等纂《新纂雲南通志》，《中國地方志集成》省志輯
雲南卷第 5 冊，鳳凰出版社 2009 年版，第 458～460 頁。
〔註26〕臺灣中央圖書館編《明人傳記資料索引》，中華書局 1987 年版，第 742 頁。
〔註27〕蕭啓慶《元代進士輯考》，臺灣中央研究院歷史語言研究所 2012 年版，第
332 頁。

爲「天德三年」，而文題下卻繫年爲天德二年（1150 年）」〔註 28〕。清稽璜《續通志》卷一百七十《金石略》、清李光暎《金石文考略》卷十五、清孫星衍《寰宇訪碑錄》卷十均稱此文作於「天德三年」。另楊漢卿尚有《重書韓愈伯夷頌》，書於「皇統己巳秋七月（1149 年）」。清胡聘之《山右石刻叢編》卷十九對此有辨正，稱「是年十二月海陵弑熙宗，改元天德。碑立七月，故仍稱皇統」〔註 29〕。清孫星衍《寰宇訪碑錄》卷十〔註 30〕、清葉昌熾《語石》卷十〔註 31〕均有記載，著錄爲「皇統九年」。

8. 皇甫選（59／224）

按：《全元文》據清宣統三年本《涇陽縣志》卷十六錄《復修三白渠議》一文。今檢《全宋文》第 13 冊，錄有皇甫選《言水利疏》一文〔註 32〕。《復修三白渠議》內容與《言水利疏》同。《言水利疏》另有文字，爲《復修三白渠議》所不載。

　　據《全宋文》載，《言水利疏》見錄於宛委別藏本《通鑒長編紀事本末》、《宋會要輯稿·食貨》、《玉海》卷二十二、《宋史》卷九十四《河渠志》、《續通典》卷四，並將此文繫年爲「至道二年二月丁酉」，即 996 年。皇甫選顯爲北宋初期人。

9. 姜昺（59／233）

按：《全元文》據清光緒二十一年本《平陰縣志》卷四錄《崔侯去思碑》，今考《平陰縣志》卷三《選舉志》有姜昺，爲「成化乙酉」舉人。卷二《職官志》，有表備列自宋至清光緒 21 年（1895）官員，崔姓太守僅有崔冕一人，正德七年任，嘉靖元年由于樸代。表中注崔冕爲「直隸薊州舉人」〔註 33〕。然《崔侯去思碑》文中稱「涇陽崔公」、「奏績九載兮」，籍貫、任職時間均不合。姑備一說。

〔註 28〕 閻鳳梧主編《全遼金文》（上），山西古籍出版社 2002 年版，第 1406～1407 頁。
〔註 29〕 （清）胡聘之《山右石刻叢編》，《續修四庫全書》第 907 冊，上海古籍出版社 1996 年版，第 442 頁。
〔註 30〕 （清）孫星衍《寰宇訪碑錄》，《續修四庫全書》第 904 冊，上海古籍出版社 1996 年版，第 545 頁。
〔註 31〕 （清）葉昌熾《語石》，上海書店出版社 1986 年版，第 167 頁。
〔註 32〕 曾棗莊、劉琳主編《全宋文》第 13 冊，上海辭書出版社、安徽教育出版社 2006 年版，第 250～252 頁。
〔註 33〕 （清）李敬修纂修《光緒平陰縣志》，《中國地方志集成》山東府縣志輯 65，鳳凰出版社 2004 年版，第 307、279 頁。

10. 范洪文（59／237）

按：《全元文》錄《城南志小序》。此文乃范洪文所撰《城南志》的序文。龔烈沸編著《寧波古今方志錄要》卷九《鎮志鄉志村志》對《城南志》有介紹，稱：

> 明 《城南志》，卷數不詳。

> 明范洪文纂。卷數不詳，未見傳本，民國《鄞縣通志》文獻志著錄。是部寧波城郊志。〔註34〕

據此，則范洪文當作明人。

11. 吳崧（59／238）

按：《全元文》據1923年本《許昌縣志》卷十六錄《許守華侯去思碑》。今複檢《許昌縣志》，文題下署「元吳伯通」。然卷九《官師下》中，許昌華姓太守僅有成化年間華山一人。名下有注文，「華山，江南無錫人。進士。字仁甫。」〔註35〕則吳伯通爲明人。《全元文》小傳稱「吳崧，字伯通」，不知何據。

12. 錢謐（59／244）

按：《全元文》據清乾隆三十四年《松陽縣志》錄《道學發明序》。文中稱「余承乏教諭斯邑」。《全元文》小傳據此言「錢謐，松陽縣教諭」。今考清代光緒元年刊本《松陽縣志》卷七《官秩》，錢謐乃明正統年間任松陽縣教諭。其顯爲明人。

另《道學發明》的作者爲王文煥，《松陽縣志》卷九《人物》有傳，稱「王文煥，一名子敬，字叔恭。少負雅操，夙承家學。以元末之亂，不屑仕進。學者成之爲西山先生。」生平著述，除《道學發明》外，尚有《大學發明》、《中庸孟子解》、《心鏡圖》、《治心銘》等〔註36〕。則王文煥爲元末明初人。而錢謐文中稱「余承乏教諭斯邑，暇日詢異時儒彥有光吾道者，得文煥焉」，並捐俸付梓，則其後於王文煥可知。

13. 俞汝為（59／249）

按：《全元文》錄俞汝爲《八蠟廟正祀議》。今考《古今圖書集成·方輿彙編職方典》卷三百五十六連續錄有俞汝爲三篇文章，分別爲《介之推辨》、《重

〔註34〕 龔烈沸編著《寧波古今方志錄要》，寧波出版社2001年版，第61頁。

〔註35〕 王秀文修、張庭馥纂《許昌縣志》，《中國方志叢書》華北地方第103號，成文出版社1968年版，第501頁。

〔註36〕 （清）支恒春纂修《松陽縣志》，《中國方志叢書》華中地方第190號，成文出版社1975年版，第517、663頁。

建通元先生廟碑記》、《八蠟廟正祀議》。《介之推辨》題下署名「俞汝爲」，後
兩文題下署「前人」，據此可以斷定三篇文章的作者爲同一人。

《重建通元先生廟碑記》文中稱張仙廟「歷唐至宋，燼於元」、「明初，
改祀漳河廟」，則其爲明人。

侯清柏，張培榮在《介之推與寒食清明節》一書中錄有俞汝爲詩《綿山
弔介子推》〔註37〕：「身將隱矣又焉文，何事龍蛇惕晉君。本爲求賢憂若渴，
翻令延禍痛如焚。民間禁火寒爲節，綿上遺封莽未耘。秋色不知人去遠，蕭
條林木自煙雲。」並在小傳中言其有《介之推辨》。俞汝爲，字毅夫，江南華
亭人。萬曆間以進士官山東僉事，萬曆三十年（1602）任沁州知府。

14. 俞皋（59／250）

按：《全元文》據四庫全書本《新安文獻志》卷三十五錄俞皋《十三伯》。俞
皋著《春秋集傳釋義大成》十二卷（四庫全書第 159 冊），書前有《春秋世次
圖說》，通過圖表、文字列舉春秋列國世系。《十三伯》實則《春秋世次圖說》
第一篇。此外，尚有《周世次》、《魯世次》、《齊世次》、《晉世次》、《宋世次》、
《衛世次》、《鄭世次》、《曹世次》、《陳世次》、《蔡世次》、《北燕世次》、《秦
世次》、《楚世次》、《吳世次》、《杞世次》、《滕世次》、《許世次》、《邾世次》、
《莒世次》、《薛世次》諸篇。《全元文》不考史源，殊爲不察。

15. 趙維屏（59／264）

按：《全元文》據清光緒二十七年《赤城縣志》錄《龍門峽捨身崖烈女贊》。
今考清乾隆十三年《赤城縣志》卷七《人物志》載：

> 田氏，千總田坤女。正統己巳之變，坤戰歿。女年十九，明君
> 擄父亡，不勝義憤，遂投龍門峽死，即所謂捨身崖也。土人穴石壁
> 瘞焉。天順初特旨旌之。〔註38〕

此事乃發生在明英宗「土木之變」時。後世文人多有題詠。如《赤城縣續志》
卷八《藝文志》就載有司馬楓與其妻張可貞的聯句詩《題烈女田氏墓》。趙維
屏所詠亦爲此人，則顯爲明正統以後人。

〔註37〕 侯清柏，張培榮《介之推與寒食清明節》，山西人民出版社 2009 年版，第
116 頁。
〔註38〕 （清）孟思誼纂修《乾隆赤城縣志》，《中國方志叢書》塞北地區第 22 號，成
文出版社 1968 年版，第 109 頁。

16. 沈瑀（59／276）

按：《全元文》據清光緒十九年《館陶縣志》卷十一錄入《政說》，歸爲沈瑀之文。張養浩著《牧民忠告》二卷，共十篇，計七十四則。（貢師泰有《牧民忠告序》，見《全元文》45／168）今稽考《政說》的文本，與《牧民忠告》第四篇《御下》中的《省事》條內容幾乎相同。就文本而言，《政說》較《牧民忠告》多出「古云：寬民一分，則民受一分之賜」、「審其可行者即行，不可行者」兩句；另《牧民忠告》「動集百餘」，《政說》作「事有百端」。據此，《政說》不當署爲沈瑀之文。

17. 陶振（59／310）

按：陶振爲明人。明代王鏊《姑蘇志》卷五十四有傳，云：「陶振，字子昌，吳江人。少學於楊維禎，兼治《詩》、《書》、《春秋》三經。洪武末，舉明經，授本縣學訓導。嘗坐佃居官房，逮至京。進《紫金山》等三賦，得釋，改安化教諭。卒。振天才超逸，詩語豪雋，有名於時。所著有《釣鼇集》。」查繼佐《罪惟錄》卷十八《文史諸臣列傳》傳稱〔註39〕：「陶振，受學於楊維楨所，以明三經，舉於洪武中。《詩》義從朱熹，《書》從蔡沉，《春秋》從孔安國。諸生樂其近・名『陶生學』。爲掌故吳江，久之，坐法傳詣京師。奏賦三篇，多俚語俳調，得解，復爲掌故安化。」

朱彝尊《明詩綜》卷十四選其詩一首，小傳云：「振字子昌，吳江人，徙居華亭。洪武中舉明經，授吳江縣學訓導，改安化教諭。有《釣鼇集》。錢受之云：振歸隱九峰間，授徒自給。一夕死於虎。王逢善《輓詩》云：『昔爲海上釣鼇客，今作山中飼虎人。』『釣鼇客』，振自號也。」〔註40〕《曝書亭集》有《跋釣鼇集》，稱：「吳江陶振子昌，洪武中任本縣儒學訓導，改安化教諭。歸隱華亭九峰間，自號釣鼇客。長陵師起北平，作《哀吳王濞歌》，感慨悲壯。意當日定流播於燕王，聞之深怨私怒必甚矣。革除詩文，稍有忌諱者悉焚棄。唯是歌存集中，而人未有表其微者。其後死於虎。王達善挽以詩，云：『昔爲海上釣鼇客，今作山中飼虎人。』飼之爲言食也，以食食人也。九峰無虎，將毋靖難之後有飼之者乎？〔註41〕」據此，則陶振曾親歷「靖難之役」，似不當爲元人。

〔註39〕（清）查繼佐《罪惟錄》（第 4 冊），浙江古籍出版社 1986 年版，第 2294～2295 頁。
〔註40〕（清）朱彝尊《明詩綜》（第 2 冊），中華書局 2006 年版，第 654 頁。
〔註41〕（清）朱彝尊《曝書亭序跋》，上海古籍出版社 2010 年版，第 272 頁。

18. 宋九嘉（59／325）

按：宋九嘉（1184～1233），字飛卿，山東夏津人。至寧元年（1213 年）進士。
王慶生《金代文學家年譜》有《宋九嘉年譜》。〔註42〕詩見《全遼金詩》。〔註43〕

19. 林右（59／327）

按：《全元文》小傳中言「林右，天台人。元末明初在世」。所錄《北郭云集
序》乃據四庫全書本許恕《北郭集》，文末題署爲「洪武十有八年歲在乙丑春
正月既望天台林右」。

今考《四庫全書總目》卷一百七十五別集類存目二著錄《林公輔集》三
卷（編修汪如藻家藏本）：

> 明林右撰。右字公輔，臨海人。洪武中官中書舍人，進春坊大
> 學士，輔導皇太孫，以事謫中都教授。是集多記序酬應之作，惟題
> 後數則間及史事，亦無特識。至於故國舊君，動多詆斥。其視徐鉉
> 撰《李煜碑》但陳運數有歸者，用心之厚薄尤相去遠矣。〔註44〕

三卷本今不可見。《四庫全書存目叢書》集部第 27 冊所收《天台林公輔先生
文集》，係清康熙間查愼行家鈔本，不分卷。集中共有序三十六篇、記二十七
篇、墓誌銘七篇、傳四篇、跋六篇、書二篇、題識二十篇、琴操二篇、祭文
一篇，共計 105 篇。〔註45〕孫良同《林右著述及其文學思想考論》文稱查愼
行家鈔本收錄不全，並輯有佚文兩篇，其中就包括《北郭集原序》。故林右當
爲明人，查繼佐《罪惟錄》卷十二《致命諸臣列傳上》有傳。〔註46〕

20. 黃河（59／304）

按：《全元文》據清乾隆二十五年《滑縣志》錄《孚濟王廟》。而《全宋文》
據《民國重修滑縣志》亦收此文，題作《重修孚濟王廟記》，且文末尚有題署，
曰「崇寧五年□□□□□」〔註47〕。崇寧乃宋徽宗年號，崇寧五年乃 1106 年。
則黃河爲宋人無疑。

〔註42〕 王慶生《金代文學家年譜》（上），鳳凰出版社 2005 年版，第 572～577 頁。
〔註43〕 閻鳳梧，康金聲主編《全遼金詩》（下），山西古籍出版社 1999 年版，第 2210
　　　　～2213 頁。
〔註44〕 （清）永瑢等《四庫全書總目》（下），中華書局 1965 年版，第 1552 頁。
〔註45〕 孫良同《林右著述及其文學思想考論》，《青島大學師範學院學報》2006 第 3
　　　　期，第 18 頁。
〔註46〕 （清）查繼佐《罪惟錄》（第 3 冊），浙江古籍出版社 1986 年版，第 1821 頁。
〔註47〕 曾棗莊、劉琳主編《全宋文》第 138 冊，上海辭書出版社、安徽教育出版社
　　　　2006 年版，第 343 頁。

21. 許洞（59／335）

按：《古今圖書集成·經濟彙編戎政典》第 271 卷《金鼓部藝文》錄《釁鼓文》，題署「元許洞」，《全元文》據以收錄。今考《釁鼓文》乃《虎鈐經》第 209 篇〔註48〕，其文不全，闕後半。《古今圖書集成》所錄，與《虎鈐經》相較，尚少「今則五兵暴露，群醜維橫（下文缺）」句。作者許洞，字淵夫，吳郡人。宋眞宗咸平三年（1000 年）中進士。《虎鈐經》成書於景德元年（100年）〔註49〕。

22. 石為楷（59／343）

按：石爲楷《文水龍堂記》見《全遼金文》〔註50〕，據康熙十二年《文水縣志》卷十錄文。小傳稱「石爲楷曾任金醋務都監」，當爲金人。

23. 萬規（59／372）

按：《全元文》錄其《萬橋記》。今檢《全宋詩》第 18 冊錄其詩 2 首，《全宋文》第 75 冊錄其文兩篇，含《萬橋記》。《全宋文》小傳稱萬規生活於北宋熙寧、元祐年間。

24. 朱昂（59／398）

按：《全元文》錄其《閒情賦》。然朱昂乃宋人，見《宋史》卷四百三十九《文苑傳一》，傳中附此文。傳稱：「宋初，爲衡州錄事參軍。嘗讀陶潛《閒情賦》而慕之，因廣其辭曰」〔註51〕。

25. 鍾必萬（59／405）

按：《全元文》錄其《社壇記》。然鍾必萬見《全宋文》第 293 冊，收文 5 篇，含《社壇記》。

26. 朱箆（59／405）

按：《全元文》錄其《顧孝子祠記》。文中提及「余始官泰興」，故小傳中言「朱箆，官泰興尹」。今考《光緒泰興縣志》中的《秩官志》，其第一爲《古今官

〔註48〕 （北宋）許洞《虎鈐經》卷 20，叢書集成初編第 946 冊，中華書局 1985 年，第 194 頁。

〔註49〕 趙國華《中國兵學史》，福建人民出版社 2004 年版，第 380 頁。

〔註50〕 閻鳳梧主編《全遼金文》（下），山西古籍出版社 2002 年版，第 3720～3721頁。

〔註51〕 （元）脫脫《宋史》第 37 冊，中華書局 1977 年版，第 13006 頁。

屬年表》。朱篊嘉靖十一年任泰興縣知縣，表中注明「浙江山陰人，由進士」。
十五年由周尙忠代任。〔註52〕則朱篊爲明人。

　　瞿冕良編著《中國古籍版刻辭典》有其介紹，稱：「朱篊，明浙江山陰人，
字守諧，嘉靖五年進士，任泰興令。刻印過茅大方《希董先生遺書》5卷。」
〔註53〕《嘉靖遼東志》卷一《地理志》有其《九日遊千山》詩一首，題署「山
陰朱篊，監察御史」，《次東岩北郭初亭韻》三首、《羅漢洞》一首。〔註54〕

27. 徐旭旦（59／405）

按：《全元文》據清嘉慶二十四年刻本《瀏陽縣志》錄《凌雲閣賦》，小傳言
「徐旭旦，曾任官瀏陽」。今查考《同治瀏陽縣志》卷十五《職官一》，「縣丞」
類中有徐旭旦，名下附注「浙江錢塘副榜，康熙四十二年任」，其下任爲鄭開
泰，「直隸宛平監生，康熙五十一年任」。〔註55〕同書卷二十二《藝文志》錄
有其《岐源寺碑記》、卷二十三《藝文志》錄其七言律詩二首（《題道吾寺》、
《石霜寺》）、詞三闋（《惜春容·巨湖山偶憩》、《漁家傲·題楓浦魚者》、《瀟
湘夜雨·瀏陽喜雪》）。

　　《全清詞》（順康卷）收徐旭旦詞530首，這三闋詞均見收錄。《惜春容·
巨湖山偶憩》作《木蘭花·攬芳亭》、《漁家傲·題楓浦魚者》同、《瀟湘夜雨》
題爲《詠雪》。〔註56〕則徐旭旦爲清人無疑。

　　徐旭旦（1659～1720），清代散曲家、詩人。字浴咸，號西泠、聖湖漁父。
錢塘（浙江杭州）人。10歲舉神童，以《燕子賦》及《榴花》詩受知於權要。
康熙十一年（1672）拔貢，康熙十八年舉博學鴻儒。曾久在大將軍尙善幕府，
以開導中河功補興化縣丞。歷興化知縣、連平知州。康熙南巡曾召對，應制
作《西湖賦》等。有詩文集《世經堂集》30卷，見錄於《四庫未收書輯刊》
第柒輯29冊。

〔註52〕（清）楊激雲修，顧曾烜纂《光緒泰興縣志》，《中國地方志集成》江蘇府縣
　　　　志輯51，江蘇古籍出版社1991年版，第141頁。

〔註53〕瞿冕良編著《中國古籍版刻辭典》，蘇州大學出版社2009年版，第212頁。

〔註54〕（明）畢恭等修、任洛等重修《嘉靖遼東志》，《續修四庫全書》第646冊，
　　　　上海古籍出版社1996年版，第476、477、478頁。

〔註55〕（清）王汝惺等修，鄔俊傑等纂《同治瀏陽縣志》，《中國地方志集成》湖南
　　　　府縣志輯13，江蘇古籍出版社2002年版，第434、581、623、630頁。

〔註56〕南京大學中國語言文學系《全清詞》編纂研究室編《全清詞·順康卷》　第3
　　　　冊，中華書局2002年版，第1798、1823、1861頁。

28. 托庸（59／415）

按：《全元文》錄其《虞鄉縣學壁墨刻》。此文亦見錄於《河東水利石刻》（石刻精華版）〔註57〕，文前編者指出：「原碑已佚，文見《虞鄉志‧金石考下》卷九。元‧托庸撰文，具體年代不詳。」然詳考文意，此文不當為元文。

文中提及：「舊諺有云：『湖廣熟，天下足』。」這一民諺究竟何時在民間出現，今不可考。據現有資料來看，這一民諺最早見錄於明人何孟春《餘冬序錄》。該書卷五十九《職官》云：「湖蕃轄府十四、州十七、縣一百四，其地視諸省為最巨。其郡縣賦額，視江南、西諸郡所入差不及。而『湖廣熟‧天下足』之謠‧天下信之，蓋地有餘利也。」

此後，明清文獻屢見徵引。如申時行《綸扉簡牘》、沈一貫《敬事草》、朱國達《地圖綜要》、張萱《西園聞見錄》、鄭若曾《江南經略》等。

方志遠《江西通史》（明代卷）中指出：「宋元時期流行著『蘇常熟天下足』或『蘇湖熟天下足』的民諺。長江三角洲或者說太湖流域以其優越的自然條件和先進的生產技術，在兩宋時期成為全國經濟最為發達的地區，糧食的單位面積產量也居全國前列。自明中期以後，隨著該地區的經濟轉型，取代蘇常或蘇湖在糧食供給上地位的，則是面積遠為廣袤的湖廣地區。」〔註58〕則由此諺語可見，此文不當為元文。

而清代有一托庸，生卒年不詳。姓富察氏，字師健，號瞻園，滿洲鑲黃旗人。雍正初由筆帖式授主事。乾隆中，官廣西巡撫；不久調任粵東及山西巡撫，政跡甚著。後坐事奪職，尋授安徽布政使。官至吏部尚書。卒諡誠愨。著有《瞻園詩鈔》。

就其任山西巡撫來看，與文中所言山西之事亦相符。

29. 童軒（59／444）

按：《全元文》據明成化八年《文翰類選大成》錄童軒《補余氏潮汐對》一文，小傳稱「生平不詳」。今檢黃宗羲《明文海》，收錄童軒文 16 篇。其中，《補余氏潮汐對》見《明文海》卷一百三十四，與《全元文》所收為同一篇文字。

〔註57〕 張學會主編《河東水利石刻》（石刻精華版），山西人民出版社 2004 年版，第 67 頁。
〔註58〕 方志遠《江西通志》（明代卷），江西人民出版社 2008 年版，第 161 頁。

　　童軒（1425～1498），字士昂，鄱陽（今屬江西）人。登景泰二年（1451）進士，授南京史科給事中。著有《清風亭稿》8卷，收入《四庫全書》。另著有《枕肱亭文集》20卷、《紀夢要覽》、《海嶽涓談》、《諭蜀稿》等。生平事蹟見《國朝獻徵錄》卷三十六。〔註59〕

30. 陸修正（59／538）

按：《全元文》錄其《林半山文集序》。四庫本《浙江通志》卷一百九十五：「陸修正，《黃岩縣志》號草屋。吳郡人，寓居盤馬。善屬文，時人稱為草屋先生。有文集行世。」

　　李東陽有《明故處士謝公墓表》〔註60〕，稱：「有孝子之孫，節婦之夫，曰處士謝公，諱幹，字性端。台州黃岩人也。孝子諱伯遜，嘗刲股愈母疾，奉母避亂，備極勤苦，鄉以孝稱。子厚睦有隱德，實生公。公讀書識大義，與鄉名士陸修正、鮑原弘、湯朝宗為文字友。陸貧甚，公特置塾，禮之終其身，及其子猶然。公性剛峭，與人寡合，遇事不可，輒面折，不曲為假借。竟以是得禍，卒年三十有一。」此處士即謝鐸之祖。

　　《林半山文集序》文中提及「鄉人林伯雲」、「世居黃岩半嶺」。則陸修正為黃岩人，與《浙江通志》、《明故處士謝公墓表》所言當為一人。

　　《六研齋筆記》、《式古堂書畫匯考》均載有其為《宋米芾摹王羲之此月帖》所作跋，題署為「時洪武三十年春二月上澣吉日陸修正識」。《清河書畫舫》、《式古堂書畫匯考》均載其為《李咸熙讀碑窠石圖》所題詩，題署「吳郡陸修正」。

　　另外，《林半山文集序》文中提及在京師見林伯雲之後，「越三十餘年，始克見先生全集」。而元末明初的僧人釋來復《蒲庵集》中有《送林伯雲上舍省親歸天台》詩。貝瓊（？～1379）《送楊文啟序》：「國子生天台林伯雲來言其鄉先生楊文啟者隱黃岩之大閭」。《明史》卷六十九《選舉》：「遣國子生林伯雲等三百六十六人分教各郡」。《國榷》卷六洪武八年載：三月「選國子生林伯雲等三百六十六人分教北方」〔註61〕。由此，則陸修正當為明人。

〔註59〕傅璇琮總主編《中國古代詩文名著提要》（明清卷），河北教育出版社 2009 年版，第 59 頁。

〔註60〕（明）李東陽《李東陽集》（第 2 冊），嶽麓書社 1985 年版，第 356 頁。

〔註61〕（明）談遷《國榷》，古籍出版社 1958 年版，第 519 頁。

31. 孔天鑒（59／549）

按：《全元文》錄其《洪洞縣學藏書記》。薛瑞兆《〈全元文〉校讀》一文〔註62〕對其人其文均有考辨。孔天鑒當為金人。

32. 曹望之（59／555）

按：《全元文》稱「曹望之，生平不詳」。薛瑞兆《〈全元文〉校讀》一文〔註63〕曾略有補充，並對文中所提及的聞喜令楊子益（字德裕）的資料亦有考辨。曹望之乃金人，見《全遼金文》〔註64〕。

33. 王元渤（59／561）

按：《全元文》稱「王元渤，生平不詳」，實則王元渤即王洋，字元渤。《全宋文》第 177 冊敘其小傳甚詳，並錄其文章 12 卷，《南康鼓樓上樑文》亦在其中。

34. 周如砥（59／571）

按：元代有周如砥其人。《新元史》卷二百四十六列傳 143《烈女下》載〔註65〕：「周如砥女，年十九，未適人。至正二十年，鄉民作亂，如砥與女避於新昌西之客僧嶺，女為賊所執。賊曰：『吾未娶，當以汝為妻。』女曰：『我周典史女也，死即死，豈能從汝耶！』賊遂殺之。如砥時為紹興新昌典史。」

而《全元文》所收周如砥乃明代萬曆年間人物。字季平，號礵齋。即墨（今屬山東省）人。萬曆十七年進士。歷任京官，官至國子監祭酒。其生平著述，有《青藜館集》4 卷、《道德經集義》2 卷。《漢諫大夫王公祠銘》一文見錄於《青藜館集》卷 4〔註66〕。

35. 張蘊古（59／621）

按：《全元文》第 59 冊（621 頁）據清康熙二十二年《魏縣志》錄張蘊古《大

〔註62〕 薛瑞兆《〈全元文〉校讀》，見北京師範大學古籍與傳統文化研究院編《中國傳統文化與元代文獻國際學術研討會會議論文集》，中華書局 2009 年版，第 125 頁。

〔註63〕 薛瑞兆《〈全元文〉校讀》，見北京師範大學古籍與傳統文化研究院編《中國傳統文化與元代文獻國際學術研討會會議論文集》，中華書局 2009 年版，第 125 頁。

〔註64〕 閻鳳梧主編《全遼金文》（上），山西古籍出版社 2002 年版，第 1111 頁。

〔註65〕 柯劭忞《新元史》，《元史二種》，上海古籍出版社 2012 年版，第 946 頁。

〔註66〕 （明）周如砥《青藜館集》，《四庫全書存目叢書》集部 172 冊，齊魯書社 1997 年版，第 339 頁。

寶箴》一文。小傳稱「張蘊古，生平不詳」。今考唐代吳兢《貞觀政要》卷八
《刑法第三十一》載「張蘊古」事，記其「貞觀二年以幽州總管府記室兼直
中書省，表上《大寶箴》。〔註67〕」所附《大寶箴》文字與《全元文》所收相
同。並載其貞觀五年「爲大理丞」。《舊唐書》卷一百九十列傳第140《文苑上》
有傳，云：

> 張蘊古，相州洹水人也。性聰敏，博涉書傳，善綴文，能背碑
> 覆局。尤曉時務，爲州閭所稱。自幽州總管府記室直中書省。太宗
> 初即位，上《大寶箴》以諷，其詞曰……太宗嘉之，賜以束帛，除
> 大理丞。〔註68〕

於傳中亦全錄此箴。而《新唐書》中對張蘊古記載頗爲簡略。對此，南宋洪
邁《容齋五筆》卷七《張蘊古大寶箴》有所考辨，稱「《新唐史》附其姓名於
《文藝・謝偃傳》末，又不載此文」、「《舊唐書》全載此箴，仍專立傳，不知
宋景文何爲削之也？」〔註69〕。《大寶箴》亦見錄清代董誥等編《全唐文》卷
一百五十四〔註70〕。據此，可以確知張蘊古爲唐太宗時期人物。

〔註67〕 （唐）吳兢《貞觀政要》，上海古籍出版社1984年版，第240頁。
〔註68〕 （後晉）劉昫《舊唐書》第15冊，中華書局1975年版，第4992～4993頁。
〔註69〕 （宋）洪邁《容齋隨筆》，上海古籍出版社1978年版，第883～884頁。
〔註70〕 （清）董誥《全唐文》第2冊，中華書局1983年版，第1574頁。

第二章 《全元文》所收作家小傳補正

　　元代人物的生平，以前的學界主要取資於清代顧嗣立《元詩選》、錢熙彥《元詩選補遺》。近人王德毅、李榮村、潘柏澄編纂的《元人傳記資料索引》內容繁富，極具參考價值。此外，學界陸續刊行的專著、論文對元代人物的生平行述亦有辨正。如蕭啓慶《元代進士輯考》、羅鷺《〈元詩選〉與元詩文獻研究》、柴建虹《〈元詩選〉癸集西域作家考略》等均有新的發見。《全元文》收錄作家，依仿斷代文學總集的通例，爲每位作家撰寫了小傳，內容涉及到其生卒年、科舉、仕宦、著述、交遊等方面，創獲較多。

　　然而，《全元文》的編撰工程浩大，成於眾手，難免失於照應，並且對前人的研究成果也沒有較爲全面的吸收。本章一方面立足於《全元文》、《全元詩》以及明代典籍、方志的記載，尋繹其中的內在材料的聯繫，發掘相關人物的生平；一方面參考前輩時賢的研究成果，予以吸收。內容包括兩個方面，一是針對《全元文》已收作家的傳記資料經行補正，一是對所輯佚文的作者（《全元文》失收之作家）的生平予以補充。

一、《全元文》已收作家小傳補正

1. 王特升（5／44）

按：李裕民《莊靖集》有《遊青蓮分韻得春字》一詩，序云：「己亥暮春十有八日，劉巨川濟之、瀛漢臣、王特陞用亨、郭甫仲山、姚升子昂、史顯忠遂良，同遊福嚴禪院，與巨川、彥廣二山主道舊。兵革之餘，不勝感歎，仍以『春山多勝事』爲韻賦詩，以紀其哀。〔註1〕」據此可知王特升字用亨。

〔註1〕閻鳳梧，康金聲主編《全遼金詩》（中），山西古籍出版社 1999 年版，第 1986 頁。

2. 李溥光（13／153）

按：其生平、交遊，可參考蘇顯雙碩士論文《李溥光〈雪庵字要〉研究》第
一節〔註2〕、論文《元書家李溥光及其書、論考述》〔註3〕。

3. 顧泳（13／515）

按：《全元文》小傳云顧泳「至正二十一年知海鹽州」。然清王彬修、徐用儀
纂，光緒二年刊本《海鹽縣志》卷二《職官表》載顧泳，汴人，至元二十年
任海鹽縣尹〔註4〕，與此不合。

　　《全元文》錄其《重建福業院陳山龍君行祠記》。今檢嵇曾筠《雍正浙江
通志》卷二百五十六《碑碣二》載《重建福業院陳山龍君行祠記》，云：「至
元二十年仲秋，海鹽縣尹顧泳撰文，住持馬世良立石，嘉興路總管兼府尹趙
若秀篆蓋」；倪濤《六藝之一錄》卷九十九亦著錄《重建福業院陳山龍君行祠
碑》，云「至元二十年仲秋，海鹽縣尹顧泳撰文，嘉興路總管兼府尹趙若秀篆
蓋，住持馬世良立石。」二書均注明文獻來源爲《海鹽縣圖經》。

　　據此，則《全元文》小傳所載有誤。

　　《光緒海鹽縣志》卷十四《名宦錄》其小傳云「卒於官」〔註5〕。然其任
海鹽縣尹具體時間不詳。今考元代徐碩《至元嘉禾志》卷二《城社》，載「甘
泉坊：是邑舊有坊十，名曰海瑞、海倉、海晏、海康、海清、海安、海豐、
海熙、海潤、海阜。聖朝至元乙酉，縣尹顧泳改今名。」卷5《浦溆》載「太
平塘，舊名捍海塘，在縣東二里。」後有徐碩考證，稱「西南至鹽官縣界，
東北接華亭縣界，防海水漲溢，故名捍海塘。聖朝至元甲申，縣尹顧泳重修，
改今名，立扁於上」〔註6〕。至元甲申、乙酉，乃至元二十一、二十二年。顧
泳此時尚在任，可以斷知。

4. 洪黃中（13／518）

按：《全元文》小傳稱「洪黃中，生平不詳，約至元中在世」。據清光緒二十

〔註2〕　蘇顯雙《李溥光〈雪庵字要〉研究》，吉林大學碩士論文，2002年。

〔註3〕　蘇顯雙《元書家李溥光及其書、論考述》，《古籍整理研究學刊》，2014（5）。

〔註4〕　（清）王彬修、徐用儀纂《光緒海鹽縣志》，《中國方志叢書》華中地方第207
　　　　號，成文出版社1975年版，第121頁。

〔註5〕　（清）王彬修、徐用儀纂《光緒海鹽縣志》，《中國方志叢書》華中地方第207
　　　　號，成文出版社1975年版，第1331頁。

〔註6〕　（元）徐碩《至元嘉禾志》，景印文淵閣四庫全書第491冊，臺灣商務印書館
　　　　1986年版，第19頁。

六年《邵武縣志》錄其文一篇。今考明代陳道《弘治八閩通志》卷三十五《秩官》載洪黃中於至元間任邵武儒學教諭〔註7〕。同書卷四十五《選舉》於邵武縣學，載「元至元二十年，同知石哈剌不花重作文廟及櫺星門，教諭洪黃中爲記〔註8〕」。《全元文》所錄《新作大成殿記》云「至元二十年夏四月，邵武縣學新作大成殿成」，與《八閩通志》所載合。

5. 吳亨壽（17／69）

按：《全元文》（20／99）載吳亨壽文二篇，其一爲《答高岩起論潮書》，一爲《郭索傳》。《答高岩起論潮書》與17冊所收吳亨壽文《答起岩論潮書》近同。《全元文》17冊云：「吳亨壽，世祖至元年間在世」；19冊云：「吳觀望，元世祖至元年間人」。

　　今考，明代陳邦俊輯《廣諧史》十卷，錄有吳觀望文《郭索傳》。卷首有其傳，云：「吳觀望，字亨壽，號□□。休寧人，今直隸徽州府。至元（後缺）。〔註9〕」可知則吳亨壽、吳亨壽本爲一人，《全元文》不辨其名、字，而誤作二人。

6. 汪巽元（21／731）

按：明代汪舜民《弘治徽州府志》卷九《人物三》有其小傳，稱「字稱隱，休寧西門人，宋柳塘先生莘族孫。歷漳、饒二州教授，將仕郎，安仁錢塘主簿。錢塘故劇邑，狡猾藏游，號爲難化。巽元摘發奸伏，嘉孺弱強，治有能名，以建康路總管府判官致仕。號退密老人，有詩八卷。長子孟堅，仕爲饒州初庵書院山長；次子希，字仲罕，尤嗜古好學，授慈湖書院山長，歷官石城尹。〔註10〕」

　　另外，方回有《汪蒙元悅心說》（《全元文》7／236）稱「予亡友汪君遠翔之冢子，其名頤，其字蒙元」；《汪巽元復心說》（《全元文》7／236）「予亡友汪君遠翔之季子，字巽元，其藏修之所曰『復心』」。據此，則其爲汪遠翔之季子，其長兄爲汪頤。

〔註7〕　（明）黃仲昭《八閩通志》（上），福建人民出版社2006年版，第1005頁。
〔註8〕　（明）黃仲昭《八閩通志》（下），福建人民出版社2006年版，第45頁。
〔註9〕　（明）陳邦俊輯《廣諧史》，《四庫全書存目叢書》子部第252冊，齊魯書社1995年版，第210頁。
〔註10〕　（明）汪舜民《弘治徽州府志》，《天一閣藏明代地方志選刊》，上海古籍書店出版社1962年版。

關於其著述，《弘治徽州府志》稱「有詩八卷」，錢大昕《元史藝文志》卷四著錄汪巽元「《退密老人詩》八卷」、趙宏恩《乾隆江南通志》卷一百九十三《藝文志》、清魏源《元史新編》卷九十四、何紹基《光緒重修安徽通志》卷三百四十三、曾廉《元書》卷二十三並同。今稽考相關典籍，發現其詩集尚有多種。

宋代方逢辰《蛟峰集》（明弘治重修本）卷四有《汪稱隱松夢集序》載：「歙江稱隱，年妙而雋於才，故有餘力於詩。今為嚴正學，以郡檄核士口籍於淳之鄉校。予耄病峽中，稱隱顧焉。出吟卷二集，曰『子為我評之』〔註11〕」。其弟方逢振《瀟灑集序》（《全元文》8／278）稱：「《瀟灑集》者，復心汪稱隱之吟卷也……稱隱，歙人，為州學正。年妙而工於吟。來吾州曾幾何時，錦囊已成巨袟。」李存《汪稱隱安仁詩稿序》（《全元文》33／361）稱：「至治初元之秋，新安汪君稱隱以書抵僕，曰：『吾主若安仁簿時，凡賦詩若干首，願子序之。』」據此三則材料，則汪巽元的詩集有《松夢集》、《瀟灑集》、《安仁詩稿》。

此外，方回有《寄題汪稱隱海陽船亭》詩、陳櫟《定宇集》有《答汪稱隱》文、《次汪稱隱府判退休言懷（並序）》詩、《賀汪稱隱壽藏五首》詩。《賀汪稱隱壽藏五首》第二首云：

> 自述公真善自知，我生觀處孰觀頤。耆英初過馬君實，銘筆早逢王獻之。著腳家山真覺穩，回頭宦路始經危。先時不利後人好，永宅修期畢自為。〔註12〕

第四句下有注：「王仲儀為作生前誌銘」，此銘未見。

7. 林起宗（21／737）

按：《全元文》小傳僅言其為「順德人」。今考蘇天爵有《內丘林先生墓碣銘》（《全元文》40／364），墓主即為林起宗。今節錄如下：

> 從而作興者不無人焉，順德內丘林君蓋其一也。君諱起宗，字伯始。……作《志學指南圖》以為學道之標準、《心學淵源圖》以為入聖之極功。及作《中庸》《大學》《論語》《孟子》諸圖、《孝經圖解》、《小學題辭》發明魯菴家說，共數十卷，大抵皆以程朱之言為

〔註11〕（宋）方逢辰《蛟峰集》，《宋集珍本叢刊》第 86 冊，線裝書局 2004 年版，第 686 頁。

〔註12〕楊鐮主編《全元詩》（第 16 冊），中華書局 2013 年版，第 147 頁。

　　主。……享年七十有六，復號至元之三年二月九日終於家，塋邑西
　　南永安里。

林起宗乃劉因門人，其生卒年爲 1262～1337 年，著述亦由此可知。明代馮從
吾《元儒考略》卷二〔註 13〕、李賢《明一統志》卷四、凌迪知《萬姓統譜》
卷六十四、清代李衛《雍正畿輔通志》卷七十八有其小傳，乃撮錄蘇天爵《墓
碣銘》而成。

8. 張淵（21／761）

按：據張彬編著《中國古今書畫家年表》知其「號心遠」〔註 14〕。

9. 孟淳（21／773）

按：明代董斯張《吳興備志》卷五據《東林山志》錄其小傳，稱「孟淳，字
君復，珙之孫也。父兵部尙書之縉，舉神童。寶祐二年，知寧國，有祭梅都
官文，諡文敏。淳幼強記，亦號奇童。年十二，襲父蔭，歷浙西安撫使，轉
湖州路總管，諡康靖。洪焱祖稱淳賢而文長於吏事。〔註 15〕」其祖父、父可
知。

10. 柯謙（22／455）

按：《全元文》小傳稱柯謙的存世時間爲 1251～1302 年。今考張養浩《江浙
等處儒學提舉柯君墓誌銘》（24／701），墓主即爲柯謙。文載「以延祐六年十
一月三十日卒於杭之僦居，享年六十有九」，據此，則柯謙的生卒年爲 1251
～1319 年。

11. 酈居敬（22／459）

按：元代張鉉《至大金陵新志》卷六下《官守志二》，「都事」載有酈居敬，
注云：「承務，至元二十四年上。〔註 16〕」

12. 楊載（25／566）

按：傳云楊載「著作有《楊仲宏詩集》八卷傳世」。今考明代焦竑《國史經籍

〔註 13〕　（明）馮從吾《元儒考略》，景印文淵閣四庫全書第 453 冊，臺灣商務印書館
　　　　　　1986 年版，第 774 頁。
〔註 14〕　張彬編著《中國古今書畫家年表》，文物出版社 2006 年版，第 55 頁。
〔註 15〕　（明）董斯張《吳興備志》，景印文淵閣四庫全書第 494 冊，臺灣商務印書館
　　　　　　1986 年版，第 314 頁。
〔註 16〕　（元）張鉉《至大金陵新志》，景印文淵閣四庫全書第 492 冊，臺灣商務印書
　　　　　　館 1986 年版，第 321 頁。

志》卷五著錄「楊載《仲弘集》四卷」，祁承㸁《澹生堂藏書目》著錄其「《楊浦城詩集》四卷」、「《詩法家數》一卷」，胡震亨《唐音癸籤》卷三十二著錄其「《古今詩法》一卷」，清代丁仁《八千卷樓書目》卷十六著錄「《楊仲宏集》八卷」、「《詩法家數》一卷」。則諸家所載名稱、卷數略有差異。

13. 滕賓（31／9）

按：《全元文》小傳稱「滕賓為河南睢陽人，一說黃岡人」。今稽考相關載籍，條列如下：

明代孫原理《元音》卷二載：「滕賓，號玉霄，睢陽人。江西儒學提舉。〔註17〕」明代蔣一葵《堯山堂外紀》卷七十載：「滕賓，號玉霄，睢陽人。〔註18〕」謝旻《雍正江西通志》卷九十六據《瀲水志林》錄其傳，稱：「滕賓，字玉霄，睢陽人。仁宗、英宗間，官翰林。嘗客遊興國。至治辛酉為監邑忽都必撰《拯粥碑記》。又有題令公岩十景詩，見袁天麒舊志。」〔註19〕清代陳焯《宋元詩會》卷七十載「滕賓號玉霄，睢陽人。至元間以填詞名家。其詩亦婉約可誦。白雲平章求仙於燕京西山頂，一日適出，玉霄訪之不值。因戲題一絕於壁，類高真所為。白雲公歸，詰其由不得，疑呂仙過之。一時喧傳，朝野競觀輻輳戶外。後知為玉霄戲筆，白雲公戒以勿泄，厚賂之。〔註20〕」朱彝尊《詞綜》卷三十：「滕賓，字玉霄，睢陽人。官江西儒學提舉，後棄家入天台為道士。〔註21〕」沈宸垣、王奕清等編《御選歷代詩餘》卷一百〇九載：「滕賓，字玉霄。睢陽人，官江西儒學提舉。後入天台為道士，稱涵虛子。有詞一卷。〔註22〕」

而認為滕賓為黃岡人的，最早見於明代盧希哲《弘治黃州府志》卷五《人物》載「滕賓，字玉霄，本縣人。元至大間翰林學士，嘗作《韻府群

〔註17〕　（明）孫原理《元音》，景印文淵閣四庫全書第 1370 冊，臺灣商務印書館 1986 年版，第 433 頁。

〔註18〕　（明）蔣一葵《堯山堂外紀》，明萬曆刻本。

〔註19〕　（清）謝旻《雍正江西通志》，景印文淵閣四庫全書第 516 冊，臺灣商務印書館 1986 年版，第 225 頁。

〔註20〕　（清）陳焯《宋元詩會》，景印文淵閣四庫全書第 1464 冊，臺灣商務印書館 1986 年版，第 305 頁。

〔註21〕　（清）朱彝尊《詞綜》，嶽麓書社 1995 年版，第 648 頁。。

〔註22〕　（清）沈宸垣、王奕清等編《御選歷代詩餘》，景印文淵閣四庫全書第 1493 冊，臺灣商務印書館 1986 年版，第 276 頁。

玉序》。〔註23〕」其後，《欽定大清一統志》卷二百六十四亦載「滕賓，字玉霄，黃岡人。至大間爲翰林學士，有文名。」

滕賓的著述，黃虞稷《千頃堂書目》卷八載「滕賓《萬邦一覽集》，缺卷」。倪燦《補遼金元藝文志》、錢大昕《元史藝文志》卷二亦著錄，無卷數。徐乾學《傳是樓書目》著錄「《萬邦一覽集》一本」〔註24〕。明代楊士奇《文淵閣書目》卷二著錄「滕玉霄文一部三冊，完全」、卷十「滕玉霄詞一部六冊，闕」〔註25〕，《千頃堂書目》卷二十九著錄「滕玉霄文」，《補遼金元藝文志》著錄「滕玉霄文集」，《御選歷代詩餘》亦稱「有詞一卷」。

14. 應節嚴（31／66）

按：應節嚴生平，見林景熙《故待制吏部侍郎應公墓誌銘》（《全元文》11／68）。另明代凌迪知《萬姓統譜》卷五十七、明湯日昭《萬曆溫州府志》卷十一《人物志》、清代陸心源《宋詩紀事補遺》卷七十均有其傳。茲錄《萬姓統譜》小傳如下：

> 應節嚴，字和父，平陽人。少名夢辰，中童科。淳祐甲辰登武第，庚戌換文舉。歷太學錄國子簿、司農軍器丞、兩淮機參右司、檢詳淮西提刑兩浙運判、刑部侍郎權吏部侍郎、寶謨閣待制、特中奉大夫。在六館時，上疏論渠璫黷政，淮幕時登陴守禦。才裕經濟，識法制獄，情重軍餉，咸著其能。尤善古文，有文集若干卷。〔註26〕

林景熙載「歲庚子六月丙寅，宋吏部侍郎中奉大夫應公，年九十卒」。清代錢保塘《歷代名人生卒錄》卷五亦載「應節嚴，大德四年庚子六月丙寅卒，年九十」〔註27〕。據此，則其生卒年爲1211～1300年。《全元文》據1926年《平陽縣志》錄其《重建大成殿記略》。而《全宋文》錄有其《揚州州學藏書樓記》一文，作於咸淳九年〔註28〕。

〔註23〕 （明）盧希哲《弘治黃州府志》，明弘治刻本。
〔註24〕 （清）徐乾學《傳是樓書目》，清道光八年味經書屋鈔本。
〔註25〕 （明）楊士奇《文淵閣書目》，商務印書館1937年版，第117、139頁。
〔註26〕 （明）凌迪知《萬姓統譜》，景印文淵閣四庫全書第956冊，臺灣商務印書館1986年版，第864頁。
〔註27〕 （清）錢保塘《歷代名人生卒錄》，民國海寧錢氏清風室刊本。
〔註28〕 曾棗莊，劉琳主編《全宋文》（第347冊），上海辭書出版社、安徽教育出版社2006年版，第235～237頁。

15. 楊如山（31／105）

按：元代俞希魯《至順鎮江志》卷十七淮海書院山長下載「楊如山，字少游，閬州人」〔註29〕；同書卷十九《人材》載「楊如山，字少游，蜀嘉定人。宋末遊江南，四請漕舉。歸附後不仕。大德初，起爲淮海書院山長。因家京口，遷瓊州路軍民安撫司儒學教授，以老不赴。卒年七十八，自號古性。有《詩集》十卷、《讀史說》三卷、《春秋書指要》十卷藏於家」〔註30〕。

其著述，清代黃虞稷《千頃堂書目》卷二著錄《春秋指要》十卷、卷五著錄《讀史說》三卷、卷二十九著錄《詩集》十卷。倪燦《補遼金元藝文志》記載同。唯《詩集》十卷，錢大昕《元史藝文志》著錄爲「《淮海集》十卷」。

16. 謝應木（31／410）

按：《全元文》收謝應木《哈珊大中郡監修學碑記》載於明代陳洪謨《嘉靖常德府志》。同書卷十六《人品志》「進士」類，至正五年乙酉榜載謝應木，注爲「武陵」〔註31〕。

17. 倪鏜（31／417）

按：倪鏜著作，清代倪燦《補遼金元藝文志》、錢大昕《元史藝文志》卷一著錄倪鏜「《詩書集要》三冊、《易春秋筆記》」、「《六書類釋》三十卷」。麈相山有《六書類釋序》，見《全元文》第59冊第247頁。

18. 任仲高（31／431）

按：《全元文》據《延祐四明志》錄其文一篇。今考清代嵇曾筠《雍正浙江通志》卷一百二十九載「任仲高，鄞人」。

19. 吳曒（31／433）

按：元代鄭玉《洪本一先生墓誌銘》（《全元文》46／412）稱「昔先君子作尉淳安，余在侍傍，得遊淳安諸先生間。吳曒先生，則所師也。」《宋元學案》卷七十四有其小傳，云：「吳曒，字朝陽，淳安人也。八歲能詩文，留心性理之學。嚴陵自融堂講學後，弟子極盛。入元，則夏自然爲大師，而先生接之

〔註29〕　（元）俞希魯《至順鎮江志》，江蘇古籍出版社1990年版，第677頁。
〔註30〕　（元）俞希魯《至順鎮江志》，江蘇古籍出版社1990年版，第779頁。
〔註31〕　（明）陳洪謨《嘉靖常德府志》，《天一閣藏明代地方志選刊》，上海古籍書店1962年版。

而出，以《春秋》教授，成泰定進士。其官番陽也，土貢皆以金，然非滇中葉金則不中格，民苦之，先生力言於朝，始得以常金入貢。升鎮平尹，兼知軍事，轉峽州路經歷，所至皆有聲。未幾，解印綬去，授徒講學，以終其身。追贈翰林修撰。先生弟子最盛。鄭師山之侍其父於淳安也，受業三年，其後師山雖爲朱子之學，然追溯生平得力，必曰自朝陽先生云。所著有《吳修撰集》。〔註32〕」清代黃虞稷《千頃堂書目》卷二十九、倪燦《補遼金元藝文志》、錢大昕《元史藝文志》卷四均著錄「吳曎《青城集》二十卷」。

20. 胡助（31／490）

按：《全元文》小傳未言胡助生卒年。余未明《元代文人胡助卒年考》〔註33〕、晏選軍《元明之際東南地區文人行年考辨三則》〔註34〕，均考訂其生卒年爲1278～1355年。

21. 王都中（32／220）

按：王都中表字有異。明代陳道《弘治八閩通志》卷三十六《秩官》「王都中，字元俞，福寧州人。泰定間，由福建閩海道肅政廉訪使遷福建道宣慰使都元帥。當世南人以政事之名聞天下而位登省憲者，惟都中而已。〔註35〕」同書卷七十二《人物》有其傳，云：「王都中，字邦翰。父積翁，初仕宋爲福建制置使。元兵入閩，積翁以八郡圖籍獻世祖，授中奉大夫，累官遷刑部尙書，轉江西行省參知政事。奉使日本，至其境遇害。武宗時，追封閩國公，謚「忠愍」。都中以父功授平江路治中，時年十七。遇事剖析，動中肯繁，僚吏皆愕服不敢欺。累拜浙江行省參知政事，卒謚「清獻」。都中歷仕五十餘年，所至政譽口著，而治郡之績，雖古循吏無以尙之。當世南人以政事之名聞天下而位登臺憲者，惟都中一人而已。幼留京師，及拜許衡，即知所趨向，中尤致力於根本之學，自號「本齋」。有詩集三卷。（都中後居蘇州，《姑蘇志》云，字元俞。）〔註36〕」

《元史》卷一百八十四本傳云「字元俞」〔註37〕。黃宗羲《宋元學案》

〔註32〕（明）黃宗羲《宋元學案》（第 3 冊），中華書局 1986 年版，第 2514 頁。

〔註33〕余未明《元代文人胡助卒年考》，《文學遺產》，2008 年第 6 期，第 75 頁。

〔註34〕晏選軍《元明之際東南地區文人行年考辨三則》，《中南大學學報》（社會科學版），2012 年第 6 期，第 171 頁。

〔註35〕（明）黃仲昭《八閩通志》（上），福建人民出版社 2006 年版，第 1049 頁。

〔註36〕（明）黃仲昭《八閩通志》（下），福建人民出版社 2006 年版，第 1021 頁。

〔註37〕（明）宋濂《元史》（第 14 冊），中華書局 1977 年版，第 4229 頁。

卷九十〔註38〕、明代王應山《閩大記》卷三十五〔註39〕稱「字邦翰」。而明代陳鳴鶴《東越文苑》卷五載:「王都中,字邦翰一字元俞」〔註40〕,二說並存。

22. 錢良右（32／223）

按:《全元文》小傳云:「錢良右（錢良祐,1278～1344）,字翼之,長洲人」。其意似以錢良右、錢良祐別爲二人。今考吾衍《錢良祐名記》一文（24／239）,實則錢良右即錢良祐。

此外,《全元文》所收《題吾子行手跡十二紙後》、《跋郭天錫詩卷》文末題識,《趙氏鐵網珊瑚》作「錢良右」,而《佩文齋書畫譜》正作「錢良右」。

明代文徵明《題吳仲仁春遊詩卷後》〔註41〕載:「而書筆悉出錢良右翼之。翼之,吳人,號江村。雅以書學名家,而詩律尤精。有高行,年六十七,卒於至正七年。」明代董斯張《吳興藝文補》卷三十四〔註42〕錄此文,同。《御定佩文齋書畫譜》卷七十九錄此文,改題爲《元錢良右書春遊詩卷》。清代倪濤《六藝之一錄》卷三百五十八錄此文,改題爲《錢翼之書春遊詩卷》,句中「錢良右」作「錢良祐」。據文徵明所載,則錢良右生卒年當爲 1278～1347 年。

23. 鄭奕夫（32／272）

按:明代凌迪知《萬姓統譜》卷一百○七載「鄭奕夫,字景允,鄞人,丞相清之曾孫也。幼穎悟絕人,動止中矩度,潛心性理,講學績文,克守清白。嘗爲慈谿、麗水、常山三縣教諭,調徽州紫陽書院山長,升浮梁州教授。所著有《論語本義》《中庸大學章旨》、《衍桂堂集》若干卷,稱爲習齋先生。」其著述,清代黃虞稷《千頃堂書目》卷二著錄《中庸大學章旨》、卷三著錄《論語本義》。倪燦《補遼金元藝文志》、錢大昕《元史藝文志》同。此外,錢大昕於《元史藝文志》卷四另著錄《衍桂堂集》。

24. 趙從智（33／97）

按:《全元文》小傳稱載趙從智大德二年任黎邱縣儒學教諭。今考清代成瓘《道

〔註38〕 （明）黃宗羲《宋元學案》（第 4 冊）,中華書局 1986 年版,第 3012 頁。
〔註39〕 （明）王應山《閩大記》,中國社會科學出版社 2005 年版,第 447 頁。
〔註40〕 （明）陳鳴鶴《東越文苑》,清同治十二年刻本。
〔註41〕 （明）文徵明《文徵明集》（上）,上海古籍出版社 1987 年版,第 540 頁。
〔註42〕 （明）董斯張《吳興藝文補》,《四庫全書存目叢書》集部 377 冊,齊魯書社 1997 年版,第 93 頁。

光濟南府志》卷二十四《職官二》載趙從智大德四年任臨邑縣儒學教諭〔註43〕。

25. 張雨（34／344）

按：張羽的著作，除常見的《句曲外史集》外，虞集《崇壽觀碑》（27／442）中稱張雨「所著《外史山世集》三卷、《碧岩玄會錄》二卷，又《尋山志》十五卷，考索極精博云。」

其生卒年，頗多異說。肖燕翼《張雨生卒年考——兼談三件元人作品的辨僞》〔註44〕、丁雪豔《關於張雨生卒年及其句曲外史之得名問題》〔註45〕均考訂其生卒年爲 1283～1350 年。

26. 蕭元瀨（35／47）

按：元代袁桷《延祐四明志》卷六《人物考》，「進士」類中，於咸淳十年王龍澤榜中載有蕭元瀨〔註46〕。

27. 苑徹孫（35／117）

按：《壽親養老新書序》的作者，諸本均作「危徹孫」。四庫全書本、清同治九年庚午（1870）河南聚文齋刻本、道光二十八年戊申（1848）瓶花書屋刻本、1916 年南海黃氏刻翠琅玕館叢書本均同〔註47〕。

《全元文》小傳云「苑徹孫，邵武泰寧人」。今考明代陳道《弘治八閩通志》卷五十七《選舉》載「咸淳元年阮登炳榜」，中舉之人即有「危徹孫」，注云「昭德之子」〔註48〕。危昭德，爲寶祐元年姚勉榜進士〔註49〕，卷七十《人物志》有傳〔註50〕。

「苑」、「危」形近，《全元文》編者不察而致誤。

〔註43〕 （清）王增芳、王鎮修，成瓘、冷烜纂《道光濟南府志》（1），《中國地方志集成》山東府縣志輯1，鳳凰出版社 2004 年版，第 478 頁。

〔註44〕 肖燕翼《張雨生卒年考——兼談三件元人作品的辨僞》，《故宮博物院院刊》，1998 年第 1 期，第 9～13 頁。

〔註45〕 丁雪豔《關於張雨生卒年及其句曲外史之得名問題》，《欽州師範高等專科學校學報》，2004 年第 4 期，第 28～30 頁。

〔註46〕 （元）袁桷《延祐四明志》，景印文淵閣四庫全書第491 冊，臺灣商務印書館1986 年版，第 446 頁。

〔註47〕 （宋）陳直原著，（元）鄒鉉增續，張成博等點校《壽親養老新書》，天津科學技術出版社 2003 年版，第 2、4 頁。

〔註48〕 （明）黃仲昭《八閩通志》（下），福建人民出版社 2006 年版，第 310 頁。

〔註49〕 （明）黃仲昭《八閩通志》（下），福建人民出版社 2006 年版，第 309 頁。

〔註50〕 （明）黃仲昭《八閩通志》（下），福建人民出版社 2006 年版，第 939 頁。

28. 劉士冕（35／121）

按：元代王士點《秘書監志》卷十「秘書監著作郎」下載載劉士冕，注云「字關。大德十年二月二十六日以承直郎上。」

29. 佘璉（35／132）

按：《全元文》據 1920 年《杏花村志》錄《重刻文選序》。今檢清代郎遂《康熙杏花村志》（清康熙二十四年聚星樓刻本）卷四《人物》，有余璉傳，稱：「余璉以大德九祀官池州，累官肅政廉訪使。後於至大間，即池故地歸老，撰《重刻文選序》。」《重刻文選序》，文載同書卷十《文章》〔註 51〕。

另外，清代目錄著作對《文選》多有著錄，於此文作者均稱「余璉」。錢大昕《十駕齋養新錄》卷十四《〈文選〉元槧本》〔註 52〕、瞿鏞《鐵琴銅劍樓藏書目錄》卷二十三〔註 53〕、丁丙《善本書室藏書志》卷三十八〔註 54〕、陸心源《皕宋樓藏書志》卷一百一十二〔註 55〕、蔣光煦《東湖叢記》卷五《元本李善注〈文選〉跋》〔註 56〕、孫星衍《平津館鑒藏書籍記》卷一〔註 57〕、陳鱣《簡莊詩文鈔》卷三〔註 58〕，均可證。

故「佘璉」乃「余璉」之誤。

30. 柴潛道（35／134）

按：明代凌迪知《萬姓統譜》卷十五載：「柴潛道，襄陵人。博極群書，工於詞翰。志尚高，不樂仕進。教授鄉閭，以德義陶其後進。人號為靜莊處士。〔註 59〕」清代倪燦《補遼金元藝文志》、錢大昕《元史藝文志》卷四著錄其所著《秋岩小稿》。

〔註 51〕　（清）郎遂《康熙杏花村志》，《四庫全書存目叢書》史部 245 冊，齊魯書社 1996 年版，第 274、342 頁。

〔註 52〕　錢大昕《十駕齋養新錄》，上海書店出版社 2011 年版，第 283 頁。

〔註 53〕　（清）瞿鏞《鐵琴銅劍樓藏書目錄》，上海古籍出版社 2000 年版，第 645 頁。

〔註 54〕　（清）丁丙《善本書室藏書志》，中華書局 1990 年版，第 631 頁。

〔註 55〕　（清）陸心源《皕宋樓藏書志》，《續修四庫全書》第 929 冊，上海古籍出版社 1996 年版，第 574 頁。

〔註 56〕　（清）蔣光煦《東湖叢記》，遼寧教育出版社 2001 年版，第 123 頁。

〔註 57〕　（清）孫星衍《平津館鑒藏書籍記》，上海古籍出版社 2008 年版，第 43 頁。

〔註 58〕　（清）陳鱣《簡莊詩文鈔》，清光緒刻本。

〔註 59〕　（明）凌迪知《萬姓統譜》，景印文淵閣四庫全書第 956 冊，臺灣商務印書館 1986 年版，第 287 頁。

31. 浦元玠（35／138）

按：清代丁丙《善本書室藏書志》卷八著錄《金國南遷總略》，云「末有大德丙午泖西梅隱浦元玠識語四則」〔註60〕。《藏書志》節錄了《識語》的部分內容，即是《全元文》所收《南遷錄敘》中的文字。則《藏書志》所錄《金國南遷總略》即《南遷錄》。據此，則泖西梅隱當爲浦元玠之別號。

32. 毛莊（35／202）

按：今檢俞希魯《至順鎮江志》卷十五，於「總管兼管內勸農事」下備列諸人，毛莊下注云「敬甫，大都人。中憲大夫。至治二年正月二十六日，至三年二月一日。改除都水監。〔註61〕」任職時間可考。

33. 張銓（35／203）

按：今檢俞希魯《至順鎮江志》卷十六，於「丹陽縣尹」下備列諸人，中有張銓，注云「承務郎。天曆元年至。〔註62〕」

34. 張從善（35／224）

按：《全元文》小傳言張從善「泰定時在世」。今檢元代王士點《秘書監志》卷十「校書郎」下載張從善，注云「至大元年閏十月二十八日，以將仕郎自管州判官遷。」不知是否爲同一人，俟考。

35. 史孝祥（35／236）

按：明趙琦美《趙氏鐵網珊瑚》卷二載有「《范文正公書伯夷頌》題詩」：「韓辭范筆照千齡，扶植綱常似六經。日月爭光宜下拜，莫將此眼對蘭亭。眉山史孝祥。」元代陳基《送虞勝伯序》（50／274）稱「會故人眉州史孝祥守興化」、王沂《沈伯雋墓誌銘》（60／179）稱「嘗往來新安方回萬里、西州史孝祥敬輿之門」、仇遠有《方萬里、史敬輿、陳孝先、龔聖予、胡穆仲相繼淪，沒令人感愴》五律一首（《全元詩》13／177）。陸文圭《文說》稱（17／579）「西州史敬輿嘗爲余言」。據此，可知史孝祥，字敬輿，眉州人。曾任興化守。

36. 張振（35／246）

按：今檢俞希魯《至順鎮江志》卷十六，「丹陽縣達魯花赤」條下載：「張振，進義副尉。至元十二年三月至」。下任達魯花赤爲烏馬爾，注云「回回

〔註60〕 （清）丁丙《善本書室藏書志》，中華書局 1990 年版，第 256 頁。
〔註61〕 （元）俞希魯《至順鎮江志》，江蘇古籍出版社 1990 年版，第 606 頁。
〔註62〕 （元）俞希魯《至順鎮江志》，江蘇古籍出版社 1990 年版，第 647 頁。

人。敦義校尉。至元十四年至」。同卷「丹徒縣尹」載：「張振。承務郎。至元十五年十二月至。〔註63〕」不知與《全元文》所錄張振是否爲一人。

37. 何文淵（35／255）

按：清代黃虞稷《千頃堂書目》卷一著錄何文淵《四書字文引証》九卷，注云「泰定間，河南人」。即《全元文》所收之人。而同書卷十著錄何文淵《司刑備用》、何文淵《牧民備用》一卷，且注云「爲溫州守時所編。本之經史，參以時政爲書」；卷十八著錄何文淵《東園遺稿》四卷，注云「字缺，廣昌人」；卷三十著錄何文淵《鈍庵奏議》一卷，則爲明代之何文淵（1385～1457），傳見《罪惟錄》列傳之三十二《列朝諸臣逸傳》〔註64〕，別爲一人。

38. 鮑思義（35／270）

按：元代劉敏中（1242～1318）《勅賜推忠保德佐運功臣太傅開府儀同三司上柱國韓國公諡忠獻李公神道碑銘》（11／575）載：「臣敏中承詔謹按鮑思義所爲狀序而銘之」。李公，名唐，字仲卿，則鮑思義曾爲其撰寫過行狀，今不存。

39. 周應極（35／274）

按：清代黃虞稷《千頃堂書目》卷二十九著錄周應極《拙齋集》二十卷，注云「字南翁，鄱陽人。周伯琦父，官溫州府同知」。

40. 陶鑄（35／311）

按：另見46／152。35冊言「湖北沔陽人」，46冊言「河南人」，所載不同。

41. 李孝光（36／1）

按：《全元文》小傳未言其生卒年，稱「卒於官，年五十三」。今考李孝光生平行述見陳德永《李五峰行狀》（59／179）。文載「公亦以老病謝事，以奉訓大夫、秘書監丞致仕。泛舟南歸，行次同州，以病終，享年六十有六，時至正十年冬十月既望也」。據此，則李孝光「卒於官」之說不能成立。其生卒年爲1285～1350年。

另《李五峰行狀》文首言天子徵逸士，「此至正三年癸未冬十有二月事也。於是，公年五十有九矣」，亦可推其生年爲1285年。

〔註63〕 （元）俞希魯《至順鎮江志》，江蘇古籍出版社1990年版，第646、641頁。
〔註64〕 （清）查繼佐《罪惟錄》（第4冊），浙江古籍出版社1986年版，第2739～2740頁。

42. 劉學海（36／166）

按：《全元文》小傳云劉學海「元貞時在世」。今考元代李衎《竹譜詳錄》卷六「駢筍」條載：「永州學正劉學海，名洞洙。云：昔居眉山，淳祐乙巳家園忽產駢筍，識者以為祥。未幾，其父果登甲辰進士第。〔註65〕」則其曾任永州學正。

43. 偰文質（36／188）

按：歐陽玄《高昌偰氏家傳》稱「二子，長曰偰文質，次曰越倫質」。《全元文》小傳稱偰文質「字仲彬」。而明代黃紹文《嘉靖廣德州志》卷7《秩官志》〔註66〕、王圻《續文獻通考》卷七十二《節義考》〔註67〕均載偰文質「字孟彬」。

44. 徐朝直（36／262）

按：清代史澄《光緒廣州府志》卷三十三《選舉表二》載：「徐朝直，番禺人。《番禺志》云：至元十二年丙戌進士，福州知府，擢太常少卿。」後附考辨，稱：「案丙戌乃二十三年，其十二年乃乙亥，恐有誤。今《番禺志》太常作太僕。案元世祖在位三十一年，稱至元自甲子迄甲午。順帝元統後亦稱至元，自乙亥迄庚辰，凡六年。今各志所書，實未分朝代，姑仍以世祖統之，俟再考。」〔註68〕

45. 徐唐佐（36／312）

按：清代嵇曾筠《雍正浙江通志》卷一百九十一據《淳安縣志》錄其小傳，稱：「字君輔。咸淳四年進士，歷衢州教授，至行在權院官。生平力學自奮，未嘗隨俗俯仰。晚年居家貧甚，操行峻潔，為後學師表。從弟夢高，字明叟，學尤精粹，教授衡州。有《菊存稿》一卷。〔註69〕」黃虞稷《千頃堂書目》卷二十九著錄「徐夢高《菊存稿》一卷」。

46. 彭寅亮（36／340）

按：虞集《書趙學士簡經筵奏議後》（26／323）載：「而任潤譯講讀之事者，

〔註65〕 （元）李衎《竹譜詳錄》，中華書局1985年版，第73頁。

〔註66〕 （明）黃紹文《嘉靖廣德州志》，明嘉靖十五年刊本。

〔註67〕 （明）王圻《續文獻通考》，明萬曆三十年松江府刻本。

〔註68〕 （清）史澄《光緒廣州府志》，清光緒五年刊本。

〔註69〕 （清）嵇曾筠《雍正浙江通志》，景印文淵閣四庫全書第524冊，臺灣商務印書館1986年版，第269～270頁。

翰林則承旨額森特穆爾、呼喇勒默色、學士吳澄幼清、阿魯威叔重、曹元用子貞、齊齊克伯瞻、雅奇信臣、馬祖常伯庸及其待制彭寅亮允道、吳律伯儀、應奉許維則孝思也。」則其表字爲「允道」。

另外，元代韓鏞《張唐山辭贐記》（37／180）載「請中山知府彭寅亮、國子助教潘迪文諸石」，則其曾任中山知府一職。

47. 李瑱（36／341）

按：李瑱傳見朝鮮鄭麟趾《高麗史》卷一百〇九列傳卷 22。錄傳如下：

> 李瑱字溫古，初名方衍，慶州人。三韓功臣金書之後。少好學，博通百家，有能詩聲。人或試以強韻，援筆輒賦，若宿構然。尚書李松縉一見，奇之，曰：「大器也。」登第，調廣州司錄，被選直翰林院。忠烈以詩賦親試文臣，得九人，瑱居第二。歷起居中書舍人，出爲安東府使，以祛民弊、興學校爲務。累轉軍簿總郎、升右司議大夫、詞林院學士，俄遷大司成密直，承旨改典法判書。忠宣奉仁宗靖內難，革本國積弊。瑱上書略曰：「殿下樹勳帝室，睠遇日隆，誠宜有功不伐，居寵若驚。又與朝臣和如水乳，且名器至重。無功之人不可妄授，況及族黨乎？其詐稱父王之賜，竊府庫錢穀者，人皆疾之，不可不察。其賜給土田，除有功外，一切收之。官冗員多，糜費廩祿。除六部尚書外，餘悉並省。比年旱，荒民皆艱食，宜罷不急之役。」王嘉納，超拜政堂文學商議都僉議司事，進贊成事。忠肅即位，拜檢校政丞臨海君。七年，子齊賢掌試，領門生，稱壽忠宣賜銀瓶二百、米五百石以供其費。瑱及妻皆康強無恙，當世榮之。瑱嘗倚齊賢勢，多奪人臧獲，哀訴者日踵門。校勘崔沔緼於瑱門，辨違都監決還沔家。八年卒，年七十八。諡文定。爲人體貌魁梧，局量寬洪。然在廟堂無所建白。及解官居閒，日與儒釋逍遙詩酒間。子縉，齊賢之正。齊賢自有傳〔註70〕。

據此，則李瑱於「（高麗忠肅王）八年卒，年七十八」。高麗忠肅王八年爲元英宗至治元年（1321 年），故可知李瑱生年爲高麗高宗 31 年（1244，即元乃馬眞後三年）。

〔註70〕　（朝鮮）鄭麟趾《高麗史》，《四庫全書存目叢書》第 161 冊，齊魯書社 1996 年版，第 687～688 頁。

48. 王天利（36／348）

按：清代黃虞稷《千頃堂書目》卷十三著錄王天利《三元節要》三卷，注云：「字履道，壺關人。精星曆占候，能先知休咎，言無不驗。〔註71〕」

49. 黃向（36／388）

按：另見46-150。36冊言「句章人」，46冊言「慶元人」。文末云「句章黃向為文」，當作「句章」為是。

50. 洪震老（37／20）

按：元代鄭玉《洪本一先生墓誌銘》（《全元文》46／412）稱「昔先君子作尉淳安，余在侍傍，得遊淳安諸先生間。吳曦先生，則所師也。洪震老先生、夏溥先生則所事而資之也。」黃宗羲《宋元學案》卷七十四載「洪震老，字復翁，淳安人也。私淑慈湖之學，延祐中以薦入上都，與時相書，陳時事鯁直不諱。已而棄去，隱居不仕，講道授徒，尤長於詩。」陳衍《元詩紀事》卷十四載：「洪震老，淳安人，延祐中領鄉薦，官州學正。學者稱石峰先生。」〔註72〕清代黃虞稷《千頃堂書目》著錄其《觀光集》一卷，注云「字復翁，淳安人。咸祐初以《詩經》領鄉薦，官州學正。」

51. 何同文（37／46）

按：明代廖道南《楚紀》卷二十三《昭文外紀前篇》於何克明小傳中略言及何文同〔註73〕。清曾國荃纂《光緒湖南通志》卷一百二十五《選舉志三》載「何元同，瀏陽人，梧州路推官。」同書卷末《雜志四》即據《楚紀》載「何元同，瀏陽人，以《易》學領延祐丁巳鄉薦。〔註74〕」

52. 汪可孫（37／53）

按：《全元文》小傳當是本於明代汪舜民《弘治徽州府志》。該書卷九載：「汪可孫，號靜安，又號虛夷子，績溪人。力學工文，隱居不。纂《雲宮法語》一卷傳於家。」清代褚人獲《堅瓠集》廣集卷四《卵生人》一則，曾引其書，亦稱「汪可孫《雲宮法語》」〔註75〕

〔註71〕　（清）黃虞稷《千頃堂書目》，上海古籍出版社2001年版，第366頁。
〔註72〕　陳衍《元詩紀事》，上海古籍出版社1987年版，第311頁。
〔註73〕　（明）廖道南《楚紀》，《北京圖書館古籍珍本叢刊》第7冊，書目文獻出版社1990年版，第359頁。
〔註74〕　（清）曾國荃纂《光緒湖南通志》，清光緒十一年刻本。
〔註75〕　（清）褚人獲《堅瓠集》，《筆記小說大觀》第15冊，江蘇廣陵古籍刻印社1983年版，第411頁。

而清代范邦甸《天一閣書目》卷三之二子部道家類著錄「《雲宮法語》二卷，汪可孫纂並序」〔註76〕，卷數與此略有不同。

此外，書名亦有差異。清代黃虞稷《千頃堂書目》卷二十九29著錄「汪可孫《雲窗法語》一卷」，其後倪燦《補遼金元藝文志》、錢大昕《元史藝文志》卷四、魏源《元史新編》卷九十四、曾廉《元書》卷二十三並同。

53. 賈彝（37／112）

按：元代蘇天爵《房山賈君墓碣石銘》（40／429）云「進士賈彝述其先伯父之行」，來請銘。文末附及賈彝，稱「彝以至順元年賜同進士出身，官將仕郎，太常太祝。誠好義有聞。」

另清代丁丙《善本書室藏書志》卷33著錄劉因《靜修先生文集》三十卷，云「《拾遺》七卷，楊俊民裒錄；《續集》三卷，房山賈彝編」〔註77〕，則其曾搜錄劉性遺文。

54. 沈明仁（37／63）

按：元史卷二十五《仁宗二》載：「延祐二年冬十月乙未，升同知樞密院事特穆爾圖知樞密院事，授白雲宗主沈明仁榮祿大夫司空，丁酉加授特們德爾太師。」卷二十七《英宗一》載：「丁卯太陰犯日星，白雲宗攝沈明仁為不法，坐罪，詔籍江南，冒為白雲僧者為民。」則其行跡鄙裂可知。

55. 饒抃（37／102）

按：吳澄《送左縣尹序》（14／203）載「貢舉初行時，予於校文得一士，曰饒抃，新城人。文工行淳，良士也。其明年試禮部，報罷，以特恩廁儒學教授選中。予薦之於集賢，充國子助教而未用也。今承乏詞館。」《題實堂記後》（14／518）載「延祐三年冬，盱江饒抃士悅來言其邑宰之廉」。明代夏良勝《正德建昌府志》卷十六《人物》載：「饒抃，字仕悅，新城人。國子助教。〔註78〕」其表字，有士悅、仕悅之異。

56. 錢天祐（37／106）

按：關於其著述，《全元文》小傳列有《敘古頌》、《大學直解》、《孝經直解》。《敘古頌》，清代嵇璜《續文獻通考》卷一百六十七《經籍考》、錢大昕《元

〔註76〕 （清）范邦甸《天一閣書目》，上海古籍出版社2010年版，第321頁。
〔註77〕 （清）丁丙《善本書室藏書志》，中華書局1990年版，第551頁。
〔註78〕 （明）夏良勝《正德建昌府志》，《天一閣藏明代地方志選刊》，上海古籍書店1964年版。

史藝文志》卷二、魏源《元史新編》卷九十二著錄爲二卷。《大學直解》，錢大昕《元史藝文志》卷一、魏源《元史新編》卷九十一著錄爲《大學經傳直解》。《孝經直解》，元代程鉅夫有《孝經直解序》（16／163），而倪燦《補遼金元藝文志》著錄爲《孝經經傳直解》。

57. 段禧（37／110）

按：，《全元文》據清乾隆二十八年本《芮城縣志》錄其《重修段干木廟記》。此文亦載明代胡謐《成化山西通志》卷十四〔註79〕。文題下署段禧，注云「裔孫。元鹽巴運司副使。」此官職，《全元文》小傳未及。

58. 柯舉（37／163）

按：《全元文》小傳稱「柯舉，字柯山」。《全元詩》小傳（68／111）同。其著述，（清）黃虞稷《千頃堂書目》卷二十九著錄「柯舉《竹圃夢語》二卷」，注「莆田人」，倪燦《補遼金元藝文志》、錢大昕《元史藝文志》卷四同。今考明代鄭岳《莆陽文獻列傳》卷五「七言律詩」錄其《遊華嚴寺》，詩題下署柯舉，注云「處士號竹圃」〔註80〕。清代鄭傑《閩詩錄》丙集卷十六有其小傳，稱「柯舉，字仲時，號竹圃，莆田人。德祐三年，擢進士第，調朝陽尉。未赴，轉漳州教授。宋亡，改名夢舉。有《夢語集》。〔註81〕」所載有異。

59. 溫廷心（37／169）

按：《全元文》據明天順六年《安慶郡志》錄其《小孤山聖母夫人廟記》一文。今考《萬卷堂書目》卷二「雜志」類著錄溫廷心《小孤山志》八卷〔註82〕，未審爲即此人否？

60. 章弼（37／183）

按：《全元文》小傳稱「章弼，字拱臣」。然其表字記載有差異。明代顧清《正德松江府志》卷三十、清代趙宏恩《乾隆江南通志》卷一百七十《人物志》載「字拱臣」。

〔註79〕　（明）李侃、胡謐纂修《成化山西通志》，《四庫全書存目叢書》史部第 174 冊，齊魯書社 1996 年版，第 534 頁。
〔註80〕　（明）鄭岳《莆陽文獻列傳》，《四庫全書存目叢書》史部第 89 冊，齊魯書社 1996 年版，第 117 頁。
〔註81〕　（清）鄭傑《閩詩錄》，清宣統三年刻本。
〔註82〕　（明）朱睦㮮《萬卷堂書目》，《明代書目題跋叢刊》（下），書目文獻出版社 1994 年版，第 1081 頁。

而元代陶宗儀《書史會要》卷七、明代豐坊《書訣》、清代倪濤《六藝之一錄》卷三百五十八、邵遠平《元史類編》卷三十六、孫岳頒《佩文齋書畫譜》卷三十八《書家傳十七》、吳升《大觀錄》卷十《元賢詩翰姓氏》均載其「字共臣」。

61. 廖成大（37／189）

按：明代劉松《隆慶臨江府志》卷十《選舉》延祐四年丁巳鄉試，有廖成大、晏南傑，注云「俱新喻人」〔註83〕。

62. 趙孟傑（37／208）

按：《全元文》據油印本《博羅縣志》錄其《醮山記》。今檢清代宋廣業《羅浮山志會編》卷12載此文。同書卷十六錄其詩二首：《寄郭參寥》、《明福觀》。《寄郭參寥》題下署「元趙孟傑」，下注「公甫，新會」〔註84〕，即其表字和籍貫。

63. 何克明（39／570）

按：重見54-580。39冊僅言其籍貫及仕履，54冊多其字、號，曰「字復初，號初庵」。查考明代楊珮《嘉靖衡州府志》卷九：「何克明，元人。舊志稱克銘，狀元及第。嘗考別載，克明號初庵，當爲克明無疑。〔註85〕」

趙宏健編著《金覺峰流韻》第三章《地靈人傑競風流》第一節《元代及之前衡東名人》有「連中三元何克明」〔註86〕提及其生卒年爲1298～1376年，字日升，號楚庵。有著述《周易集解》、《詩經簽注》及詩文集。不知何據。

64. 林仲節（45／7）

按：清代李清馥《閩中理學淵源考》卷四十載：「林仲節，字景和，福寧人。少聰敏，領解浙江。舉泰定進士。有《書經義》、《四靈賦》行世。〔註87〕」張以寧有《遊句容同林景和縣尹子尙規登僧伽塔賦》一詩〔註88〕。

〔註83〕（明）劉松《隆慶臨江府志》，《天一閣藏明代地方志選刊》，上海古籍書店1962年版。

〔註84〕（清）宋廣業《羅浮山志會編》，《續修四庫全書》第725冊，上海古籍出版社1996年版，第749頁。

〔註85〕（明）楊珮《嘉靖衡州府志》，《天一閣藏明代地方志選刊》，上海古籍書店1962年版。

〔註86〕趙宏健編著《金覺峰流韻》，湖南人民出版社2010年版，第35～36頁。

〔註87〕（清）李清馥《閩中理學淵源考》，景印文淵閣四庫全書第460冊，臺灣商務印書館1986年版，第488頁。

〔註88〕（元）張以寧《翠屏集》，鷺江出版社2012年版，第4～5頁。

65. 張友諒（45／18）

按：張友諒墓誌於 1993 年出土，寧蔭棠、焦傳瑚《張友諒墓誌考》〔註89〕、李芳、張淑霞《元代張友諒墓誌銘考釋》〔註90〕可供參考（墓誌詳載第五章）。可知張友諒的生卒年爲 1268～1360 年。

66. 汪希中（45／25）

按：《全元文》小傳云汪希中「元泰定、致和時在世」。今檢桂榮主編《雲居寺貞石錄》，著錄楊升《元故醫隱賈君阡表碑》，作於元大德八年，題署爲「承事郎唐縣尹兼管諸軍奧魯勸農事汪希中書並篆，將仕祐郎翰林國史院編修楊升撰文」〔註91〕。

67. 沈德華（45／30）

按：《全元文》小傳云沈德華「泰定初，鎮江府路知事」。今檢元代俞希魯《至順鎮江志》卷十五，於「鎮江府路總管府知事」下備列諸人，沈德華下注云「松江人，將仕郎。泰定四年十一月二十六日至，至順元年十月十七日代〔註92〕」。

68. 陳奎龍（45／50）

按：明代楊珮《嘉靖衡州府志》卷六載「陳奎龍，元時人，皇慶間授宜章縣教諭。〔註93〕」

69. 翟思忠（45／110）

按：《四庫總目提要》卷五十七著錄《魏鄭公諫續錄》二卷，云：

> 不著撰人名氏。案元亦祖丁《魏鄭公諫錄序》云：唐王綝《諫錄》五卷，至順初下邳翟思忠爲常州知事，摭其餘爲《續錄》二卷。其書刻於元統中，明初已罕流傳。故彭年蒐採遺文爲《續錄》一篇，以補其闕。此本載《永樂大典》中，綴王綝所作《諫錄》之後，篇數與伊足鼎所說合，蓋即翟思忠所續本也。王氏所輯《諫錄》，僅

〔註89〕章丘市文史資料研究委員會編《章丘文史集粹》（上），2012 年版，第 352～352 頁。

〔註90〕山東省文物考古研究所編《海岱考古》第 4 輯，科學出版社 2011 年版，第 547～551 頁。

〔註91〕雲桂榮主編《雲居寺貞石錄》，北京燕山出版社 2008 年版，第 196～197 頁。

〔註92〕（元）俞希魯《至順鎮江志》，江蘇古籍出版社 1990 年版，第 629 頁。

〔註93〕（明）楊珮《嘉靖衡州府志》，《天一閣藏明代地方志選刊》，上海古籍書店 1962 年版。

　　　據其所見聞，未能賅備。《唐書》魏徵本傳所云：前後凡二百餘奏，
　　　無不剴切當帝心者，已不盡傳。其他片語單詞，隨時獻納者，更爲
　　　史所不盡紀。此本雖捃拾眾說，與史傳間有異同，且有實非諫諍之
　　　事，而氾濫入之錄中者。然大旨明白切要，於治道頗爲有補，要非
　　　他小説雜記比也。據伊足鼎《序》，稱思忠起家爲儒官，曾著《易
　　　傳衍太玄》，蓋亦好學稽古之士。然朱彝尊《經義考》二書悉不著
　　　錄。蓋不特著作散佚，並其名氏翳如矣。茲編得復見於世，豈非幸
　　　乎？

據《四庫提要》所引亦祖丁《魏鄭公諫錄序》，可知翟思忠爲下邳人，曾任常
州知事，著有《魏鄭公諫續錄》、《易傳衍太玄》。其《詩傳旁通序》文末題署
「承直郎太平路總管府推官致仕玄隱居士濱州翟思忠序」，則曾任承直郎太平
路總管府推官。玄隱居士，當爲其別號。

70. 程徐（46／56）

按：明代焦竑《國朝獻徵錄》卷四十四輯有雷禮所撰程徐傳記。傳云：

　　　程徐，字仲能，浙江寧波府鄞縣人。父端學，以明經登至治辛
　　　酉進士第，與伯兄端禮皆敦尚經學，修飭古行，人稱爲小二程。官
　　　編修國子助教，以徐貴，贈嘉議大夫、禮部尚書、輕車都尉、廣平侯、
　　　鄞縣男。姚余氏、周氏，俱封廣平郡夫人。徐邃於《春秋》，得編修
　　　公家學。由翰林院從事，發身大史院校書郎，遷奉禮郎，爲中書曹掾。
　　　從太史丞相軍擢禮部主事，改刑部，復改戶部，升中書檢校官，拜監
　　　察御史，升本臺都事，出貳江西憲，以才謂稱於時。太傅左丞相河南
　　　王承制起爲兵部右侍郎，不赴。後召爲國子司業，至京，改任詳定使，
　　　進兵部尚書，上輕車都尉廣平侯鄞縣男疏，乞致仕。入國朝，太祖高
　　　皇帝以才名召見，命爲吏部侍郎。洪武二年，上以孔子釋奠止令行於
　　　曲阜孔廟，天下不必通紀。徐上疏諫曰：……上允其奏，改刑部侍郎。
　　　三年，升本部尚書，本年以壽終。爲人精勤通敏，剸繁浩制，事無留
　　　滯，能文，尤工於詩歌，有遺集傳後。〔註94〕

據此，則程徐卒於洪武三年（1370）。

〔註94〕　（明）焦竑《國朝獻徵錄》，《續修四庫全書》第527冊，上海古籍出版社1996
　　　　　年版，第307～308頁。

71. 李晦（46／126）

按：《全元文》小傳稱李晦「字克明」。今考明代毛憲《毗陵人品記》卷四有其傳，稱：

> 李晦，字顯翁，無錫人。育於外祖尤梅澗家，從其猶子棟學。
> 凡有觀覽，即通其旨。咸淳中，領鄉薦。肆意經史，下至稗官小
> 說，無不涉獵。有《事文類聚校正》、《白虎通》、《風俗通》等集。
> 自號慧泉散吏。子元昭，慈湖書院山長；元明，亦隸儒選。〔註95〕

另《全元文》據清光緒十二年《常州府志》錄其《無錫升州記》一文。今校以明代《無錫縣志》卷四下，文末多「大德庚子中秋州人前鄉貢進士李晦顯翁記」〔註96〕，亦言「顯翁」。

清代錢曾《讀書敏求記》卷三著錄《家山圖書》，稱「李晦顯翁得之於劉世常平父」〔註97〕，亦同。

72. 黃文傑（46／128）

按：清代謝旻《雍正江西通志》卷九十三《人物》載云：「黃文傑，字顯明，上猶人。大德間，授安遠教，尋辭歸。所著有《大學中庸雙說》、《文獻稿》、《郡學志》。提舉滕玉霄序其文。〔註98〕」則其爲上猶人。

73. 黃方子（46／146）

按：明代陳道《弘治八閩通志》卷五十七《選舉》載：「黃方子，滔十二世孫。武平教諭。有《論語通義》，本家存稿。〔註99〕」

明代鄭岳《莆陽文獻列傳》卷四十七有其傳，載：「黃方子，字潛剛，滔之後。慨然以家訓世德爲念，博學強記，汲汲扵其所欲爲者。嘗攝武城縣學職，禮部尚書宋本以使事至莆，見之驚喜，還朝將論薦之。會本病卒，不果。方子好著書，有東家書目載所著書數十種。然所說多異朱子，故不爲人所尊

〔註95〕 （明）毛憲《毗陵人品記》，《四庫全書存目叢書》史部第 110 冊，齊魯書社 1996 年版，第 66 頁。

〔註96〕 （明）佚名《無錫縣志》，景印文淵閣四庫全書第 492 冊，臺灣商務印書館 1986 年版，第 772 頁。

〔註97〕 （清）錢曾撰；章鈺，管庭芬校訂《讀書敏求記校證》，上海古籍出版社 2007 年版，第 220 頁。

〔註98〕 （清）謝旻《雍正江西通志》，景印文淵閣四庫全書第 516 冊，臺灣商務印書館 1986 年版，第 148 頁。

〔註99〕 （明）黃仲昭《八閩通志》（下），福建人民出版社 2006 年版，第 472 頁。

信云。（出近記）」〔註100〕。

　　然清代李清馥《閩中理學淵源考》卷三十五載：「黃方子，字潛崗。莆田人。著《論語講義》」〔註101〕，表字、書名小有差異。

74. 智玉成（46／170）

按：清代王昶《嘉慶直隸太倉州志》卷六職官上「教授」一職載「智玉成。大名人，至順二年任。〔註102〕」元代何中《知非堂稿》卷7《元故聘君高圖先生何公隱士世系行述》稱「大名智玉成博古通經，研極精蘊，不輕許與〔註103〕。」

75. 陳師凱（46／199）

按：黃宗羲《宋元學案》卷六十七有其小傳，稱：「陳師凱，字道勇，南康人。隱居廬山，名其地曰東匯澤。撰《尚書蔡傳旁通》六卷。〔註104〕」

76. 余謙（46／201）

按：《全元文》小傳稱「余謙，號嶚山」，然元代陶宗儀《書史會要》卷七、清代邵遠平《元史類編》卷三十六均載「余謙，字嶚山」。

77. 方大年（46／202）

按：《全元文》據清同治十一年刊《新化縣志》錄《贍學田記》。《光緒湖南通志》卷二百八十六《藝文志四十二》載：「《贍學田記碑》：《新化縣志》，元寶慶教授方大年撰，天曆間立。」則方大年曾任寶慶教授。

　　今考戴良撰有《方大年墓誌銘》（53／504）一文，對其生平記述較詳。據《墓誌銘》所載，可知方椿，字大年，江蘇暨陽人。生於延祐四年（1317），卒於至正二十二年（1362）。

78. 譚善心（46／210）

按：元代鄒次陳《二程遺書後序》（《全元文》失收，已輯錄）稱「臨川譚善

〔註100〕　（明）鄭岳《莆陽文獻列傳》，《四庫全書存目叢書》史部第89冊，齊魯書社1996年版，第386頁。

〔註101〕　（清）李清馥《閩中理學淵源考》，景印文淵閣四庫全書第460冊，臺灣商務印書館1986年版，第457頁。

〔註102〕　（清）王昶《嘉慶直隸太倉州志》，清嘉慶七年刻本。

〔註103〕　（元）何中《知非堂稿》，《北京圖書館古籍珍本叢刊》第94冊，書目文獻出版社1998年版，第506頁。

〔註104〕　（明）黃宗羲《宋元學案》（第3冊），中華書局1986年版，第2215頁。

心元之蓋讀二書」、清代官修《欽定天祿琳琅書目》卷六著錄《河南程氏遺書》，稱「譚善心，字元之，臨川人。《元史無傳》，其事蹟不可考」〔註105〕。

79. 周自強（46／213）

按：明代劉松《隆慶臨江府志》卷十二其小傳云：「周自強，字剛善。新喻人，三異之子。好學能文，練於吏事。泰定間，以功授都事，再遷義烏令。周知民情，訟者至，必開喻令其悔悟。不悛者，始繩以法。官至江州路總管。秩滿，還豫章，遂歸東湖孺子亭側而終焉。〔註106〕」則其晚年乃在豫章。

80. 胡一中（46／220）

按：《全元文》小傳稱胡一中「著有《定正洪範》」。今考明代張元忭《萬曆紹興府志》卷四十三《人物志九》有其傳，載「胡一中，字允文，諸暨人。以進士補補紹興路錄事。所著有《童子問序》、《四書集箋》、《定正洪範》、《三益稿》等集」。

另黃溍《蔣君墓碣》（《全元文》30／137）稱蔣明龍（字飛卿）「後娶楊氏有女二人，長適胡一中，起進士，為紹興錄事」。據此則胡一中為蔣明龍之婿。

陳旅《趙縣尹墓誌銘》（《全元文》37／411）稱「越有君子曰趙公，諱由鍾，字子元。歿之明年，其孤宜溥等治窆窆，宜浩來錢塘，以政和主簿胡一中所為狀見旅於寓舍」，可知其曾任政和主簿。

81. 釋玄通（46／237）

按：此人《全元文》重收（47／69）。《全元文》小傳稱釋玄通，「號玄風道人」，「雲南滇池華亭山住持」。其生平見述律傑《啟建華亭山大元覺禪寺碑文》（46／527）、《滇池華亭山圓覺寺元通禪師行實塔銘》（46／533，重收於52／365）。《塔銘》載「元通禪師字玄峰，昆明周氏子」、「至正九年己丑嘉平三日……越五日示寂」、「師生於中統丙寅〔註107〕，世壽八十有四，僧臘七十」，則其生卒年當為1266～1349年。

《啟建華亭山大元覺禪寺碑文》文中稱「高僧元峰禪師駐錫於此」、「師名玄通，字元峰」；《滇池華亭山圓覺寺元通禪師行實塔銘》文題及文中「元通禪師字玄通」，元當作「玄」。

〔註105〕（清）于敏中等著《欽定天祿琳琅書目》，四庫全書本。
〔註106〕（明）劉松《隆慶臨江府志》，明隆慶刻本。
〔註107〕丙寅乃前至元三年。中統乃「至元」之誤。

82. 湯源（46／255）

按：明代廖道南《楚紀》卷二十三《昭文外紀前篇》有小傳，云「湯源，湘鄉人。至治癸亥同瀏陽彭宗復、潭州蒲紹簡試《登瀛州賦》」。四庫本、俞樾校本《歷代賦匯》收錄此賦，作者題爲「湯原」。

83. 胡仲昇（46／266）

按：《全元文》小傳云「元至治年間任歷城縣主簿」，清代成瓘《道光濟南府志》卷二十四《秩官二》載「胡仲昇，至治二年主簿」。

84. 焦榮祖（46／269）

按：清代成瓘《道光濟南府志》卷三十九《選舉一》「徵辟」載焦榮祖，注「長山人，忠子。順帝時辟中書掾，召爲吏部郎中，終中書省參政。有傳〔註108〕」。
卷四十八《人物四》其傳云：

> 焦榮祖，忠之子。以度支知事辟中書掾，擢至四川郎中，召入爲吏部郎中。累遷治書御史。歷仕多著名跡，爲御史，按事平江，其事尤難，其利尤溥。初至元三年，歲大水，時相疑天下之以水告者不皆如其疏。會嘉定知州管詮祖告其府尹，詐以水除其四州二縣之租，及所受民錢十五萬緡相入奏。遣使與御史一人馳傳，即治榮祖，以御史往，或危其行。至則逮其嘗與獄會者若干人，偕詮祖廷對。詮祖語屈吐實，曰：「我初不知爲此，阿魯灰教我也。」阿魯灰者，嘗爲翰林侍讀學士，以罪去居平江。府尹有所忤，故唆詮祖云用事者以爲地。其獄久不決，會赦免，猶勒之徒遠郡乃已。田租之論，除如律者八萬石有奇。尹及三州二縣官吏，數千里之民，莫不手額以祝，爭稱頌之。至正八年，爲侍御史行臺陝西。明年，入參議中書省事。贈其祖政嘉議大夫，追封中山郡侯；父忠，中奉大夫中山郡公。生子鵬，辟集賢掾，藉藉有聲譽。翰林學士歸暘爲之碑銘。〔註109〕

其祖焦政、父焦忠，傳俱見《道光濟南府志》卷四十八。文中稱「翰林學士歸暘爲之碑銘」即《般陽焦氏世德碑銘》（51／106），敘焦榮祖三代之事較詳。

〔註108〕（清）王增芳、王鎮修，成瓘、冷烜纂《道光濟南府志》（1），《中國地方志集成》山東府縣志輯1，鳳凰出版社 2004 年版，第 476 頁。

〔註109〕（清）王增芳、王鎮修，成瓘、冷烜纂《道光濟南府志》（2），《中國地方志集成》山東府縣志輯1，鳳凰出版社 2004 年版，第 489 頁。

85. 簡正理（46／504）

按：《全元文》小傳稱「簡正理，號西碧」。今考明代凌迪知《萬姓統譜》卷八十一載：「簡正理，字西碧，新喻人。以薦爲御史，歷知永興、桃源、新野三縣。在官廉介，以儒術飭吏治，時譽翕然。弟秋碧，亦任河源縣尹。」明代陳洪謨《嘉靖常德府志》卷十二《官守志》、劉松《隆慶臨江府志》卷十二〔註110〕、清代謝旻《雍正江西通志》卷七十四均稱「字西碧」〔註111〕。其弟曰「秋碧」，則西碧當爲簡正理之表字，而非別號。

86. 周南老（46／539）

按：《全元文》錄其《元處士雲林先生墓誌銘》，墓主即倪瓚。此文亦載倪瓚《清閟閣全集》卷十一〔註112〕、清代倪濤《六藝之一錄》卷一百二十三，題「拙逸老人周南老撰」。故拙逸老人當爲周南老之別號。

87. 戴焴（47／15）

按：明代汪舜民《弘治徽州府志》卷九、凌迪知《萬姓統譜》卷九十九有其傳，載其「嘗著《歷代人臣正邪高抬貴手》二百餘卷」，清代錢大昕《元史藝文志》卷三亦有著錄。

88. 顏堯煥（47／59）

按：《全元文》小傳稱「顏堯煥，字明可」。而干文傳《字鑒序》（32／69）云：「鄉先生前進士顏公敬學爲之敘」，則其人曾舉進士，表字似爲「敬學」。

89. 包希魯（47／330）

按：《全元文》小傳言包希魯「有《說文解字補義》十二卷」清代黃虞稷《千頃堂書目》、倪燦《補遼金元藝文志》著錄其著述尚有《易九卦衍義》、《詩小序解》、《點四書凡例》、《諸子纂言》。

90. 林興祖（47／392）

按：林興祖，字宗起。諸本所載均同，唯蕭啓慶先生《元代進士輯考》稱其「字宗述」〔註113〕，不知何據。

〔註110〕　（明）劉松《隆慶臨江府志》，明隆慶刻本。
〔註111〕　（清）謝旻《雍正江西通志》，景印文淵閣四庫全書第515冊，臺灣商務印書館1986年版，第537頁。
〔註112〕　（元）倪瓚《清閟閣全集》，景印文淵閣四庫全書第1220冊，臺灣商務印書館1986年版，第323～325頁。
〔註113〕　蕭啓慶《元代進士輯考》，臺灣中央研究院歷史語言研究所2012年版，第198頁。

《全元文》小傳稱「至治元年進士」，明喻政《福州府志》卷四十六《選舉志》、清徐景熹《福州府志》卷三十八《選舉三》、蕭啓慶先生《元代進士輯考》並同。然《元史》列傳七十九《良吏二》中林興祖傳稱「至治二年，登進士第」〔註114〕，清同治八年重修《隨州志》卷二十一《名宦》同。《新修羅源縣志》卷十七《選舉志》中《元代科舉一覽表》載於至治元年辛酉宋本榜；而卷十九《人物志》卻稱「至治二年成進士」。治元年辛酉科爲元朝科舉第三科〔註115〕，至治二年無科考，誤。

91. 黃雷孫（47／403）

按：明代胡漢《萬曆郴州志》卷十六有其傳，云：「黃雷孫，興寧人。性純厚，有學術。任道州學錄事，升永州府教授，卒同知。〔註116〕」

92. 李天應（48／29）

按：《全元文》據清《宛委別藏》本《編類運使復齋郭公敏行錄》錄文。今檢元至順刻本《編類運使復齋郭公敏行錄》，文末有「至治三年歲在癸亥正月望前三日翠壁隱者李天應拜手書於寓隱書房。〔註117〕」「翠壁隱者」似爲李天應之別號。

93. 黃玠（48／554）

按：黃玠，字伯成，《弘治湖州府志》、凌迪知《萬姓統譜》所載並同。余嘉錫先生曾指出《宋元學案》卷八十六載「黃玠字孟成」，與他書所載不同〔註118〕。
黃玠的生卒年，相關記載多云不詳。侯榮川《元代詩人黃玠生卒年考》〔註119〕、余來明《〈中國文學家大辭典·遼金元卷〉元代文學家生卒年補正》〔註120〕，均考訂黃玠生於 1285 年，卒於 1364 年。

〔註114〕（明）宋濂《元史》第 14 冊，中華書局 1976 年版，第 4366 頁。

〔註115〕蕭啓慶《元代進士輯考》，臺灣中央研究院歷史語言研究所 2012 年版，第 183 頁。

〔註116〕（明）胡漢《萬曆郴州志》，《天一閣藏明代地方志選刊》本，上海古籍書店 1962 年版。

〔註117〕（元）鄧文原《編類運使復齋郭公敏行錄》，《續修四庫全書》第 550 冊，上海古籍出版社 1996 年版，第 676 頁。

〔註118〕余嘉錫《四庫提要辨證》（四），中華書局 2007 年版，第 1494 頁。

〔註119〕吳兆路，（日）甲斐勝二，（韓）林俊相主編《中國學研究》（第 14 輯），濟南出版社 2011 年版，第 196～198 頁。

〔註120〕余來明《〈中國文學家大辭典·遼金元卷〉元代文學家生卒年補正》，《民族文學研究》，2011 年第 3 期，第 68 頁。

黃玠的著述，《全元文》小傳云「編著有《弁山集》、《知非稿》、《唐詩選纂》、《韻錄》」。此處句讀頗有差異。如清代錢熙彥編次《元詩選補遺》卷，中華書局點校本云「有《弁山小隱吟錄》、《知非舊稿》、《唐詩選纂韻錄》行世」〔註121〕；傅璇琮主編《中國古代詩文名著提要》（金元卷）有辛夢霞所撰《弁山小隱吟錄》提要，云「著述有《弁山集》（或作《卞山集》）、《知非稿》、《唐詩選》、纂《韻錄》等書行世」〔註122〕。點校的問題集中在「唐詩選纂韻錄」一句。今考《萬姓統譜》卷47載「所著有《弁山集》、《知非稿》、《纂韻錄》、《唐詩選》各若干卷行世」〔註123〕。明代徐象賢《兩浙名賢錄》卷四十四所載同。明王圻《續文獻通考》卷一百七十六《經籍考》著錄《纂韻錄》，卷一百八十三《經籍考》著錄《唐詩選》〔註124〕。許嘉璐主編《傳統語言學辭典》對黃玠《纂韻錄》有專門介紹〔註125〕。故此，《唐詩選》、《纂韻錄》爲兩本書。

94. 柯芝（48／560）

按：元代杜本《谷音》卷下載「瑞陽柯芝士先」，傳云「芝早通五經，善詞賦，又詣行在所，見章祕書，求讀書省中，益通諸家。教授生徒，著書百餘卷。子茂謙。」〔註126〕並見清陳焯《宋元詩會》卷五十六〔註127〕、厲鶚《宋詩紀事》卷七十八〔註128〕。

95. 周文英（51／44）

按：《全元文》小傳據《吳中人物志》稱周文英「至正初卒」。今考周南《跋方回續宋魏了翁古今考》（46／539）〔註129〕，稱「泰定甲子，先君文英任鹽官州謨職」，續云「後十年知州來吳，則知其所藏者皆燬於火。又十年，先君亦奄棄」。自泰定甲子（1324）起算，越二十年即至正四年（1344）。則周文

〔註121〕（清）錢熙彥編次《元詩選補遺》，中華書局2002年版，第194頁。
〔註122〕傅璇琮主編《中國古代詩文名著提要》（金元卷），中華書局2009年版，第226頁。
〔註123〕（明）凌迪知《萬姓統譜》，景印文淵閣四庫全書第956冊，臺灣商務印書館1986年版，第728頁。
〔註124〕（明）王圻《續文獻通考》，明萬曆三十年松江府刻本。
〔註125〕許嘉璐主編《傳統語言學辭典》，河北教育出版社1990年版，第629頁。
〔註126〕（元）杜本《谷音》，中華書局1985年版，第66頁。
〔註127〕（清）陳焯《宋元詩會》，景印文淵閣四庫全書第1464冊，臺灣商務印書館1986年版，95頁。
〔註128〕（清）厲鶚《宋詩紀事》（第4冊），上海古籍出版社2013年版，第1907頁。
〔註129〕按：《全元文》據清抄《海昌叢載》錄文。實則《海昌叢載》所載不全，全文見張金吾《愛日精廬藏書志》卷24、陸心源《皕宋樓藏書志》卷56。

英當卒於此年。

96. 劉真（51／356）

按：《全元文》小傳稱「劉眞，曾人萊州陰陽學正」。《淨明忠孝全書》卷一即有其傳，言其生平甚詳。傳名《西山隱士玉眞劉先生傳》〔註130〕，可知其人名劉玉，字頤眞，號玉眞子。著有《玉眞語錄》、《淨明秘旨》等。

97. 俞遠（51／354）

按：元代王逢《故空谷俞先生挽詞·序》〔註131〕、孫作《空谷先生墓碑記》〔註132〕、明代毛憲《毗陵人品記》卷五均有其記載。《毗陵人品記》稱：

> 俞遠，字之近，奕曾之子，自號空谷山人。身臞，神骨秀竦，目光奕奕。好著小冠，戴文山椶笠，衣白綺裘，儼然神仙中人。行出，一市人盡驚。好讀書，隱居教授，篤行古道，里中多化之。客有質疑義者，應之若響，客不能難。至正壬辰，鄉寇竊發，所過殘毀。遠築土爲室，壘墼爲榻，嘯歌其中。如《澄江八景》等篇，傳誦人口。其文行於世，有《豆亭集》、《學詩管見》行於世。〔註133〕

另見明代凌迪知《萬姓統譜》卷十二、張袞《嘉靖江陰縣志》卷十七《列傳》〔註134〕、清代章履仁《姓史人物考》卷二〔註135〕、顧嗣立《元詩選三集》卷十五。

《學詩管見》，明代祁承㸁《澹生堂藏書目》〔註136〕、朱睦㮮《萬卷堂書目》卷四〔註137〕（清光緒至民國間觀古堂書目叢刊本）清代范邦甸《天一閣書目》卷四〔註138〕、錢大昕《元史藝文志》卷四、《元史藝文志輯本》〔註139〕均

〔註130〕 《淨明忠孝全書》，《正統道藏》第 41 冊，臺灣藝文印書館 1977 年版，第 32893～32896 頁。

〔註131〕 （元）王逢《梧溪集》卷三，中華書局 1985 年版，第 101 頁。

〔註132〕 （元）孫作《滄螺集》卷三，《叢書集成續編》第 137 冊，新文豐出版公司年版，第 747～749 頁。

〔註133〕 （明）毛憲《毗陵人品記》，《四庫全書存目叢書》史部第 110 冊，齊魯書社 1996 年版，第 73 頁。

〔註134〕 （明）張袞《嘉靖江陰縣志》，明嘉靖刻本。

〔註135〕 （清）章履仁《姓史人物考》，清乾隆二十年刻本。

〔註136〕 （明）祁承㸁《澹生堂藏書目》，清宋氏漫堂鈔本。

〔註137〕 （明）朱睦㮮《萬卷堂書目》，清光緒至民國間觀古堂書目叢刊本。

〔註138〕 （清）范邦甸《天一閣書目》，上海古籍出版社 2010 年版，第 512 頁。

〔註139〕 雒竹筠編著、李新乾編補《元史藝文志輯本》，北京燕山出版社 1999 年版，第 511 頁。

著錄爲一卷。《天一閣書目》稱「《學詩管見》一卷，刊本，明俞遠著並序」。《元史藝文志輯本》載「北大藏明弘治刻本」，並稱「此書元天一閣舊藏」。

《全元文》小傳言其「年七十二」，王逢《故空谷俞先生挽詞·序》、清代錢保塘《歷代名人生卒錄》卷六〔註140〕並同；然孫作《空谷先生墓碑記》言「壽七十有三歲」。惜均不載具體年月。

98. 孫華孫（51／415）

按：明代顧清《正德松江府志》卷三十一《人物九》「遊寓」有其傳〔註141〕，稱：「孫華孫，字元實，永嘉人，寓居華亭。孝友文雅，善方脈，爲醫學教授。自幼得詩名，年十七嘗賦《樹諼堂詩》云：『手植忘憂慰母顏，每憐寸草報春難。誰家人在閒庭院，卻與兒孫種牡丹。』鄉先生衛山齋亟稱賞曰：『詩意涵蓄，有諷有刺，率爲大篇，不可及也。』殞子孫遂爲邑人。」

99. 沈夢麟（51／437）

按：《全元文》小傳載沈夢麟生於 1297 年，卒年不詳，並稱其「年垂九十餘卒」。頗有語病。點檢《全元文》小傳，似敷衍《四庫全書總目》卷一百六十八所錄沈夢麟《花溪集》提要而成，然《四庫提要》作「年垂九十而卒」〔註142〕。明代彭韶於弘治六年癸丑秋九月所作《吳興沈夢麟花溪集序》亦稱其「年垂九而沒」〔註143〕。

其卒年另有幾說。清代錢熙彥編次《元詩選補遺》則稱「年至九十餘卒」〔註144〕。清代查繼佐《罪惟錄》列傳卷之七《逸運外臣列傳》有其傳，附徐大年傳之後，傳稱：「元末爲武康令，入明五司閩浙文衡，一主會試，九十三而卒」〔註145〕。另沈夢麟《贈筆生陸文俊詩》有「老夫今年九十九」之句，則壽逾九十九。

對此，沈家本宣統庚戌孟夏所作《花溪集跋》中對此頗有考辨。據《寧

〔註140〕 （清）錢保塘《歷代名人生卒錄》，民國海寧錢氏清風室刊本。
〔註141〕 （明）顧清《正德松江府志》，《中國方志叢書》華中地方第 455 號，臺灣成文出版社 1983 年版，第 1469 頁。
〔註142〕 （清）永瑢《四庫全書總目》，中華書局 1965 年版，第 1461 頁。
〔註143〕 （元）沈夢麟《花溪集》，《叢書集成續編》第 168 冊，新文豐出版公司 1985 年版，第 632 頁。
〔註144〕 （清）錢熙彥編次《元詩選補遺》，中華書局 2002 年版，第 797 頁。
〔註145〕 （清）查繼佐《罪惟錄》（第 2 冊），浙江古籍出版社 1986 年版，第 1346 頁。

壽堂序》中「若余也，犬馬之年九十有二」，以證沈夢麟年逾九十。並懷疑《贈筆生陸文俊詩》「或爲他人之作，羼入集中」〔註146〕。

其年壽似以九十三歲爲是。《中國古代詩文名著提要》（金元卷）有王樹林所撰《花溪集》提要，亦取此說，定其卒年爲1389年〔註147〕。

100. 蕭憲孫（51／429）

按：元代劉岳申撰《奉議大夫泉州路總管府推官周君墓誌銘》（21／648），載「女許蕭憲孫而夭」；《桂楊縣尹蕭憲孫妻周氏墓誌銘》（21／652）稱「余友蕭克有以其妻周氏之葬求余銘，爲余言：『周氏，征東提學長孺之女，年十九歸於憲孫』」，據此，則蕭憲孫，表字當爲克有，曾任桂楊縣尹。

101. 張兌（52／55）

按：張兌重見58冊（251頁）。本冊小傳稱張兌「元統元年（1333）進士」，58冊稱「至元間進士」。張兌乃湖南慈利人。今考田興奎修、吳恭亨纂民國十二年《慈利縣志》卷十四《科舉表》載張兌爲至元庚辰進士；卷十五《人物志》稱張兌「元至元末第進士」〔註148〕。至元庚辰即至元六年（1340），次年爲至正元年。

102. 王充耘（52／69）

按：《全元文》小傳稱王充耘「字興耕」，清代謝旻《雍正江西通志》卷七十六、黃虞稷《千頃堂書目》卷一〔註149〕、倪燦《補遼金元藝文志》、錢大昕《元史藝文志》卷一、王士禎《居易錄》卷五、吳壽暘《拜經樓藏書題跋記》卷一〔註150〕、魏源《元史新編》卷九十一同。劉景文《序王充耘書義主意》（《全元文》58／498）亦稱「王君興耕」。

然而黃宗羲《宋元學案》卷六十七、嵇璜《續通志》卷五百五十三《儒林傳》、邵遠平《元史類編》卷三十四王充耘的小傳均言「字耕野」。閻若璩

〔註146〕（元）沈夢麟《花溪集》，《叢書集成續編》第168冊，新文豐出版公司1985年版，第697頁。

〔註147〕傅璇琮主編《中國古代詩文名著提要》（金元卷），中華書局2009年版，第278頁。

〔註148〕田興奎修、吳恭亨纂《慈利縣志》，《中國方志叢書》華中地區第295號，成文出版社1975年版，第421、447頁。

〔註149〕（清）黃虞稷《千頃堂書目》，上海古籍出版社2001年版，第25頁。

〔註150〕（清）吳壽暘《拜經樓藏書題跋記》，上海古籍出版社2007年版，第5頁。

《尚書古文疏證》卷八〔註 151〕則稱「元王充耘號耕野」。

　　對此，《四庫全書總目》卷十二著錄《讀書管見》，云：「元王充耘撰。黃虞稷《千頃堂書目》稱充耘字與耕，而原《序》及梅鷟《跋》並稱「耕野」，疑虞稷誤也。」〔註 152〕而陸心源《儀顧堂題跋》卷一《明刊讀書管見跋》中言：「序稱『耕野』，不曰『與耕』，疑『耕野』其號，『與耕』乃其字耳」〔註 153〕，其推測適與閻若璩所載相符。

103. 劉復亨（52／369）

按：《全元文》小傳據清光緒二十五年《惠民縣志》而作，備列劉復亨的官職，稱「狀元及第，授翰林院修撰，累遷至諫議大夫、普寧路總管」。今考明代劉繼先《嘉靖武定州志》卷十一《選舉志》，元代進士有劉復亨，載「字遂初。授翰林院修撰，累遷至諫議大夫、普寧路總管。」〔註 154〕據此，則其表字可知。黃溍有《同劉遂初修撰周伯溫編修任大瞻經歷王繼志架閣西山行香次遂初韻》、《送劉遂初修撰》、王沂《送劉遂初修撰觀省》詩。

104. 崔瀣（52／396）

按：崔瀣傳見朝鮮鄭麟趾《高麗史》卷一百〇九列傳 22。錄傳如下：

> 崔瀣，字彥明父，一字壽翁，雞林人，文昌侯致遠之後。父伯倫，擢魁科，官至民部議郎、元授高麗王京儒學教授。瀣幼穎悟，九歲能詩。既長，學日進，大爲先輩所服。登第，補成均學官。學諭闕員，瀣與李守者爭。政丞崔有渰欲與守，伯倫罵有渰，語頗不遜，配伯倫於孤蘭島。瀣選藝文春秋，檢閱以事，貶長沙監務，召授藝文春秋館注簿。忠肅八年，應舉於元，中制科，授遼陽路蓋州判官。及東還，藝文成均典校三館出迎於迎賓館，遷藝文應教，始赴。蓋州地僻，職穴居五月，移病東歸。累官至檢校成均大司成。瀣才奇志高，讀書爲文辭，不資師友，超然自得，不惑異端，不溺習俗，而務合於古人。至論異同，苟知其正，雖老師宿儒爲時所宗者，且詰且折，確持不變。延祐科興，聞詔，乃曰：「可試所學」。

〔註 151〕　（清）閻若璩《尚書古文疏證》（下），上海古籍出版社 2010 年版，第 626 頁。
〔註 152〕　（清）永瑢《四庫全書總目》，中華書局 1965 年版，第 97 頁。
〔註 153〕　（清）陸心源《儀顧堂書目題跋彙編》，中華書局 2009 年版，第 26 頁。
〔註 154〕　（明）劉繼先《嘉靖武定州志》，《天一閣藏明代地方志叢刊》，上海古籍書店 1980 年版。

既而，果中制科。同年狀元宋本稱其才屢形於詩，自是名益著，異己者益不喜而排之。瀷又不善伺候，放蕩敢言，卒不大用。然取友必端，詩酒自娛。嘗過東萊縣，登海雲臺，見合浦萬戶張瑄題詩松樹，曰：「噫！此樹有何厄遭此惡詩。」遂削去之，塗以土。行至安東，瑄聞之怒，命猛將三四追之，得傔從一人歸，械立門外。瀷潛踰竹嶺還京，大爲儒林所笑。其恃才傲物類此。生平不理家人生產業，自號拙翁。後居城南獅子山下，自著《猊山隱者傳》，曰：隱者名夏屆，或稱下逮，蒼槐其氏也，世爲龍伯國人。本非複姓，至隱者因夷音之緩，並其名而易之。隱者方孩提，已似識天理。及就學，不滯於一隅。纔得旨歸，便無卒業，其汎而不究也。稍壯，慨然有志於功名，而世莫之許也。是其性不善於伺候，而又好酒數爵，而後喜說人善惡。凡從耳而入者，口不解藏，故不爲人所愛重，輒舉輒斥而去。雖親友惜其欲改，或勸或責，不能納。中年頗自悔，然人已待以非，可牢籠，未可用，而隱者亦不復有意於斯世矣。嘗自言吾所嘗往來者皆善人，而其所不與者多，欲得眾，允難矣。此其所短，乃其所以爲長也。晚從獅子崛寺僧籍田而耕，開園曰取足，自號猊山農隱。其銘座右曰：爾田爾園，三寶重恩。取足奚自慎，勿可讒隱者。素不樂浮屠，而卒爲其佃戶。蓋訟夙志之，爽以自戲耳。忠惠後元年卒，年五十四。嘗選本國名賢詩文，題其目曰《東人之文》，凡二十五卷。所著《拙稿》二卷行於世。無子，家又甚貧，無以襄事，朋友致賻乃克葬。〔註155〕

《全元文》小傳稱「崔瀷，字彥明，雞林（一說高麗）人」。然崔瀷乃文昌侯崔致遠之後，顯爲高麗人。《全元文》小傳致誤的原因，亦可略作分析。段木干主編《中外地名大辭典》載：「雞林：故國名，即新羅。⋯⋯近世多稱吉林爲雞林，則因音近而傅會之耳。」〔註156〕民國魏聲和纂輯《雞林舊聞錄》，即以記述吉林史地掌故爲主。傳載「忠惠後元年卒，年五十四」，據此則可知其生年爲高麗忠烈王十三年（即元世祖至元二十四年，1287），卒年爲忠惠王後元年（即元順帝至元六年，1340）。

〔註155〕（朝鮮）鄭麟趾《高麗史》，《四庫全書存目叢書》第 161 冊，齊魯書社 1996 年版，第 699～701 頁。

〔註156〕段木干主編《中外地名大辭典》，（臺中）人文出版社 1981 年版，第 5233 頁。

105. 孔思遹（52／415）

按：明代張良知《嘉靖許州志》卷五載：「元孔思遹，字弘道。孔氏五十四代孫，任臨潁縣尹。」〔註157〕

106. 徐道齡（52／421）

按：《全元文》據《正統道藏》錄其《太上玄靈北斗本命延生眞經注後序》。徐道齡《北斗本命延生經注》五卷，清錢大昕《元史藝文志》卷三、魏源《元史新編》卷九十三、曾廉《元書》卷二十三均著錄爲五卷。

107. 柳宗監（52／439）

按：《全元文》小傳及收錄文章均據清光緒七年《廣西通志》。今考清代金鉷《雍正廣西通志》卷五十二《秩官》，記柳宗監至順二年出任全州路總管〔註158〕。

108. 任栻（52／441）

按：關於任栻的著述，清代嵇璜《續通志》卷一百五十八《藝文略》載「《太常沿革》二卷，元任栻撰」〔註159〕；《續文獻通考》卷一百六十九《經籍考》載「任栻《太常沿革》二卷。栻里貫未詳，官太常博士」〔註160〕；錢大昕《元史藝文志》卷二著錄「任栻《三皇祭禮》一卷，記至正祀三皇禮儀」，危素有《三皇祭禮序》（《全元文》48／226）。

另外，清代孫承澤《春明夢餘錄》卷六十七載：「《祐聖王靈應碑》，至元任栻撰，張禮書。」〔註161〕清代孫星衍《京畿金石考》卷上載：「《元大都城隍廟碑》，任栻撰，李郁書。至元五年六月。」〔註162〕此兩碑文今未見。

109. 郭建中（52／510）

按：吳澄《建昌路廟學記》（15／123）載：「今邦伯奇喇、貳守劉珪、府判巴

〔註157〕（明）張良知《嘉靖許州志》，《天一閣藏明代地方志選刊》，上海古籍書店1980年版。

〔註158〕（清）金鉷《雍正廣西通志》，景印文淵閣四庫全書第566冊，臺灣商務印書館1986年版，第510頁。

〔註159〕（清）嵇璜《續通志》第一冊，浙江古籍出版社1988年版，第4139頁。

〔註160〕（清）嵇璜《續文獻通考》，景印文淵閣四庫全書第630冊，臺灣商務印書館1986年版，第282頁。

〔註161〕（清）孫承澤《春明夢餘錄》，景印文淵閣四庫全書第869冊，臺灣商務印書館1986年版，第249頁。

〔註162〕（清）孫星衍《京畿金石考》，清澤喜齋叢書本。

延徹爾、郡屬張賡、劉秉忠克協克一，前教授倡議之後，郭建中嗣教職，承侯之令惟謹。」則郭建中曾任建昌錄儒學教授一職。

110. 傅定保（52／522）

按：《全元文》僅言傅定保「莆田人，延祐年間在世」。其傳見明代黃仲昭修纂《弘治八閩通志》卷六十七《人物》、馮從吾《元儒考略》卷二、陸應陽《廣輿記》卷十八〔註163〕、凌迪知《萬姓統譜》卷九十五、清代李清馥《閩中理學淵源考》卷三十六、鄭傑《閩詩錄》戊集卷一〔註164〕等書。今據《閩中理學淵源考》，錄其傳如下：

> 傅定保，字季謨，號古直，晉江人。宋咸淳中禮部奏賦第四，知貢舉。方逢辰見之，驚喜曰：「閱試文意，老於文場者，乃英妙若是。」時相賈似道沮抑新進，未令赴廷試。定保歸，益力學。未幾，杭都不守。德祐、景炎間，屢有諷以仕者，皆辭。大德初，提學吳濤薦授漳州路學正，首以《太極圖》、《西銘》合而講之，聽者悅服。改三山書院山長。閱三月，辭歸，授徒養母。初，環城冢墓皆發於兵。傅氏族最蕃，定保無論親疏，悉封之。年五十後，始得三子。母年九十，見諸孫長大。至治中，以平江路儒學教授致仕。其講解能守先儒成說，為文溫潤典裁。定保神暢氣怡，與物無競，未嘗以非義干人，不為矯厲奇絕之行。天曆中，開奎章閣，聘用儒雅學士。虞邵菴集將薦之，以老疾不可。強起，中止。著有《四書講稿》及詩文若干卷。

其生平大略可見。

111. 傅商俊（52／529）

按：清代余光璧纂修乾隆十三年（1748）刊本《南安府大庾縣志》卷十〔註165〕載傅商俊於大德年間任大庾縣教諭。另清代謝旻《雍正江西通志》卷十八亦載：「大庾縣儒學。學在府學左，宋慶曆間建，後改於縣治西南。元至元間為水齧，徙於府學東北，總管張昉偕邑教諭陳幼實修之，傅商俊記。」〔註166〕此文今未見。

〔註163〕（明）陸應陽《廣輿記》，清康熙刻本。

〔註164〕（清）鄭傑《閩詩錄》，清宣統三年刻本。

〔註165〕（清）余光璧纂修《乾隆大庾縣志》，《稀見中國地方志彙刊》第三十一冊，中國書店1992年版，第95頁。

〔註166〕（清）謝旻《雍正江西通志》，景印文淵閣四庫全書第513冊，臺灣商務印書館1986年版，第603頁。

112. 楊俊民（52／564）

按：《全元文》小傳備列楊俊民歷任官職，似不全。今稽考《全元文》相關文本如下：

> 應奉翰林致仕郭君既葬，其孤汝立請於禮部尚書張公國維，曰：「先子官次行治既載太史楊俊民幽宅之銘。」（王沂《元故應奉翰林文字從仕郎致仕郭君墓碣》）〔註167〕

> 維至順元年閏月某日，應奉翰林文字蘇天爵、國史院編修官楊俊民謹以清酌之奠，致祭於故濮州教授張君之靈。（蘇天爵《祭張文在教授文》）〔註168〕

> 公歿已五十年，今參政公天爵始奉國子司業楊俊民之狀以授澘。（黃溍《處士蘇公墓表》）〔註169〕

據此，則楊俊民尚任過太史、國史院編修官等職。應奉翰林致仕郭君即郭士文，字從周；處士蘇公即蘇誠，字誠夫。楊俊民為其所作墓銘、行狀，《全元文》均未收錄，恐已佚。

113. 王克義（52／572）

按：明代胡謐《成化山西通志》卷九有其傳，稱：「王克義，崞縣人。自幼好學，至正初由國子生授平之職，轉定襄縣尹。旬月間，號為善治。民歌之曰：『斷幾件精細事，取幾箇明白招，只比龍圖不姓包。』後臺憲考為河東最。」

114. 趙祖全（53／565）

按：《全元文》小傳稱「至正年間富順州儒學教諭」。今考明代李賢《明一統志》卷六十九有其小傳，載：

> 趙祖全，豫章人。僑寓富順，隱居讀書。志行純潔，鄉閭以為矜式。嘗主郡學師席，守貳以下皆尊禮之。善屬文，凡郡邑學舍祠廟碑刻，多出其手。〔註170〕

明代凌迪知《萬姓統譜》卷八十三、清代黃廷桂《雍正四川通志》卷三十八、卷六十七所載與此同。

〔註167〕李修生主編《全元文》第60冊，鳳凰出版社2004年版，第173頁。
〔註168〕李修生主編《全元文》第40冊，鳳凰出版社2004年版，第440頁。
〔註169〕李修生主編《全元文》第30冊，鳳凰出版社2004年版，第116頁。
〔註170〕（明）李賢《明一統志》，景印文淵閣四庫全書第473冊，臺灣商務印書館1986年版，第465頁。

115. 王天祥（53／570）

按：《全元文》錄王天祥《東嶽廟鐵香爐記識》，作於泰定元年，故小傳稱其為「泰定時人」。今考元代王士點《秘書監志》卷十《題名》，秘書郎下有王天祥，注云「至元十八年三月二十五日自天文科管勾上」〔註171〕。

116. 李廷傑（53／577）

按：明代王圻《續文獻通考》卷一百七十七《經籍考》載：「《考古臆說》，李廷傑著。取史事以言時務，志在袪時蠹、起民瘼，剴直無諱，明白可行。」〔註172〕歐陽玄曾為《考古臆說》作序，見載《全元文》（34／429）。

117. 管禕（53／588）

按：《河南通志》卷四十五《選舉二》載歷代進士，元代順帝朝即有管禕，注云「光山人。翰林學士」〔註173〕。卷四十九《陵墓》於光州載「管禕墓。在光山縣官陂。禕，學士」。

118. 譚觀（53／593）

按：《全元文》小傳稱其為「吳澄門人」。清代丁丙《善本書室藏書志》卷三十三著錄吳澄《臨川吳文正公集》四十九卷《外集》三卷，稱「外集本四卷，今闕其一，止三卷，有學生譚觀一跋。」〔註174〕實則譚觀乃受學於吳澄之季子〔註175〕。譚觀屢見於吳澄文中，如《題李伯時九歌後》（14／396）「今譚觀又持此書至」。《仙原觀記》（15／279）曰「予孫女壻譚觀來乞文將俾貼諸永久」，則譚觀為吳澄孫女壻。揭傒斯為吳澄所撰《神道碑》（《全元文》28／332）亦載：「孫女五，適譚觀、曾文、熊鈴、袁鎮、黃盅」〔註176〕。

〔註171〕 （元）王士點、商企翁編次，高榮盛點校《秘書監志》，浙江古籍出版社1992年版，第197頁。

〔註172〕 （明）王圻《續文獻通考》，明萬曆三十年松江府刻本。

〔註173〕 （清）王士俊《雍正河南通志》，景印文淵閣四庫全書第536冊，臺灣商務印書館1986年版，第567頁。

〔註174〕 （清）丁丙《善本書室藏書志》，中華書局1990年版，第550頁。

〔註175〕 按：吳澄五子：文、袠、京、槀、亶。譚觀《吳文正公外集跋》（《全元文》失收，見「佚文輯校」）載「觀往年受讀於先生之季子槀」。

〔註176〕 （清）劉肇虞輯評《元明八大家古文》卷三，《四庫禁燬書叢刊》集部第171冊，北京出版社2005年版，第357頁。（按：「孫女五」，《全元文》稱上文「孫男」而作「女五」。《全元文》第28冊，鳳凰出版社2004年版，第508頁）

清代曾燠《江西詩徵》卷三十選其詩，小傳云：「觀字自廣，南昌人。性孝友，工詩文。至順間，辟爲經筵簡討，賜進士出身，授國史編修，轉國子助教。陳友諒據江西，避居萬載，著隱詩以自適。〔註177〕」清代謝旻《雍正江西通志》卷一百一十《邱墓》載：「元：太史譚觀墓，在萬載縣塗口。」〔註178〕則其曾擔任太史。

119. 張應雷（53／600）

按：《全元文》小傳稱：「張應雷，洞庭元山（今屬江蘇）人。」據《江蘇通志稿》所錄《王德明造福壽橋記》作於至順四年。今考元代俞希魯《至順鎮江志》〔註179〕卷十九有其傳，云：「張應雷，鎮江人。世業醫，自號梅軒。至元中，嘗被召爲太醫，後請老歸里，授本路醫學教授，卒。」不知是否爲一人。

120. 莊彌邵（54／16）

按：《八閩通志》卷六十六《人物》，泉州府名臣類有其小傳，載〔註180〕：「莊彌邵，字德修。晉江人。夏之孫。父序。大理正。彌邵用廕補承務郎·擢臨安府通判。廣平天目山寇，以功權知安吉州，有惠愛。除軍器監丞。輪對，首以「進德修業」爲言，且謂：「廣殿大廷文對，禮貌親而情意疏，廣廈細旃之講，誦說多而推行少。」上嘉納之。進軍器監。兄彌堅。字德操。登進士第·爲編修官。弟彌大，刑部郎官。宋亡，蒲壽庚同薦於元·俱不之官。」

明代凌迪知《萬姓統譜》卷五十〔註181〕亦載：「莊彌邵，字德修，晉江人。以廕補承務郎，推臨安府通判，知吉安州，有惠政。除軍器監丞，輪對，首以進德修業爲言。兄彌堅登進士，爲編修官。弟彌大，刑部郎。」

清代李清馥撰《閩中理學淵源考》卷三十一據《閩書》、《永春志》錄其傳，稱〔註182〕：「莊彌邵，字德修。以父序廕補承務郎，監福州水口鎮，擢臨

〔註177〕 （清）曾燠《江西詩徵》，清嘉慶九年刻本。
〔註178〕 （清）謝旻《雍正江西通志》，景印文淵閣四庫全書第516冊，臺灣商務印書館1986年版，第630頁。
〔註179〕 （元）俞希魯《至順鎮江志》，清嘉慶《宛委別藏》本。
〔註180〕 （明）黃仲昭《八閩通志》（下），福建人民出版社2006年版，第803～804頁。
〔註181〕 （明）凌迪知《萬姓統譜》，景印文淵閣四庫全書第956冊，臺灣商務印書館1986年版，第771頁。
〔註182〕 （清）李清馥《閩中理學淵源考》，景印文淵閣四庫全書第460冊，臺灣商務印書館1986年版，第405頁。

安府通判。討平天目山冦，以功權知安吉州，有惠愛。除軍器監丞，輪對，首以進德修業爲言，且謂：『大廷之對，禮貌親而情意疏；細旃之講，誦說多而推行少。』上嘉納之。立朝多所論諫，與弟彌大刑部郎中咸有聲。宋亡，棄官歸田里。時蒲壽庚降元，爲中書丞，辟宋故臣之在泉者，復其官，彌邵、彌大改各路治中，皆不赴。」

121. 盧亙（54／27）

按：《全元文》小傳載：「盧亙，濮陽人（今屬河南，一說汲郡）」。今檢元代陸友仁《研北雜志》卷下有云「同時有辛文房良史，西域人；楊載仲弘，浦城人；盧亙彥威，大梁人；並稱能詩」〔註 183〕，所載又有不同。清代陳焯編《宋元詩會》卷七十二盧亙小傳云〔註 184〕：「字彥威。武宗朝知制誥，有《含雪集》。」

122. 謝升孫（54／30）

《江西通志》卷八十四《人物》載：「謝升孫，南城人。舉進士，官翰林編修。以文章名世，人稱南窗先生。有《詩義法》行世。」

關於謝升孫的著述，朱彝尊《經義考》卷一百〇八著錄謝升孫「《詩義斷法》，佚」〔註 185〕；卷一百一十又載「《詩義斷法》一卷，佚」〔註 186〕。對此，《四庫全書總目》卷十八《詩類存目二》亦有著錄和辨證〔註 187〕。

123. 王文燁（54／47）

按：《全元文》小傳稱王文燁「至順元年進士」，今考明代陸釴《嘉靖山東通志》卷二十九〔註 188〕、清代成瓘《道光濟南府志》卷七十二均有其傳。傳云：「王文燁，字章甫，鄒平人。勵志勤業，博極書史，登天曆狀元，授翰林修撰。累官樞密院判官。」

〔註 183〕（元）陸友仁《研北雜志》，叢書集成初編本，中華書局 1991 年版。

〔註 184〕（清）陳焯《宋元詩會》，景印文淵閣四庫全書第 1464 冊，臺灣商務印書館 1986 年版，第 337 頁。

〔註 185〕（清）朱彝尊撰，林慶彰、蔣秋華、楊晉龍等點校《經義考新校》第 5 冊，上海古籍出版社 2010 年版，第 2022 頁。

〔註 186〕（清）朱彝尊撰，林慶彰、蔣秋華、楊晉龍等點校《經義考新校》第 5 冊，上海古籍出版社 2010 年版，第 2054 頁。

〔註 187〕（清）永瑢《四庫全書總目》，中華書局 1965 年版，第 138 頁。

〔註 188〕（明）陸釴《嘉靖山東通志》，明嘉靖刻本。

124. 張籌（54／70）

按：《全元文》小傳語焉不詳。實則明代俞汝楫《禮部志稿》卷五十一〔註189〕、雷禮《國朝列卿紀》卷三十九〔註190〕有其傳。另附傳於《明史》卷一百三十六《崔亮傳》〔註191〕。《禮部志稿》傳云：「張籌，字惟中，常州無錫人。少明經，元季浙江省試第一。洪武四年，吏部尚書詹同薦籌有文學，應奉翰林文字，授禮部主事。奉詔同禮部尚書陶凱等採摭漢唐以來藩王善惡可為勸誡者，為《昭鑒錄》。六年。升廣東行省參政、九年。升禮部尚書。值晉王妃謝氏薨，命籌同學士宋濂議喪服制，籌以濂議奏上。按：唐制，皇帝為皇妃等舉哀畢則常服；宋制，皇帝為皇親舉哀素服襆頭白羅衫黑銀帶。令參酌唐宋之制，皇帝及中宮服大功，諸妃皆服小功，南昌王妃服大功，東宮親王公主皆服小功，晉王服齊衰，杖期；靖江王服小功，王妃服緦麻，輟朝三日。既成服，皇帝出次釋服，服常服。制曰可，命著為令。十年坐事，罰輸作。十二年，起禮部員外郎，尋以事免。」

125. 賈瑞（54／80）

按：元代王士點《秘書監志》卷九《題名》，秘書少監中有賈瑞，注云「字仲章，汴梁人」〔註192〕。不知與此是否為同一人。

126. 郭公葵（54／114）

按：諸本均載郭公葵，字秉心。然朱彝尊《靜志居詩話》卷二評述朱右《琴操》時，亦提及郭公葵之跋，云：

> 《琴操》有郭公葵跋。公葵，吾鄉人。唐處敬詩云：「我昔居秀州，友有徐一夔。好為古文章，自矜少所推。每論其鄉人，屈指二三希。云有善詩者，郭姓字公葵。不習時所好，刻意追古詞。前後數百篇，一一皆珠璣。」郭名秉心，惜其詩無一存者，可歎也。
>
> 〔註193〕

所載郭公葵名、字適相反。

〔註189〕（明）俞汝楫《禮部志稿》，景印文淵閣四庫全書第597冊，臺灣商務印書館1986年版，第948頁。

〔註190〕（明）雷禮《國朝列卿紀》，明萬曆徐鑒刻本。

〔註191〕（清）張廷玉《明史》（第13冊），中華書局1974年版，第3932～3933頁。

〔註192〕（元）王士點、商企翁編次，高榮盛點校《秘書監志》，浙江古籍出版社1992年版，第175頁。

〔註193〕（清）朱彝尊《靜志居詩話》，人民文學出版社2006年版，第52頁。

127. 孫庚（54／137）

按：《全元文》據清光緒二十五年刊本《慈谿縣志》錄其《幽遠經堂記》，文稱「邑東南一里」，則孫庚當爲慈谿人。今考明代孫原理《元音》卷十二載：「孫庚，字居仁，號雪磯。慈谿人。〔註194〕」明代黃潤玉《成化寧波府簡要志》卷四《人物志·鄉彥》載：「孫庚，字君純，慈谿人。孝友無間言，問學有源委。家貧，卒不能葬，門人葬之。有《雪磯集》若干卷。杜彥良、王恆、陳恭，其門人也。〔註195〕」二書所載有異，然《元音》載「號雪磯」，《成化寧波府簡要志》載「有《雪磯集》」，不知是否爲同一人。

128. 舒遜（54／578）

按：明代汪舜民《弘治徽州府志》卷九有其傳，載：

> 舒遜，字士謙，號可庵，績溪人。台州學正，頓之弟。長於詩文，與侍郎朱同、長史程通輩爲詩友。洪武間，邑與學交舉之，不就。嘗自贊曰：「可庵可庵，處世夐別。勢利不趨，棲遲守拙。雖無善可稱，亦無惡可說。愧何補於事功，誠有忝於前烈。」卒年六十八。所著有《搜枯集》行於世。〔註196〕

清代顧嗣立《元詩選》二集卷二十一亦載：

> 舒遜，字士謙，號可菴。道原以詩文名家，士謙與仲修皆從之遊，得其原流。一時唱和，花萼相輝。道原嘗爲之圖，其樂可知也。所著曰《搜枯集》。

清代黃虞稷《千頃堂書目》卷十七亦載「舒遜《搜枯集》」。

129. 王儒真（55／19）

按：明代廖道南《楚紀》卷二十三《昭文外紀前篇》載「王儒眞，沅陵人。」〔註197〕並附錄其《菁茅賦》。

〔註194〕（明）孫原理《元音》，景印文淵閣四庫全書第1370冊，臺灣商務印書館1986年版，第571頁。
〔註195〕（明）黃潤玉《成化寧波府簡要志》，《四庫全書存目叢書》史部第174冊，齊魯書社1996年版，第757頁。
〔註196〕（明）汪舜民《弘治徽州府志》，天一閣藏地方志選刊。
〔註197〕（明）廖道南《楚紀》，《北京圖書館古籍珍本叢刊》第7冊，書目文獻出版社1990年版，第357頁。

130. 郭雷煥（55／125）

按：清代沈葆楨等修、何紹基等纂《光緒重修安徽通志》卷二百二十六載〔註198〕：「郭雷煥，字有章，涇縣人。由薦辟任池州路教諭，又爲饒州教授。能詩，尤工駢儷，時稱郭四六。嘗送趙孟頫應召及題施氏芳遠亭詩，傳誦於時。」

131. 朱公遷（55／127）

按：明代孫承澤《元朝典故編年考》卷八《錄用名儒》條載〔註199〕：「七年召遺逸朱公遷至京，授翰林直學士，不拜。章七上，乃以爲金華郡學正。公遷於經傳子史百氏之書、禮樂律曆制度名物之數，無不通貫而悉究之。用力於聖賢之道，以正心誠意爲學，眞知實踐爲功。天性仁孝，勤於著述，所著有《朱子詩傳疏義》二十卷、《四書約說》四卷、《四書通旨》六卷。」

132. 陳顯曾（55／133）

按：陳顯曾的著述，清黃虞稷《千頃堂書目》、倪燦《補遼金元藝文志》、錢大昕《元史藝文志》、魏源《元史新編》均著錄有《昭先錄》、《思雨軒稿》。

133. 舒慶遠（55／138）

按：清代謝旻《雍正江西通志》卷六十七〔註200〕，其傳云：

> 舒慶遠，字伯原，靖安人。至正鄉舉，授贛州學正，調主濂溪書院。未赴，紅巾寇起，攻靖安。慶遠迎監縣潮海，倡義拒敵，繕兵儲糧，召募勇敢，爲固守計。潮海敗死，省府即署慶遠攝縣。自是每寇至，輒偕鄉進士胡斗元、涂淵，勇士黃雲與戰卻之。寇忿甚，合圍益急，慶遠力匱被執。中途脫，歸以憂憤卒。有《攄悶集》一卷。

清代曾燠《江西詩徵》卷三十二〔註201〕亦有其傳，云：

> 慶遠，字伯原，靖安人。至正元年鄉舉，授贛州學正。未赴，會寇攻靖安。監縣潮海敗死，省府署慶遠攝縣事。寇至，屢卻之，以憂憤卒。有《攄悶錄》。

《全元文》小傳稱「舒慶遠，字伯元」。記載與此略有差異。

〔註198〕（清）沈葆楨等修、何紹基等纂《光緒重修安徽通志》，清光緒四年刻本。
〔註199〕（明）孫承澤《元朝典故編年考》，景印文淵閣四庫全書第 645 冊，臺灣商務印書館 1986 年版，第 824 頁。
〔註200〕（清）謝旻《雍正江西通志》，景印文淵閣四庫全書第 515 冊，臺灣商務印書館 1986 年版，第 347 頁。
〔註201〕（清）曾燠《江西詩徵》，清嘉慶九年刻本。

134. 葛聞孫（55／149）

按：清代趙宏恩《乾隆江南通志》卷一百六十九《人物志》、穆彰阿《嘉慶大清一統志》卷一百二十四〔註202〕、何紹基《光緒重修安徽通志》卷二百六十一均有其傳。《光緒重修安徽通志》載〔註203〕：「葛聞孫，字景元，合肥人。早喪父，事母至孝。嘗出爲州文學，既而曰：『此非養志之道。』遂歸，力耕養母，結環翠山房以延來學。執政薦其學行，召爲翰林，辭不赴。及卒，余闕表其墓。」《全元文》小傳稱其「字景先」，與此不同。

135. 賈志道（55／155）

按：《全元文》據 1918 年羅氏影印本《金石萃編未刻稿》錄《重修華嚴堂經本記》。此碑今尚存。雲桂榮主編《雲居寺貞石錄》錄此文〔註204〕。文題下云「范陽逸人賈志道撰並書」。范陽逸人或爲其別號。

136. 徐昺（56／63）

按：明代李賢《明一統志》（清文淵閣四庫全書本）卷二十八載〔註205〕：「徐昺，安陽人。天曆初進士，擢監察御史。累官禮部尚書、國子祭酒，歷遷翰林學士承旨。子企，雲州知州。」

137. 徐慧（56／65）

按：《全元文》據明正統道藏《淨明忠孝全書》錄徐慧所作序。《全元文》小傳云：「徐慧，字子奇，號丹扃道人，廬陵人。泰定時在世。」實則《淨明忠孝全書》卷一即有其傳，言其生平甚詳。傳名《丹扃道人事實》，文曰〔註206〕：

> 丹扃子姓徐氏，名異，一名慧，字子奇。至元辛卯八月二十七日寅時生，娶劉氏，生子師晉。其先爲豐城望族，仕廬陵，因家焉。其大父愚谷先生，典刑博雅，前宋試場屋有聲，二子俱早世。子奇幼孤即穎異，恥與俗子友，閉戶讀書，危坐竟日，養吾劉先生，爲須溪家嫡，時稱爲文章司命人物權衡得其許可者，如登龍門。始八

〔註202〕 （清）穆彰阿《嘉慶大清一統志》，《四部叢刊續編》景舊鈔本。
〔註203〕 （清）沈葆楨等修、何紹基等纂《光緒重修安徽通志》，清光緒四年刻本。
〔註204〕 雲桂榮主編《雲居寺貞石錄》，北京燕山出版社 2008 年版，第 40 頁。
〔註205〕 （明）李賢《明一統志》，景印文淵閣四庫全書第 472 冊，臺灣商務印書館 1986 年版，第 699 頁。
〔註206〕 《淨明忠孝全書》，《正統道藏》第 41 冊，臺灣藝文印書館 1977 年版，第 32897 ～32899 頁。

月旦，子奇嘗侍大父往謁之，一見問所學，即令以詩題，子奇援筆立就。先生大加賞歎，因取少陵徐卿二子生絕奇之語，改字子奇。且爲序其所作詩集，稱其五言，高處春容淡泊，頗近古意，至於近體亦變化流麗，蓋其天分之高而學所致也。其推許之意，概可見矣。戊午春，慨然爲金臺遊，首以文墨見知於御史李一飛、典瑞院使馬九皐、右丞齊峰、平章大慈都，由是鈞樞臺閣名公巨卿多所接禮。癸亥春，英廟詔書金經試，字中書者數百人，子奇首中前列，未幾經事竟寢。子奇聞中黃先生得都仙淨明之道，駐於崇眞宮，遂往師焉。中黃一見曰：夜夢子，今子來，似有夙契，當宏吾教。自是盡得中黃八極之妙，又參藍眞人於長春宮得全眞無爲之旨，賜號淨明配道格神昭效法師。由是，人爵無復介其心胸，雖中朝貴人交剡互辟，恬不能動其心矣。甲子春，以母老竟歸，圖爲色養，計其所以，婉容娛侍，曲意順承，無所不用。其極如是者，二十餘年迄終，喪葬盡禮。初歸之日，家適病疫，或曰：未可歸。子奇曰：安有及門而不升堂拜母者乎？竟歸。其所謂神明憑依者，皆辟易解散若未病，然自非道高德重安能殄息若此其速也。是歲大旱，鄉人請禱於里之吉安撟旋慰霓望。自是弟子益眾，及其門者，皆文學特達之士。雖六七十翁，皆願從焉，曰：吾師道也。子奇倜儻，尚氣節慷慨，尚然諾導悟。學者剖決玄微，海竭河傾，源窮派析，犁然有當於人心。數十年間，千百里內，水旱豐凶，請禱即往，神動天隨，雷電隨應，其所以化赤地爲豐年掃積陰爲霽景者，不知其幾焉。至如來病，士庶是以爲癘，豕人之啼泣，木客之憑凌，雲篆一飛，陰怪旋屏，若此者尤眾也。是其操存持守之不息，故光輝昭著之，自然有諸中形諸外也。士君子常稱奇峰先生，又稱丹扃道人。蓋其爲室也，清虛明淨，扁以丹扃。留國張公，書而記之，詩集曰《杯水玉霄》滕公序之。所傳淨明忠孝諸書，先以刊行。至於手撰科文，正大雅潔，凡若干卷傳於世。庚寅春，寄內師府羅文奎詩云：憶昔長廊聽雨時，黃金染筆寫烏絲。百年似夢我先覺，萬事如雲子尚癡。天上故人天上老，里中野客里中嬉。臨風聊致拳拳意，老病無才懶賦詩。又寄臺使盛熙明詩云：向來風雨意，俛仰十年餘。雖有千山隔，寧無數

字書。棲運吾分耳，富貴易交乎。珍重平生學，風雲展壯圖。又寄別弟子鍾彥文詩云：花甲今年恰一周，安心安分更何求。夢回池草春生筆，吟到江梅月滿樓。生數又從今日始，老懷不及少年遊。還丹煉就身如葉，洞府名山任去留。又自贊其像曰：生前我即汝，死後汝即我。於是二中間，誰曾識眞我唉。月輪元不在波心，四海五湖無不可至。五月望日，命弟子蕭尚賢代謝師仙將吏，爲濟食以召鄉黨朋友話別，對坐客云：天香繞屋家肥潤，玉宇開基仕顯超明。旦日中，索紙筆留頌云：這個臭皮袋，撇了無窒礙。烈焰紅爐中，明月清風外。擲筆端坐，鼻流玉箸尺餘，移時視之，則已去矣。留形住世六十年，度弟子數百人。

其後，明代范淶修、章潢纂《萬曆新修南昌府志》卷二十三《雜錄類》，於「仙釋」中有其小傳，即刪並《丹扃道人事實》而成，傳云〔註207〕：

> 徐慧，字子奇。本豐城人，因仕廬陵，家焉。子奇幼孤，即穎異絕俗。閉戶讀書，危坐竟日。聞中黃先生得都仙淨明之道，遂往師焉，盡得中黃八極之妙。又參藍眞人於長春宮，得全眞無爲之旨，賜號淨明配道格神昭效法師。嘗自贊曰：生前我即汝，死後汝即我。於是二中間，誰曾識眞我。五月望日，命弟子召鄉友話別。云：這個鼻皮袋，撇了無罣礙。烈焰紅爐中，明月清風外。擲筆端坐，鼻流玉箸尺餘而去。

由文意知其爲修道之人，故後世亦有其傳聞。如明代朱國楨《湧幢小品》卷二十九《三大事》載〔註208〕：

> 張文僖公升爲舉子時。北上會試。遇一青巾道士附舟。舟中人皆慢易之。文僖頗加禮意。一日，文僖讀程文。道士問曰：「公何爲手是編不置耶？」曰：「書須溫乃熟。」曰：「書一目便了，何待溫？」曰：「子讀書能若是乎？」曰：「然。」即舉是編授之。道士一目即成誦。公心計道士必少時讀程文。今乃自表暴耳。復抽《洪武正韻》難之曰：「此書亦可覽記耶？」道士曰：「此書難，卻須覽二次。」輒覽二次，又成誦。文僖知爲異人，乃叩以後日事。道士曰：「公有

〔註207〕 （明）范淶修、章潢纂《萬曆新修南昌府志》，日本藏中國罕見地方志叢刊，書目文獻出版社1985年版，第459頁。

〔註208〕 （明）朱國楨《湧幢小品》（下），中華書局1959年版，第684～685頁。

三大事。其一舉狀元。其二買饒正己宅。其三則於滕王閣飲酒三日。」
文僖問：「其一、二，可解悟。其三謂何？」曰：「久當自知之。」
詰其姓名。曰：「我徐慧也，字子奇。《忠孝經》中有吾名。」遂別
去。文僖果大魁天下。官翰林春坊，劾閣臣劉吉姦邪，貶南京工部
員外。便道過南昌，兩院暨三司諸公慕其直聲，乃於滕王閣中置酒，
款洽三日。乘暇，遊鐵柱觀，觀中人方讀《忠孝經》。文僖翻閱之，
見所謂徐子奇者，乃晉仙人也。文僖後居饒正己故址。一如徐仙之
言。

清代趙吉士輯《寄園寄所寄》，於卷十《驅睡寄》據朱國楨書將此則錄入〔註209〕。

138. 何貞立（56／84）

按：《全元文》小傳稱何貞立為長沙人。今考明代胡儼有《墨菊詩記》，載
云〔註210〕：「元何貞立，長沙之瀏陽人。歐陽原功之友婿，少有俊名。既舉
進士，原功欲拔入翰林，於虞、揭諸公極稱道之。及相見，適僧旦景初持墨
菊卷詣翰林求題，諸公遂請貞立賦之。貞立出倉卒，且恇怯，勉強賦云：陶
令歸來不受官，黃花采采晚霜寒。悠然一見南山後，故向東籬子細看。所作
殊負所聞，諸公意頗不愜。」〔註211〕此事見載於明代單宇《菊坡叢話》卷四、
明代俞弁《逸老堂詩話》〔註212〕卷上、明代張燮《書胡祭酒雜記》。

139. 馬熙（56／128）

按：《全元文》小傳稱馬熙「安仁人（今湖南湘南）人」。《光緒湖南通志》卷
一百五十六《選舉志二十四》、卷一百六十四《人物志五》、卷二百五十八《藝
文十四》，陳衍《元詩紀事》卷八均稱「安仁馬熙」。而元許有壬《涅陽侯傳
序》載：「《涅陽侯傳》，衡陽馬熙明初之所作也。」〔註213〕許有壬以其為衡陽
人。《涅陽侯傳》今不傳。

〔註209〕　（清）趙吉士《寄園寄所寄》，黃山書社2008年版，第842～843頁。
〔註210〕　（元）歐陽玄《歐陽玄全集》（下）附錄二《軼事遺跡》，四川大學出版社1010
　　　　　年版，第831頁。
〔註211〕　（明）單宇《菊坡叢話》，《四庫全書存目叢書》集部第416冊，齊魯書社1997
　　　　　年版，第394頁。
〔註212〕　（明）俞弁《逸老堂詩話》，丁福保輯《歷代詩話續編》（下），中華書局1983
　　　　　年版，第1314～1315頁。
〔註213〕　李修生《全元文》第38冊，鳳凰出版社2004年版，第121頁。

140. 潘士文（56／129）

按：清代孫星衍、邢澍編《寰宇訪碑錄》卷十二著錄其碑文〔註214〕，稱「《楊氏祖塋碑》。潘士文撰並正書，至正十二年閏三月。山東濟寧。」畢沅《山左金石志》卷二十四〔註215〕、葉昌熾《語石》卷三言之甚詳。

141. 王元恭（56／151）

按：《全元文》小傳言「王元恭，字居敬，號寧軒，眞定蠡州人。官潮州路總管，後至元六年遷慶元路總管。」清代丁丙《善本書室藏書志》卷十一、陸心源《皕宋樓藏書志》卷三十二著錄王元恭《至正四明續志》，小傳可作補充。丁丙載「元恭，字居敬，眞定人。至正二年爲明州總管。《千頃堂書目》載其書。」〔註216〕陸心源言「王元恭，博野人。至元六年以正議大夫任慶元路總管府。其書後袁桷《志》而作，《四庫》未收，各家書目亦未著錄」〔註217〕。

142. 江光啟（56／160）

按：明代汪舜民《弘治徽州府志》卷九《人物志》，隱逸類有其小傳。傳云：「江光啓，字賓暘，婺源旃坑人。宋進士潤身之孫。號雲山，以詩名。族叔定宇，號月山，亦能詩。」〔註218〕

143. 盧熊（56／180）

按：盧熊死後，高遜志應其子盧彭祖之請，撰有《大明故奉訓大夫知兗州事盧君墓誌銘》〔註219〕，記述其生平甚詳。其後，明清典籍對其亦多有記載。此文《全元文》59 冊失收（已輯入佚文）。文載盧熊「赴京而卒，洪武十三年二月廿八日也，春秋始五十」，據之可知盧熊存世時間爲 1331～1380 年。如

〔註214〕 （清）孫星衍、邢澍編《寰宇訪碑錄》，《續修四庫全書》第 904 冊，上海古籍出版社 1996 年版，第 602 頁。

〔註215〕 （清）畢沅《山左金石志》，《續修四庫全書》第 910 冊，上海古籍出版社 1996 年版，第 163 頁。

〔註216〕 （清）丁丙《善本書室藏書志》，《續修四庫全書》第 927 冊，上海古籍出版社 1996 年版，第 289 頁。

〔註217〕 （清）陸心源《皕宋樓藏書志》，《續修四庫全書》第 928 冊，上海古籍出版社 1996 年版，第 356 頁。

〔註218〕 （明）汪舜民《弘治徽州府志》，《天一閣藏明代方志選刊》，上海古籍書店 1982 年版。

〔註219〕 （明）都穆《吳下冢墓遺文》卷三，《四庫全書存目叢書》史部 278 冊，齊魯書社 1996 年版，第 19～20 頁。

明王鏊《姑蘇志》卷五十二《人物》、焦竑《國朝獻徵錄》卷九十六、張昶《吳中人物志》卷七、方鵬《崑山人物志》卷三《文學》、《萬姓統譜》卷十一、《明一統志》卷八、《大清一統志》卷五十六和卷一百三十一等。高遜志文長不錄，茲迻錄《姑蘇志》的傳文如下〔註220〕：

> 盧熊，字公武。其先本武寧人，宋季徙家於吳，再徙崑山。父觀，字彥達，讀書有至行，門人私諡夷孝先生。熊元季爲吳縣學教諭，洪武初以故官，迫遣赴京。母卒竟歸，復起爲工部照磨。尋以善書，擢中書舍人，遷兗州知州。爲政務愷悌，不求赫赫名。州初罹兵革，人情凋弊，適大帥李善長營魯王府，濬兗州河。熊撫綏供億，事集而人不擾。俄以簿錄刑人家屬，事坐累死。先是熊嘗上疏，言州印篆文譌謬，忤旨。至是竟得罪。熊少嘗從學楊維楨，博學工文詞，尤精篆籀。所著有《說文字原章句》、《鹿城隱書》、《蓬蝸》、《憂幽》、《石門》、《清溪》等集，別有《蘇州志》、《兗州志》《孔顏氏世系譜》總若干卷。子彭祖，字長嬰，洪武末任湖州武康丞。永樂初薦授禮部主事。坐事，謫阜城爲民尋徵詣行在冠帶聽用，以疾卒。彭祖幼傳家學，不事藻麗，而求以適用。爲政亦有父風。彭祖孫瑛，字克修，宣德五年進士，官刑部主事。博學工書，尤工畫竹。

盧熊生平據此可知。

144. 陳元明（56／198）

按：《嘉靖衡陽府志》卷六《人物》，安仁縣中有其傳，載：「陳元明，字伯元。元至元間登進士，授長沙縣丞，升道州錄事。」〔註221〕

145. 練魯（56／244）

按：《雍正浙江通志》卷182《人物六》「處州府」中有其傳，載：

> 《括蒼彙紀》。字希曾，松陽人。至正間中第。南還，明太祖詔求人材，有司辟魯應聘。不得已至武林，作《辭病詩》九首，聲調悲壯，思志沉鬱，若不知其意之所在。歸而閉門謝客，復撰《朝會

〔註220〕 （明）王鏊《姑蘇志》，景印文淵閣四庫全書第493冊，臺灣商務印書館1986年版，第971頁。

〔註221〕 （明）楊珮《嘉靖衡陽府志》，《天一閣藏明代方志選刊》本，上海古籍書店1982年版。

樂歌》六章，喜聖人之世出，慶遭逢之不偶，卓然可以垂後。所著
有《倥侗集》傳世〔註222〕。

其生平著述，黃虞稷《千頃堂書目》卷二著錄其《中庸說》一卷，卷十七著
錄其《倥侗集》八卷《外集》四卷。朱彝尊《經義考》卷一百五十三載《中
庸說》已佚。

146. 楊本（56／285）

按：《金石例》有諸人所作序。王思明《金石例序》（56／254）稱：「公之子
敏中爲理官，嘗屬郡士楊本端如輯其次第」。則端如爲楊本之表字可知。

　　另可知楊本和吳曾共同編纂過《至元鄱陽續志》十五卷、《至元鄱陽新志》
二十四卷，已佚〔註223〕。

147. 韓復生（56／287）

按：《光緒湖南通志》卷一百六十四《人物志五》有其小傳，稱：「韓復生，
瀏陽人。至正乙酉進士。仕吉州同知，平盜賊數十萬，爲政有聲，州人思之，
立祠祀焉。」

148. 丁德孫（56／308）

按：《八閩通志》卷三十七《秩官》，福州府羅源縣名宦類有其小傳，載〔註224〕：
「丁德孫，字惟一，鄞縣人。至正間知羅源，爲政寬惠明信，詞訟清簡，
尤能以興起斯文、作新後學爲己任。秩滿，士民不忍其去，爲立碑頌德，
復繪像附黌舍而祀之」。另見清代徐景熙修、魯曾煜纂《乾隆福州府志》卷
48〔註225〕。

149. 陳誼高（56／311）

按：明代廖道南《楚紀》卷二十三《昭文外紀前篇》有其小傳，載〔註226〕：「陳
誼高，字志行，茶陵人。延祐四年試《雲夢賦》。」

〔註222〕（清）嵇曾筠等修、沈翼機等纂《雍正浙江通志》，景印文淵閣四庫全書第
　　　　524冊，臺灣商務印書館1986年版，第91頁。
〔註223〕黎傳記、易平《江西方志通考》（上），黃山書社1998年版，第368～369頁。
〔註224〕（明）黃仲昭《八閩通志》（上），福建人民出版社2006年版，第1074頁。
〔註225〕（清）徐景熙修、魯曾煜纂《乾隆福州府志》，清乾隆十九年刊本。
〔註226〕（明）廖道南《楚紀》，《北京圖書館古籍珍本叢刊》第7冊，書目文獻出版
　　　　社1990年版，第357頁。

150. 胡黙（56／345）

按：《全元文》小傳稱：「胡黙，字石邱」。此說有誤。黃宗羲《宋元學案》卷
九十四有其傳。傳云〔註227〕：

> 胡黙，字孟成，婺源人，號石丘生。師山序其文集云：「孟成文
> 奇崛而有氣，詩深遠而無瑕，善於學古者也。但奇崛者宜變而平易，
> 深遠者當使之明白，是又在孟成種續之久，時至而骨自換也。予嘗
> 以是語孟成。他日其徒洪生斌手鈔孟成所爲詩文若干卷，因以語孟
> 成者語之，是亦朋友忠告之道也。」（參《師山遺文》）

鄭玉《胡孟成文集序》見《全元文》第46冊328頁。據此，則其亦未精於詩
文之人。

151. 呂不用（57／792）

按：明代《萬曆紹興府志》卷四十六《人物志》、徐象梅《兩浙名賢錄》卷四
十三《風節》有其傳。今據《萬曆紹興府志》錄文〔註228〕：

> 呂不用，新昌人。初名必用，字則行。嘗應元鄉舉，有奇名。
> 稍長，悟曰：「吾家世宋臣，仕胡非義也。」遂更名不用，字則耕。
> 率諸弟耕石鼓山下，以奉二親。已從金華黃溍學，博涉經史，爲詩
> 文翩翩有逸氣。時與宋濂、劉基相唱和。及基翊輔高皇帝，屢欲薦
> 之，以聾疾辭。晚年應經間行修辟，授本學訓導。時亂餘，禮徑晦
> 蝕，率諸生綜聱搜剔，親爲疏解，且訂集《朱子家禮》。行之一時，
> 翕然向化。復以聾疾退居，因自號石鼓山聾。所著有《得月稿》、《敬
> 披稿》、《力田稿》。

據此，則呂不用生平大略可知。

152. 曾昺（57／89）

按：《全元文》小傳稱：「後至元間官清湘縣丞」。今考《雍正廣西通志》卷五
十二《秩官》，清湘丞有曾昺，注云「至正初任」〔註229〕。

〔註227〕　（明）黃宗羲《宋元學案》（第4冊），中華書局1986年版，第3131頁。
〔註228〕　（明）蕭良乾修，張元忭、孫鑛纂《萬曆紹興府志》，《中國方志叢書》華中
　　　　　520號，成文出版社1983年版，第3122～3123頁。
〔註229〕　（清）金鉷《雍正廣西通志》，景印文淵閣四庫全書第566冊，臺灣商務印書
　　　　　館1986年版，第510頁。

153. 趙子漸（57／828）

按：《萬曆紹興府志》卷三十七《人物志》有其傳，稱〔註230〕：「趙子漸，金
　　華人。從遊許白雲先生，辟蕭山教諭。每以綱常大義迪後進，遠近聞風而
　　至。」

154. 曹復亨（58／73）

按：清代阮元《文選樓藏書記》卷四著錄「《曹文貞詩集》十卷。元曹復亨著。
刊本。」〔註231〕然《四庫全書總目》卷一百六十六著錄「《曹文貞詩集》十卷
《後錄》一卷」，稱〔註232〕：

　　　　元曹伯啓撰。伯啓字士開，碭山人，至元中薦除冀州教授，天
　　曆初官至陝西諸道行臺御史中丞，卒諡文貞。是集一名《漢泉漫稿》。
　　後有至元戊寅《吳全節跋》，稱爲其子江南諸道御史臺管勾復亨所類
　　次，國子生胡益編爲十卷。

清代丁仁《八千卷樓書目》卷十六集部亦載：「《曹文貞詩集》十卷《後錄》
一卷。元曹伯啓撰。舊抄本。抄本。」〔註233〕則曹復亨乃曹伯啓之子。曹伯
啓（1255～1333）生平見曹鑒所撰《神道碑》（四庫全書本《曹文貞詩集》附
錄），文見《全元文》（19／704）。《曹文貞詩集》乃曹復亨所編，《文選樓藏
書記》著錄有誤。

155. 朱模（58／93）

按：清代沈葆楨等修、何紹基等纂《光緒重修安徽通志》卷一百八十三載
〔註234〕：「朱模，字子範，休寧人。洪武初判六安州，在任清正。左氏軍丁倡
亂，單騎捕之，深入賊壘，遇害。」

　　其著述，明代焦竑《國史經籍志》卷五集類、清代黃虞稷《千頃堂書目》
卷十七均著錄「朱模《白沙行稿》二卷」。

〔註230〕（明）蕭良乾修，張元忭、孫鑛纂《萬曆紹興府志》，《中國方志叢書》華中
　　　　520號，成文出版社1983年版，第2545頁。

〔註231〕（清）阮元《文選樓藏書記》，上海古籍出版社2009年版，第331頁。

〔註232〕（清）永瑢等《四庫全書總目》，中華書局1965年版，第1434頁。

〔註233〕（清）丁仁《八千卷樓書目》，《續修四庫全書》第921冊，上海古籍出版社
　　　　1996年版，第307頁。

〔註234〕（清）沈葆楨等修、何紹基等纂《光緒重修安徽通志》，清光緒四年刻本。

156. 蔡廷秀（58／105）

按：《全元文》據清光緒五年刻本《青浦縣志》錄《孔宅檀樹賦並序》。今檢明代唐錦《弘治上海志》卷五《建設志》〔註235〕、王圻《萬曆青浦縣志》卷一〔註236〕，均載「孔宅書院在海隅鄉。至正初，寓公蔡廷秀言於府，請上行省，置山長員。府上其言，不報。里人章弼嘗修敕之，迎師以誘掖鄉之良俊。今廢。」

157. 趙箕翁（58／114）

按：清代阮元《兩浙金石志》卷十七錄趙箕翁《元覺苑寺興造碑》，文後阮元考證文字中稱〔註237〕：「趙箕翁，聞喜人，趙鼎六世孫。登元延祐進士，授國子博士，遷亞中大夫，出為潮州推官。因念祖，自號得全子，為建得全書院，請同年歐陽元為之記。後任泗州總管，因家焉。」清代沈鑅彪《雲林寺續志》卷七有《元趙箕翁等題名》，文曰：「至正六年丙戌九月庚寅，聞喜趙箕翁、夏縣樊益吉、安邑介好仁因尋三生石同登。〔註238〕」

158. 劉明道（58／134）

按：清代謝旻《江西通志》卷七十六《人物十一》載：「劉明道，吉水人。元末紅巾四起，明道揭白巾為號，與賊百戰不靡。行省移文褒之，曰：『堂堂巨鎮，不戰而降；小小灘頭，乃能仗義。』灘頭，明道里。」〔註239〕

元代郭鈺有《贈劉明道》詩。詩云〔註240〕：「義旗獻凱滿南州，君擁兵符控上流。隔岸人煙鄰虎穴，中江雪浪送龍舟。劍鳴秋匣元霜下，馬浴晴波紫霧浮。白羽指揮能事集，底須萬里始封侯。」所述之事與《江西通志》相符，當為同一人。

明代解縉《文毅集》卷十四有《中議大夫吉安路總管劉明道神道碑》，對其生平記述甚詳，備錄如下〔註241〕：

〔註235〕（明）唐錦《弘治上海志》，明弘治刻本。
〔註236〕（明）王圻《萬曆青浦縣志》，明萬曆刊本。
〔註237〕（清）阮元《兩浙金石志》，浙江古籍出版社 2012 年版，第 418 頁。
〔註238〕（清）沈鑅彪《雲林寺續志》，《中國佛寺史志彙刊》第 1 輯第 25 冊，臺北明文書局 1980 年版，第 471 頁。
〔註239〕（清）謝旻《雍正江西通志》，景印文淵閣四庫全書第 515 冊，臺灣商務印書館 1986 年版，第 628 頁。
〔註240〕楊鐮主編《全元詩》第 57 冊，中華書局 2014 年版，第 427 頁。
〔註241〕（明）解縉《文毅集》，景印文淵閣四庫全書第 1236 冊，臺灣商務印書館 1986 年版，第 810～811 頁。

元季亂興蘄、沔，江右最先被兵，列郡瓦解。既陷而能復者，惟吉處群寇之衝，與之百戰終不爲屈。國朝兵至，率先圖效。服陳友定者亦惟吉安。吉安忠義之士，固多有之。若起齊民，興義兵，保其全節，子孫庇賴之，鄉人追思之，題其墓曰「元中議大夫吉安路總管劉公神道碑」，惟於明道見之。明道常客遊元都，時方溺於承平，人情偷惰，權倖縱橫。即私謁所親，曰：「觀天時人事，不久亂將作矣。」所親亦竊怪其言，然謂劉公多卓識，不輕遽言之，公更以語先君子。先君子憮然曰：「吾意政爾，爲之奈何？子先歸。」明道即促裝南還。於是明道以大臣薦爲袁州分宜縣尹，以母老辭不赴。壬辰之，鄉人親戚多勸挈家避匿。即奮曰：「大丈夫死即爲忠義鬼，豈能向草間求活。請勿開口。吾慮之久矣。」傾貲發粟，召募壯勇。一日，數千人造戰艦，連營江上，招撫流亡，人情悦服。未幾，下流群寇數萬。議曰：「劉某結營江上，郡城之鐵壁也。鐵壁一摧，上流可長驅而取矣。」廼並力來攻，百計禦之，群寇敗走。月餘，復至。連營築堡，誓將必克，連三大破卻之，郡城以安。監司郡守奏爲吉水州判官，繼以功升同知，復升知州。宣命下，俄升吉安路治中兼義兵萬戶。時江西行中書省距吉安上下五百餘里，內多寇兵劫掠，乃遣從弟成治兵江西防遏，上下五百餘里肅然。歲薦饑，所活甚眾。參政全普菴撒里、都事吳伯都剌皆總兵分省，於吉漫不事事。惟公是倚孤軍血戰，屢建奇功。事聞於朝，朝廷遣使慰勞，擢爲中議大夫、吉安路總管兼管內勸農防禦事。拜命於家，人共榮之。僞漢主陳友諒遣其大將熊天瑞盛兵來攻，與之力戰，幾獲天瑞。吳伯都剌遣其將搭普來援，反降之，爲先導。公軍稍卻，天瑞即長驅上流，全普菴撒里、吳伯都剌宵遁，眾大潰。公收殘兵，保壘以俟，而元兵終不至。天兵南來，公竟不屈，臥病卒於軍。時乙巳六月十一日也。公生元大德甲辰，諱昭，更名永武，其先吉之安福人。曾祖宗政，宋袁州司戶；祖天驥，元進義副尉，會川路同知，知會通判事；父仁壽，元從事郎，歸仁州判；母李氏。娶王氏，江州路總管璋父之女。子：與簡、通溥、環勝；孫：士瞻、澄、彥濟、士鼎、士林、彥鴻；曾孫：季安、中興、季隆。予先君子後歸與公共事，而予之猶子禎期其曾孫壻也。通溥屬之，與簡之外孫庞振舒，求刻

辭於神道之碑。公墓在淳塘之原。其辭曰：似漢諸侯世業儒，歷千

百歲膏澤腴。桓桓吉州少也孤，力學行義忠孝俱。手捧日月天一隅，

志通金石死不渝。慶流後昆善譽孚，峩峩高墳世楷模。

159. 潘詡（58／144）

按：傅貴全《金石例序》（56／254）稱：「公之子敏中，來官於饒，出是書以示

予，因得以觀夫公之篤意斯文，而又喜斯文之有賢子以傳也。湯植翁《金石例

序》（56／254）稱：「敏中克紹家學，益彰其親之美」。楊本《金石例序》（56

／286）稱：「先生之次子敏中來爲饒理官，好賢下士，文雅有父風。其於先生

手澤，尤加愼重，以本之予於斯文也，俾使之次第而讐校之，刻之梓」。王思明

《金石例序》（56／254）稱：「公之子敏中爲理官，嘗屬郡士楊本端如輯其次第」。

根據這四篇序文所述，則潘詡的表字當爲「敏中」。

清代王昶《嘉慶直隸太倉州志》卷六《職官上》載「同知」，有潘詡，注

云：「濟南人。泰定間任。」〔註242〕出仕亦可補《全元文》小傳。

160. 崔存（58／153）

按：清代陸心源《宋詩紀事補遺》卷七十九載：「崔存，嵊縣人。宋末元初與

張爌、朱鼎元賦詩爲樂，絕意仕進。」〔註243〕並錄其詩一首。張爌傳見明代

徐象梅《兩浙名賢錄》卷四十四《高隱》、朱鼎元亦見《宋詩紀事補遺》卷七

十九。而《全元文》所收崔存《重修二戴書院記》作於元至正五年（1345），

則崔存頗爲長壽。

161. 劉仲愚（58／153）

按：明代徐象梅《兩浙名賢錄》卷二《儒碩》有「木石先生劉仲愚希賢」，傳

云〔註245〕：

劉希賢，字仲愚。鄞人。少嗜學，長從鄉先生薛觀學《春秋》。

博習強記，爲文敏疾。舉進士第，授太平路天門書院山長，講論經

傳，得其旨歸。後改會稽教諭，見雅樂敝弛，喟然歎曰：「聖人制樂

〔註242〕 （清）王昶《嘉慶直隸太倉州志》，《續修四庫全書》697 冊，上海古籍出版
社 1996 年版，第 95 頁。

〔註243〕 （清）陸心源《宋詩紀事補遺》（第 3 冊），山西古籍出版社 1997 年版，第
1863 頁。

〔註245〕 （明）徐象梅《兩浙名賢錄》，《北京圖書館珍本古籍彙刊》第 17 冊，書目文
獻出版社 1988 年版，第 67～68 頁。

所以格神人、和上下、定民志，詎可缺哉。」乃捐俸，率諸生命工修飭，秩滿升江浙儒學副提舉致仕。所著有《春秋比事》、《鲆窩類稿》。自號曰木石子，人因稱爲木石先生。

《全元文》據《敬止錄》錄文。《敬止錄》40 卷，明代鄞縣高宇泰所編，「實質是部私纂鄞縣方志」〔註245〕。而《兩浙名賢錄》載劉仲愚爲鄞人。二書所載當爲一人。

162. 王弼（58／192）

按：明代王守誠《嵩志・人物志》〔註246〕有王弼傳，稱：

> 高都保人。中元至正間解元，高才能文，行誼爲鄉黨所重。時紅賊爲亂，元左丞張伯玉者奉命勦撫。至嵩，聞弼名，造問方略，弼語以「非據險屯戍，未可卒下也」。張用其策，果平紅賊。洪武元年始下河南，有詔舉岩穴隱逸懷才抱德之士。有司以弼聞。上賜弼進士及第，授修撰。一日高皇帝幸翰林，召弼草朝門對稱旨，即擢爲翰林學士。弼素性狷介，寡言笑，好直諫，上每包容之。一日言事過激，上怒，屬吏欲寘極刑，後止，謫戍陝西。逾年而賜環，卒於家。今高都北有墓。

《全元文》據清乾隆四十四年《河南府志》錄《張宣慰兵農記》。文中稱「近妖賊竊發……唐州張伯玉奮起隴畝，糾合義徒以佐丞相」，與《嵩志》所載相符，當爲同一人無疑。

163. 卓說（58／199）

按：清代王士禎《居易錄》卷三十一載：「客攜宋拓《定武蘭亭序》來觀，後有元人諸跋，眞古物也。輒具錄於左方。」〔註247〕有危素、卓說、鄭濤三人之跋。卓說跋尾稱「至正癸巳長至前五日梅仙山樵卓說」，則其別號爲「梅仙山樵」。

〔註245〕龔烈沸編著《寧波古今方志錄要》卷 2《鄞縣志》，寧波出版社 2001 年版，第 15 頁。

〔註246〕（明）王守誠《周南太史王公遺集》，《四庫未收書輯刊》5 輯 22 冊，北京出版社 2000 年版，第 482～483 頁。

〔註247〕（清）王士禎《居易錄》，《王士禎全集》第 6 冊，齊魯書社 2007 年版，第 4327 頁。

另明成化七年刊本《豫章羅先生文集》前有卓說所作序〔註 248〕（《全元文》失收，已輯校），文末題署云「正二十有七年龍集丁未正月庚辰朏福建等處儒學提舉卓說序」，則其曾任福建等處儒學提舉等職。

164. 蔡受益（58／205）

按：清代周鳳鳴編修光緒三十年《嶧縣志》卷十九《職官考列傳》有其傳，載：

> 蔡受益，初陝州人。爲人倜儻，重然諾，辯博有文。始由檢校吏部徽政院，積三考除會福院都事。初選入掾中書，再轉太醫院都事。泰定間出守嶧州，遂家於嶧。天曆間累遷兵部主事，度支監丞，河北江南行中書省參知政事、工部尚書，與翰林院待制彭寅亮、奎章閣學士虞集相友善。凡閱歷俱以幹集聞，朝廷材其爲，滋欲柄用，與同官議不合，白宰相，願退養親。想其人蓋非落落者。〔註 249〕

165. 元光祖（58／249）

按：《全元文》據清光緒十七年《廣西通志》錄文。今考金鉷《雍正廣西通志》卷五十二《官秩》〔註 250〕「宣慰同知副都元帥」一職中，有元光祖，注云「至正七年以中奉大夫任」；「桂州路總管」一職亦有元光祖，任職具體時間不詳。

明代陳洪謨《嘉靖常德府志》卷十六《人品志·科供》載至正七年丁亥科鄉舉有元光祖，注云「茶陵州同知、廣西兩江道帥。見政行。桃源。」〔註 251〕然卷十五《人品志·政行》並無其傳。據此，則元光祖爲湖南桃源人。《光緒湖南通志》卷一百六十四《人物志五》載：「元光祖，桃源人。鄉舉，授茶陵州同知，累遷廣西副元帥。所在多佳政。」

166. 鄭淵（58／255）

按：《全元文》小傳云：「鄭淵，浦江人。至正時在世」。鄭淵曾師事宋濂。卒後，宋濂爲撰《鄭仲涵墓誌銘》（《鑾坡後集》卷九〔註 252〕），稱「義則師友，

〔註 248〕 《宋集珍本叢刊》第 32 冊，線裝書局 2004 年版，第 371～372 頁。

〔註 249〕 趙亞偉主編《嶧縣志（點注本）》（上冊），線裝書局 2007 年版，第 304 頁。

〔註 250〕 （清）金鉷《雍正廣西通志》，景印文淵閣四庫全書第 566 冊，臺灣商務印書館 1986 年版，第 506 頁。

〔註 251〕 （明）陳洪謨《嘉靖常德府志》，天一閣藏明代方志選刊，上海書店 1964 年版。

〔註 252〕 （明）宋濂著，羅月霞主編《宋濂全集》，浙江古籍出版社 1999 年版，第 748～751 頁。

情如父子」。其生卒年，宋濂曰「生於元泰定丙寅九月十三日，卒於今洪武癸丑正月十一日，壽四十八」，則其存世時間爲泰定三年（1326）〔註253〕至洪武六年（1373）。其後焦竑《國朝獻徵錄》卷一百一十二《孝子》、徐象賢《兩浙名賢錄》、張萱《西園聞見錄》卷 1《孝順前》〔註254〕、鄧元錫《皇明書》卷 40、清代張岱《石匱書》卷二百○三、查繼佐《罪惟錄》卷二十二等書均據宋濂之文以立其傳。宋濂文長不錄，茲錄《罪惟錄》傳文：

> 鄭淵，字仲涵，浙江浦江人。師宋潛溪，潛溪稱淵頗聞道。侍母病疽，跪而進藥，膝爲生胝。母復病渴，以不得西瓜死，遂終身不食瓜。頗走人患難。元季薦爲書院山長，不就。國初求賢，有司敦請，以瞶辭。〔註255〕

其著作，宋濂《鄭仲涵墓誌銘》載「所著書有《遂初齋稿》十卷、《續文類》五十卷藏於家」。黃虞稷《千頃堂書目》據此，於卷十七著錄「鄭淵《遂初齋稿》10 卷」，注云：「浦江義門鄭氏，有孝行，宋濂諡之貞孝處士。」於卷三十一著錄「鄭淵《續文類》50 卷」，注云：「一作七十卷。字仲涵，浦江義門處士。宋濂諡之曰貞孝。」〔註256〕

167. 余元老（58╱283）

按：《全元文》據清光緒二十五年《上虞縣志》錄余元老文一篇，編者自擬文題《至正丁亥作亭記》。今檢《雍正浙江通志》卷二百五十七《碑碣》〔註257〕載「《金罍井碑記》」，注出《萬曆上虞縣志》，作者爲「元余元老」。《至正丁亥作亭記》文中稱「晉太康中，得金罍，上之於朝」等語，似爲同一文，則文題當作《金罍井碑記》。文中有云「僕居是邦，實諗初末」，則余元老似爲上虞人。

〔註253〕 按：鄭淵《亡室周氏墓銘》（《全元文》未收，亦輯補）載其夫人「生於元泰定甲子九月二十日」，並言「其生與吾同月而長二歲」，泰定甲子爲泰定元年（1324），則其生年爲泰定丙寅（1326）九月，可作佐證。

〔註254〕 （明）張萱《西園聞見錄》，中國文獻珍本叢書，全國圖書館文獻縮微復刊中心 1989 年版，第 17 頁。

〔註255〕 （清）查繼佐《罪惟錄》（第 4 冊），浙江古籍出版社 1986 年版，第 2456 頁。（按：此傳中「母復病渴，以不得西瓜死，遂終身不食瓜」與宋濂《墓誌銘》記載不同。宋濂載：「夫人病革，思食西域瓜，既食而卒。仲涵見瓜，終身弗忍食。」）

〔註256〕 （清）黃虞稷撰，瞿鳳起、潘景鄭整理《千頃堂書目》，上海古籍出版社 2001 年版，第 462、757 頁。

〔註257〕 （清）嵇曾筠等修、沈翼機等纂《雍正浙江通志》，景印文淵閣四庫全書第 525 冊，臺灣商務印書館 1986 年版，第 816 頁。

168. 曹師孔（58／281）

按：明代廖道南《楚紀》卷二十三《昭文外紀前篇》有其小傳，附載於尹謙孫傳中，稱〔註258〕：「曹師孔，茶陵人。元天曆己巳，同州人尹謙孫、尹貫通、劉簡試《靈臺賦》」，則曹師孔為湖南茶陵人。

169. 劉簡（58／306）

按：《全元文》據乾隆二十六年《衡陽縣志》錄《衡陽縣學記》一文。今考明代李安仁、王大韶《石鼓書院志》下部《詞翰志》載有劉簡《復田記》一文，文題後注云「古雲劉簡。元人」。文末題署「至正八年正月上日，徵仕郎衡州路酃縣尹兼勸農事前進士古雲劉簡記。〔註259〕」則其曾舉進士，任徵仕郎衡州路酃縣尹兼勸農事之職。

170. 沈文衡（58／311）

按：《全元文》據明崇禎十三年《義烏縣志》錄《學官題名記》。《雍正浙江通志》卷二百五十八《碑碣》載「《學官題名記》。（《萬曆義烏縣志》。至正十一年十月教諭沈文衡記。）」所載為同一人。同書卷二百四十一《經籍一》載「《詩經近旨》。（《歸安縣志》。沈文衡著，字公權）」、卷二百四十二《經籍二》載「《四書傳解》。（《歸安縣志》。沈文衡著）」。據此，則沈文衡的表字、著作可知。

171. 沈維時（58／324）

按：陳基《和靖先生年譜序》（50／326）載：「先生之道見於門人祁君寬所記《語錄》若干卷，前山長沈維時既已刻之書院矣。」未審和靖書院山長是否即此人。

172. 潘從善（58／385）

按：《全元文》小傳、蕭啟慶先生《元代進士輯考》〔註260〕均載其為至正十一年進士。而明代凌迪知《萬姓統譜》卷二十五載：「潘從善，字擇可，蘭陵人。元至正九年文允中榜進士」〔註261〕，不知何據。

〔註258〕（明）廖道南《楚紀》，《北京圖書館古籍珍本叢刊》第 7 冊，書目文獻出版社 1990 年版，第 360 頁。

〔註259〕（明）李安仁、王大韶《石鼓書院志》，嶽麓書社 2009 年版，第 120～122 頁。

〔註260〕蕭啟慶《元代進士輯考》，臺灣中央研究院歷史語言研究所 2012 年版，第 121 頁。

〔註261〕（明）凌迪知《萬姓統譜》，景印文淵閣四庫全書第 956 冊，臺灣商務印書館 1986 年版，第 425 頁。

173. 顧彧（58／391）

按：明代孫承澤《春明夢餘錄》卷三十四載：「（洪武）十五年十一月，以上海訓導顧彧爲戶部侍郎。」〔註262〕談遷《國榷》卷載：洪武十五年十一月丁巳，「上海訓導顧彧爲戶部左侍郎」〔註263〕，丁巳乃日。

174. 蘇夢淵（58／393）

按：清代陸時化《吳越所見書畫錄》卷一有《宋蘇文忠樂地帖卷》，備錄諸家題跋。其中有蘇夢淵跋，文末云「十一世孫蘇夢淵拜題」〔註264〕，則其爲蘇軾十一世孫。

175. 周潤祖（58／401）

按：錢大昕《元史藝文志》載：「周潤祖《紫岩稿》。臨海人。」

176. 范祖幹（58／478）

按：明代徐象梅《兩浙名賢錄》卷四〔註265〕、過庭訓《本朝人物分省錄》卷五十二〔註266〕有其小傳，傳末云：「幹篤孝，郡守王宗顯立純孝坊以表之，學者稱之純孝先生。所著有《群經指要》、《讀詩記》、《大學中庸發微》、《柏軒集》若干卷，藏於家。」可補《全元文》小傳。

177. 劉景文（58／498）

按：《全元文》據《古今圖書集成》錄《序王充耘書義主意》文。王充耘《書義主意》今收入《四庫未收書輯刊》，該本劉《序》文末有「建安書林劉錦文叔簡謹識」一句〔註267〕，則其人即元代著名刻書家。書坊名「日新堂」〔註268〕。

〔註262〕（明）孫承澤《春明夢餘錄》，景印文淵閣四庫全書第868冊，臺灣商務印書館1986年版，第454頁。

〔註263〕（明）談遷《國榷》（第1冊），古籍出版社1958年版，第630頁。

〔註264〕（清）陸時化《吳越所見書畫錄》，《續修四庫全書》1068冊，上海古籍出版社1996年版，第39頁。

〔註265〕（明）徐象梅《兩浙名賢錄》，北京圖書館珍本古籍彙刊第17冊，書目文獻出版社1988年版，第127頁。

〔註266〕（明）過庭訓《本朝人物分省錄》，《續修四庫全書》第534冊，上海古籍出版社1996年版，第437頁。

〔註267〕（元）王充耘《書義主意》，《四庫未收書輯刊》拾輯第1冊，北京出版社1997年版，第550～551頁。

〔註268〕葉德輝《書林清話》，復旦大學出版社2008年版，第92頁。

178. 傅德潤（58／506）

按：朱德潤有《送樞密院宣使傅德潤之京師序》（40／507），則傅德潤曾任樞密院宣使。

179. 辜中（58／507）

按：《四庫全書總目》卷六十史部存目二著錄《辜君政績書》，稱：「元陶凱撰。凱字中元，江都人。以至正七年丁亥鄉試榜授永豐教諭。適永豐令辜中受代去，縣之父老子弟願以中善政刻諸石。凱因序中政績，爲此書，以《贈言》、《學記》等篇附焉。〔註269〕」《辜君政績書》一書乃爲辜中而作。

180. 葛敏問（58／518）

按：明代凌迪知《萬姓統譜》卷一百一十七有其傳，稱：「葛敏問，滁城人。刻志典墳，善文辭。至正間，有司舉爲清流縣學訓導。克以師道自任，學者尊之。〔註270〕」

181. 伯篤魯丁（58／522）

按：此人已見48／5，此冊重收。「字志道」，「志」當作「至」。

182. 許道傳（58／545）

按：江西樂平有一許道傳，陶宗儀《南村輟耕錄》卷二十八《非程文》載：「呂將（鉛山萬戶呂天澤）監門，進樂平之八子（許瑗、董彝、徐復、鄒成、操琬、汪絆、許道傳、戴用）」〔註271〕。曾著有《顯孝錄》。有李存於至正辛卯（至正十一年）八月朔日所作序（33／359）。未審是否爲同一人。

183. 戴懋和（58／547）

按：明代范淶修、章潢纂《萬曆新修南昌府志》卷十七《選舉》載至正四年甲申（1344）鄉試名單，有戴懋和，並注云「錄都事」〔註272〕。

184. 范鋆（58／549）

按：元代王元恭《至正四明續志》卷七載：「魚池臺伯貳拾肆口，元該貳伯餘

〔註269〕（清）永瑢《四庫全書總目》（上），中華書局1965年版，第538頁。
〔註270〕（明）代凌迪知《萬姓統譜》，景印文淵閣四庫全書第957冊，臺灣商務印書館1986年版，第613頁。
〔註271〕（元）陶宗儀《南村輟耕錄》，中華書局1959年版，第344頁。
〔註272〕（明）范淶修、章潢纂《萬曆新修南昌府志》，日本藏中國罕見地方志叢刊，書目文獻出版社1985年版，第331頁。

口，坐屬白洋湖、杜湖被鳴鶴場灶戶侵佔。大德八年，教諭范鋆等經理得實，復被佔據」〔註273〕。則其曾任四明教諭。

185. 王士綱（58／557）

按：王士綱爲元代著名藏書家。《全元文》小傳較略。《乾隆潞安府志》卷二十二《人物》有其傳，稱「王士綱，長子人。從學陝西侯伯政，博綜道奧，恬退不仕。築萃經樓，集書數千卷，日訓子弟於其中。元末兵亂，經籍散失，樓至明初猶存。〔註274〕」

薛愈編著《山西藏書家傳略》有其傳，云：「王士綱，字文振，元潞州長子縣人。自幼從學陝西侯伯政（字正甫），博綜道奧，恬退不仕。以六經教授鄉里，日訓子弟於其中，於書研精殫思，嘗次弟所得之卷帙，集書數千卷，作樓貯之，題名曰『萃經』。其友程文，字以文，安徽婺源人，爲之作《萃經樓記》。元末兵亂，經籍散佚，藏書樓至明初猶存。〔註275〕」

另《乾隆潞安府志》卷三十九《雜記》載：「元靖卒李能，俗傳里能以爲選里中之能者以承牒，即孟完是也，見《逸史》。今按，元靖廟之階有李能祠，創於元至正十五年，王士綱碑記云：『李能，故老相傳元靖時吏卒也，嘗持符追西山之虎。』能雖下吏，跡其行事蓋亦神明之徒歟。」〔註276〕據此，王士綱爲李能祠撰過碑記，存佚不可知。

186. 劉傑（58／567）

按：《全元文》據清光緒三十一年《臨桂縣志》錄文，以《廣西通志》校補。此文亦見收杜海軍輯校《桂林石刻總集輯校》，且文末多出「至正二十有三年夏四月，賜同進士出身承德郎僉嶺南廣西道肅政廉訪司事劉傑撰並書篆」一句〔註277〕。據此，則劉節曾出任承德郎僉嶺南廣西道肅政廉訪司事一職。

〔註273〕（元）王元恭修；王厚孫，徐亮纂《至正四明續志》，《宋元方志叢刊》第 7 冊，中華書局 1990 年版，第 6546 頁。

〔註274〕長治市地方志辦公室整理《潞安府志》（順治版·乾隆版），中華書局 2001 年版，第 957 頁。

〔註275〕薛愈編著《山西藏書家傳略》，山西古籍出版社 1996 年版，第 38 頁。

〔註276〕長治市地方志辦公室整理《潞安府志》（順治版·乾隆版），中華書局 2001 年版，第 1325 頁。

〔註277〕杜海軍輯校《桂林石刻總集輯校》（上），中華書局 2013 年版，第 414～415 頁。

187. 陶凱（58／587）

按：陶凱，一般作明人。其籍貫有多種說法。一說為「臨海人」。明代俞汝楫編《禮部志稿》卷五十一《列傳》中的《尚書陶凱傳》稱：「陶凱，字仲立，浙江臨海人。〔註278〕」《明史》卷一百三十六本傳稱「陶凱字中立，臨海人。……八年，起為國子祭酒。明年改晉王府坐相。〔註279〕」查繼佐《罪惟錄》卷8《啓運諸臣列傳中》本傳同。《全元文》小傳言其為「臨海人」，即據《明史》立論。俞汝楫為明代人，隔陶凱的生存時代較近，其說當可信。

一說為「天台人」。錢謙益《列朝詩集小傳》甲集載：「凱字中立，天台人。……八年，召為國子祭酒，復以參政致仕。自稱耐久道人，上曰：「何自賤也。尋竟坐罪。〔註280〕」朱彝尊《靜志居詩話》卷二同〔註281〕。另陶凱有《送楊公象賢歸澶淵序》一文（《全元文》失收），文末題署「瓊台山人陶凱」。瓊台山，在天台縣天台山西北。

一說為「江都人」。《四庫全書總目》卷六十史部存目二著錄《辜君政績書》，稱：「元陶凱撰。凱字中元，江都人。以至正七年丁亥鄉試榜授永豐教諭。適永豐令辜中受代去，縣之父老子弟願以中善政刻諸石。凱因序中政績，為此書，以《贈言》、《學記》等篇附焉。〔註282〕」《提要》所載陶凱字中遠，亦與其他記載有出入。

關於其生卒年，一般著作均言不詳。魏橋主編《浙江省人物志》書中，台州市人物有其傳，稱其卒年為1373年〔註283〕，即洪武六年。然前舉諸書均載洪武八年之事。卒於1373年之說不能成立。另《罪惟錄》本傳載：

> 八年，召為國子祭酒，請老，復以參政致仕。自稱耐久道人，上聞之，怒曰：「何自微也？」上又常夢龍凱門，益疑之。先是，凱密謂弟中吉曰：「汝可候我。明年二三月，數將至矣。」至期，上遣高麗，誤用符驗，坐知罪，並死。凱有牌可免一死，不以自表。上尋悔之。楚王求師不可得，憤投金水橋下。〔註284〕

〔註278〕 （明）俞汝楫《禮部志稿》，景印文淵閣四庫全書第597冊，臺灣商務印書館1986年版，第946頁。
〔註279〕 （清）張廷玉《明史》（13），中華書局1974年版，第3934頁。
〔註280〕 （清）錢謙益《列朝詩集小傳》，上海古籍出版社1983年版，第96頁。
〔註281〕 （清）朱彝尊《靜志居詩話》（上），人民文學出版社1990年版，第47頁。
〔註282〕 （清）永瑢《四庫全書總目》（上），中華書局1965年版，第538頁。
〔註283〕 魏橋主編《浙江省人物志》，浙江人民出版社2005年版，第1002頁。
〔註284〕 （清）查繼佐《罪惟錄》（第2冊），浙江古籍出版社1986年版，第1411頁。

而《明史》本傳載：

> 凱嘗自號耐久道人。帝聞而惡之。坐在禮部時，朝使往高麗，
> 主客曹誤用符驗，論死。

則陶凱之死乃因「主客曹誤用符驗」而受牽連。然二書的記載均較爲含糊。
其被禍經過及具體時間見載於《禮部志稿》：

> 會使高麗，主客誤用符驗，上坐與知罪。遂曰：「臣受知陛下官
> 高二品，壽至七旬，死復何憾。」雖向有金牌免死之旨，亦不自表
> 也。翼日，上傷悼之，贈太子少保，以旌其忠。洪武八年三月也。
> 葬長潭山下。

由此可見，陶凱的卒年爲洪武八年（1375），當無疑義。由其「壽至七旬」之
語推算，其生年似在元成宗大德六年（1306）左右。

生平著述，《全元文》小傳未言及。陶凱曾予修《元史》、《洪武正韻》等
書。

188. 李纘（58／616）

按：李纘，《全元文》據四庫本《玉山名勝集》錄其《分韻詩引》一文，文中
稱「弋陽山樵李纘」。《全元文》小傳只言「李纘，自號弋陽山樵。弋陽（今
江西弋陽）人」，當據此文而立論。今檢顧瑛《玉山名勝集》，多載諸人倡和
之作，李纘之詩均冠以「勾吳李纘子粲」〔註285〕，仿於「河南陸仁良貴」、「遂
昌鄭元祐明德」、「天台陳基敬初」之類。據此，則李纘字子粲，勾吳人，當
無疑義。

另明代李日華《六研齋筆記》卷三備載宋拓本《蘭亭》諸跋，即有李纘
之跋，《全元文》失收。文末題「弋陽樗散者李纘識」〔註286〕。則「弋陽樗散
者」似爲其別號。

189. 呂宗傑（58／616）

按：《全元文》小傳稱呂宗傑「輯成《書經》五卷」。此書名當作《書經補遺》。

190. 孫元蒙（58／623）

按：明代黃潤玉《成化寧波府簡要志》卷四《人物》鄉彥類有其傳，稱：「孫元
蒙，字正甫。鄞人。少孤，肆志力學，貧僦屋而居。餘姚倅葉恆延而館之，定

〔註285〕　（元）顧瑛《玉山名勝集》（上），中華書局2008年版，第237、239、313頁。
〔註286〕　（明）李日華《六研齋筆記》，鳳凰出版社2010年版，第62頁。

鄉飲酒禮行於州。嘗曰：『學在己，爵祿繫之天。』故才不及施而卒。〔註287〕」
孫元蒙傳前即為葉恆傳。葉恆文見《全元文》第 55 冊 12 頁。

　　清代全祖望《杜洲六先生書院記》云：「慈谿縣鳴鶴鄉者，杜洲童先生居
易家焉。慈湖世嫡弟子，石坡而外，即推童氏，累代不替，諸家學錄中所未
有也。書院則先生之孫副尉金始肇造之，而得朝命於其子桂。嘉興顧嵩之、
吾鄞孫元蒙俱來為山長。〔註288〕」

　　清代錢大昕《元史藝文志》卷四著錄孫元蒙《映雪齋稿》，注云：「字正
甫，鄞人。忠清書院山長。」

191. 儲惟賢（58／624）

按：此人於 59／614 重出。據宜興市政協文史資料委員會編《宜興人物志》
第 58 頁載：

> 　　儲惟賢，字希聖，能謙子，元至正元年（1341）舉人，七年再
> 舉解元，工詩文，博學多才，亦善詞，淡於名利。曾任浙江湖州路
> 安定書院山長，後又授鈞臺書院山長，未赴任。著有　《綠椰詞》。

　　另儲能謙（1271～1344），字有大，元宜興人，以能文馳名於時，事親甚
孝，其宅題名「樗巢」。有四子，授以經術，皆成才。其著作有《樗巢集》1
卷、《學步邯鄲集》15 卷。詳見宋濂《元故樗巢處士儲君墓銘》〔註289〕。

192. 傅箕（58／630）

按：明代范淶修、章潢纂《萬曆新修南昌府志》卷十五《名宦》載：「傅箕，
字拱辰，進賢人。至正戊子進士。授延平路錄事，再授進賢縣尹。為政有聲，
人皆思慕。」〔註290〕卷十七《科舉》亦載「傅箕，登王宗哲榜進士。進賢人。」

　　同書卷十八《人物》載包希魯傳，云：「字魯伯，進賢人。穎異絕倫，嘗
授古文尚書於吳文正公之門。其該博，於書無不讀，操履皆可為後進法，教
人先德行而後文藝。士習為之一新。門人傅箕輩私諡為忠文先生」，則其為包
希魯門人。

〔註287〕（明）黃潤玉《（成化）寧波府簡要志》，《四庫全書存目叢書》史部第 174
　　　　冊，齊魯書社 1996 年版，第 756 頁。
〔註288〕（清）全祖望《全祖望集匯校集注》（中），上海古籍出版社 2000 年版，第
　　　　1048 頁。
〔註289〕（明）宋濂著，羅月霞整理《宋濂全集》，浙江古籍出版社 1999 年版，第 1529 頁。
〔註290〕（明）范淶修、章潢纂《萬曆新修南昌府志》，日本藏中國罕見地方志叢刊，
　　　　書目文獻出版社 1985 年版，第 297 頁。

193. 張性（58／631）

按：吳會（1316～1388）（見《全元文》57／11）有有《挽張伯成詩》，云：「何處重逢說別時，斯文千載盡交期。學憐知己先登早，生愧同庚後死遲。箋疏空令傳杜律，誌銘誰與繼唐碑。寡妻弱子將焉託，節傳遺文只益悲」。（《杜律注》作者爲張性，俗稱爲虞集著。《徐氏筆精》卷 3、王士禎《池北偶談》卷 14 對此有辨證，均援引此詩以立論）據此，則張性與吳會同庚，生年爲延祐三年（1316）。

194. 吳鑒（58／638）

按：明代黃仲昭《八閩通志》卷六十二《人物》文苑類中有傳，云：「吳鑒，三山人。工文詞，簡潔清新，爲一時推重。其集多散逸，殘編斷簡，士大夫家往往猶有存者。〔註291〕」袁桷《孝思亭記》（23／470）亦稱「三山吳明之」。泰定三年，吳鑒自四明返閩，並「示其所爲詩文若干卷」於袁桷。袁桷爲作《書吳明之文編後》（23／377），文中稱其「試進士不中」。

另楊載撰有《吳處士墓銘》（25／578）。吳處士乃吳鑒之祖父。

195. 杜翱（58／648）

按：清代成瓘《道光濟南府志》卷二十四《職官二》載杜翱，注「字雲翰。上都人。進士，至正八年縣尹。有傳，祀名宦〔註292〕」。卷三十四《宦跡二》其傳云：

> 杜翱，字雲翰。上都人。進士，至正十年爲長山縣尹。課農桑，恤孤獨，崇禮讓，絕苞苴，戒囂頑，息獄訟，一邑帖然。涖任初，縣飼官馬，徵芻豆於民，官爲給值。監縣輒以僞楮易官緡，訪獲之，械左右，不少貸。因學宮湫隘，拓其地以建大殿，及東西廚庫。又於各鄉建社學四十二區，以勸民學。至縣廨、三皇廟、社稷壇，日就圯毀，皆其鼎建。役甫畢，適奉檄徵民粟帛，乃聽其自輸。民皆樂就，當道嘉其能，舉爲一道最。提舉企徹撰《興學記》，學士張起岩爲著《去思文》。祀名宦。〔註293〕

〔註291〕（明）黃仲昭《八閩通志》（下），福建人民出版社 2006 年版，第 650 頁。
〔註292〕（清）王增芳、王鎭修，成瓘、冷烜纂《道光濟南府志》（1），《中國地方志集成》山東府縣志輯 1 ，鳳凰出版社 2004 年版，第 476 頁。
〔註293〕（清）王增芳、王鎭修，成瓘、冷烜纂《道光濟南府志》（2），《中國地方志集成》山東府縣志輯 1 ，鳳凰出版社 2004 年版，第 113 頁。

據此，則杜翱的表字、任長山縣尹時間均可補《全元文》小傳。另企徽所撰《杜侯興學記》見《全元文》58 冊 663 頁。

196. 曹師可（58／672）

按：清代孫星衍、邢澍編《寰宇訪碑錄》卷十二著錄其碑文兩通〔註 294〕：一為「《主簿孔公遺愛碑》，云「曹師可撰，賈彬正書。泰定四年十二月」；一為《重修郟縣公廨記》，云「曹師可撰。賈彬正書。至正十一年九月」。

197. 林希元（58／690）

按：清代鄭僑《康熙上虞縣志》卷十一《官師志二》有其傳，云：

> 林希元，號長林子。福建人，遊寓天台。登至正壬辰進士。由翰林出尹虞尹，廉幹有聲，歷官四年，終始如一。妻子恆有饑色，元處之泰然也。時白馬、西溪、兩湖民倚田侵佔，甚妨水利。元乃定墾田數，悉復為湖。自是歲旱，公私無損。著《西溪湖條議》並《賦》，以垂不朽。重建明倫堂，纂修邑志。嘗請建箕子廟於遼東，祀董仲舒於文廟，皆有功於名教。政績上聞，擢南臺御史，命甫下而卒。貧不能葬，義士趙汝能營棺，劉坦之捐山葬瑞璜之原。子清貧不能歸送，遂家於虞。所著有《長林文集》，不特事功卓異，更且文章名世。祀名宦。〔註 295〕

《全元文》小傳稱其為「天台人」。林希元與貢師泰、周伯琦過從甚密。貢師泰《玩齋集》有《送林希元應奉赴上虞縣尹》、《台州留別林希元》詩，周伯琦《近光集》亦有《送應奉林希元赴上虞令二首》詩。貢師泰《盧氏紀言序》（45／177）文中稱「新安程以文、天台林希元，又皆當世文章之士」。據《康熙上虞縣志》，則其本為福建人，遊寓天台。

另元代孔齊《至正直記》卷二《希元報應》載：

> 天台林希元，嘗館於其鄉張大本家，私通其女。遊宦於京師，又通館人之婦，就娶為妻。後為上虞縣尹，妻妾淫奔，希元防閑太甚，獨官三年，卒於縣。其妻通於希元姊之子徐生，復以女妻之。張大本者，乃攜女出更適人，一時狼籍，人人皆恥之。此報

〔註 294〕 （清）孫星衍、邢澍編《寰宇訪碑錄》，《續修四庫全書》第 904 冊，上海古籍出版社 1996 年版，第 587、602 頁。

〔註 295〕 （清）鄭僑等纂《康熙上虞縣志》，《中國方志叢書》華中地區第 545 號，臺灣成文出版社 1983 年版，第 642～644 頁。

應之速也。雖居官能廉，交友能信，且能文章，甚爲士大夫之所
惜耳。〔註296〕

孔齊稱林希元「居官能廉，交友能信，且能文章」，與《康熙上虞縣志》所載相符。惟任上虞縣尹時間，《靜齋至正直記》稱三年，《康熙上虞縣志》稱四年，當爲起算年份不同所至。林希元出任上虞縣尹的時間爲至正十二年（1352），其卒年當爲1355年。

198. 宋紹明（58／698）

按：宋褧（1294～1346）《宋氏七子名字序》（39／315）載：「至元丁丑春，齊人宋紹明子達由西南兩行臺御史召拜內臺監察御史」，據此，則宋紹明爲齊人，且至元丁丑年（順帝至元三年，1337）任內臺監察御史。而《全元文》所收宋紹明爲山東鄒平人，《元史》卷三十九載，順帝至元三年春正月「戊午，帝獵於柳林，凡三十五日。監察御史醜的、宋紹明進諫，帝嘉納之，賜金、幣」〔註297〕。就籍貫、官職而言，宋褧所載與《全元文》所錄當爲一人，則宋紹明表字爲子達。

199. 顧士安（58／743）

按：《全元文》小傳稱顧士安曾官承事郎、晉寧路垣曲縣尹。今考，顧士安任縣尹的時間爲至元二十一年（1284年）〔註298〕。

200. 魏俊民（59／14）

按：魏俊民乃元代至正十四年甲午科（1354）進士。蕭啓慶先生《元代進士輯考》載：「魏俊民，字彥莊，吳縣（今江蘇蘇州）人，任台州臨海縣丞。入明後，洪武五年（1372）任江浙考官。」〔註299〕

清代馮桂芬《同治蘇州府志》卷五十四《職官三》載其任蘇州儒學教諭〔註300〕，具體時間不詳。

〔註296〕（元）孔齊《至正直記》，中華書局1991年版，第39頁。
〔註297〕（明）宋濂《元史》（第3冊），中華書局1976年版，第838頁。
〔註298〕（清）胡聘之《山右石刻叢編》卷39，《續修四庫全書》第908冊，上海古籍出版社1996年版，第159頁。
〔註299〕蕭啓慶《元代進士輯考》，臺灣中央研究院歷史語言研究所2012年版，第348頁。
〔註300〕（清）李銘皖等修，馮桂芬等纂《同治蘇州府志》，《中國方志叢書》華中地方第5號，成文出版社1970年版，第1462頁。

201. 柴登（59／15）

按：《全元文》小傳稱「柴登，南和人」。今考清代孫星衍、邢澍編《寰宇訪碑錄》卷十二載：「《順德路南和縣重修東嶽廟碑》，郝俊撰，柴登八分書。至正十四年三月。〔註301〕」另清代孫岳頒《佩文齋書畫譜》卷四十二《書家傳》21 據翟濟遠《南和縣志》錄入柴登的傳記，云：「柴登，南和人。精眞草篆隸書。弗求仕進，鄉里稱爲隱者。」

202. 哈散沙（59／17）

按：《全元文》據明崇禎三年刻本《松江府志》錄《祭陸遜文》一文。此文亦見《正德松江府志》卷十五《壇廟》，卷二十三《宦跡上》有其傳，迻錄如下〔註302〕：

> 哈散沙，字允中，阿兒溫氏。至正十一年爲達魯花赤。時兵興，民苦徭役。沙抑强植弱以均之。文事武備，厥政克修。鈔法不行，民無糴。沙告僚吏曰：「吾爲民師帥，忍坐視老弱餒死溝壑乎？吾將以坐倉粟糴以賑民，秋獲糴以補之。吾責塞矣。」眾謹然曰：「唯相公命。」遂發粟米，及勸富民月糴官置半印簿帖書其口與糴數簿給糴家帖給糴者遂月對帖糴之卒無閒糴憂，所活甚眾。郡民孫明重建城隍廟成，肖沙像祠之。視事五年，廉愼如一，令行禁止。十五年夏，行丞相府，遣使致侯攝杭守。軍民耆壯數百人，遮使者馬，丐留。使者許之，還白其故，乃巳。考績爲浙西最，尋除平江路達魯花赤。張士誠入吳，城陷，赴水死。凡倒剌沙、阿魯溫沙咸都有聲績，世謂之三沙。

明代陶宗儀《南村輟耕錄》卷二十九載哈散沙「升松江府達魯花赤哈散沙爲平江達魯花赤」、「哈散沙在境外，聞城破，自溺死」等事〔註303〕，後見錄於明代焦竑《國朝獻徵錄》卷一百一十九《勝國群雄》、清代錢謙益《國初群雄事略》卷六《周張士誠》〔註304〕。哈散沙自溺死的時間爲至正十六年二月。

〔註301〕（清）孫星衍、邢澍編《寰宇訪碑錄》，《續修四庫全書》第904冊，上海古籍出版社1996年版，第603頁。

〔註302〕（明）陳威、顧清纂修《正德松江府志》，《四庫全書存目叢書》史部第181冊，齊魯書社1996年版，第718頁。

〔註303〕（明）陶宗儀《南村輟耕錄》，中華書局1959年版，第357～358頁。

〔註304〕（清）錢謙益《國初群雄事略》，中華書局1982年版，第145～146頁。

203. 周原誠（59／22）

按：《全元文》小傳稱「周原誠，石泉（今屬四川）人」。此說乃據明代程敏政之言而立論。四庫本程敏政《篁墩文集》卷四十八有《義官方君墓誌銘》，文中稱「方氏譜，鄉先生石泉周原誠所編也」。然該文首云：「君諱旻，字仲高，姓方氏。世居歙之靈山」。既然方旻為歙人，又稱「鄉先生石泉周原誠」，則周原誠當為歙人。

考明代汪舜民《弘治徽州府志》卷九《人物志》，隱逸類有其小傳。傳云：「周原誠，字彥明，歙在城人。號澹如居士，又號石泉。幼嗜學，及長專意訓迪後進。嘗作《春秋王正月辨》及先天圖、太極圖、河圖洛書論，年六十一卒。」〔註305〕據此，則石泉乃周原誠之別號，《全元文》誤以為其籍貫，失考。

《全元文》收周原誠撰《師山先生哀辭》（59／24），而師山先生鄭玉有《周榮之墓表》。其文曰：

> 泰定間，先大夫為祁門縣尉，閉戶不與人接。遇有疑獄，獨召縣史周榮之與語，至夜分不散。余嘗疑而問之，先大夫曰：「是人存心平恕，且熟於律不肯妄入人於罪，吾故諮焉。」及先大夫不祿，而榮之亦不復任州縣，謝絕人事，不相聞問者數年。已而聞郡中有佳士曰周原誠者，且篤於操行，莫知其誰何氏之子也。及其來見，則知為榮之之子。居無何，郡陷於賊。賊平，則榮之已死矣。原誠乃以銘誄請。周氏其先休寧人。榮之高祖諱尚文，始遷居郡城中，為歙縣人。〔註306〕

周榮之乃周原誠之父，鄭玉明言其為歙縣人。

另外，從現存周原誠的作品來考察。文有《全元文》所收《蜀源鮑孝婦傳》、《程氏妯娌節義傳》、《師山先生哀辭》，詩有程敏政《新安文獻志》卷五十一下《張孝子詩》、卷五十四《吳氏春雨亭》，均為表彰鄉賢而作。其為歙縣人無疑。

204. 蕭飛鳳（59／26）

按：明代何喬遠《名山藏》卷一《典謨記》載，至正二十七年八月，吳王「徵江西儒士顏六奇、蕭飛鳳、劉平等至建康，欲官之，俱以老病辭，各賜帛遣

〔註305〕 （明）汪舜民《弘治徽州府志》，《天一閣藏明代方志選刊》本，上海古籍書店 1982 年版。
〔註306〕 李修生主編《全元文》第 46 冊，鳳凰出版社 2004 年版，第 402 頁。

還」〔註307〕。清代談遷《國榷》卷2同〔註308〕。清代徐乾學《資治通鑑後編》卷184亦載此事，時間爲至正二十七年八月丁卯〔註309〕。《國榷》載八月乙巳朔，則丁卯爲二十三日。

明梁潛（1366～1418）《泊菴集》卷十一有《琴逸居士錢公墓誌銘》：「公諱濬，字好善。姓錢氏，系出錢塘某王之後，遷吉水者凡幾世。今所居之里，猶自謂錢塘者，識其所自出也。公自幼資性穎敏，日記數百言，輒通曉其大意。父漢濱先生遣入鄉校，從前進士蕭飛鳳、鄉先生王濟學爲科舉之文。既而選入郡庠，同邑顏六奇先生爲郡庠師，尤稱道之。」〔註310〕

205. 俞仲溫（59／40）

按：俞仲溫乃俞琰（1253～1314）之子。鄭元祐有《俞仲溫像贊》二首（38／714）。喜藏書，建有「讀易樓」。

206. 饒介（59／41）

按：清代錢熙彥編次《元詩選·補遺》，錄有饒介的詩作。目錄中注其集爲《華蓋山樵集》。小傳云：「介字介之，臨川人。遊建康，丁仲容壻蓄之。自翰林應奉出僉江淛廉訪司事。張氏入吳，杜門不出。世誠慕其名，自往造詣，承制以爲淮南行省參政。家採蓮涇上，日以觴詠爲事。吳亡，俘至京師，丁未卒於姑蘇。釋道衍曰：介之爲人倜儻豪放，一時俊流如陳庶子、姜羽儀、宋仲溫、高季迪、陳惟寅、惟允、楊孟載輩，皆與交，衍亦與焉。書似懷素，詩似太白，氣焰光芒，煜煜逼人。然其志大才疏，而無所成，真可惜也！介自號華蓋山樵、浮邱公童子，亦曰醉翁，亦曰芥叟。」〔註311〕據此，則饒介卒於1367年。

207. 黃鄰（59／44）

按：黃鄰，明人著作多有其傳。如施沛《南京都察院志》卷五《職官三》、徐象梅《兩浙名賢錄》卷二十八《吏治》、張元忭《萬曆紹興府志》卷四十一《人

〔註307〕（明）何喬遠《名山藏》（第1冊），江蘇廣陵古籍刻印社1993年版，第90頁。
〔註308〕（清）談遷《國榷》（第1冊），古籍出版社1958年版，第338頁。
〔註309〕（清）徐乾學《資治通鑑後編》，景印文淵閣四庫全書第345冊，臺灣商務印書館1986年版，第605頁。
〔註310〕（明）梁潛《泊菴集》，景印文淵閣四庫全書第1237冊，臺灣商務印書館1986年版，第372～373頁。
〔註311〕（清）錢熙彥編次《元詩選補遺》，中華書局2002年版，第626頁。

物志七》等。清代錢大昕《元史藝文志》卷二著錄「黃鄰《諸暨志》十二卷」〔註312〕。

208. 楊用可（59／48）

按：《全元文》小傳云「至正中象山縣尹」。今考《民國象山縣志》卷五《職官表》至正時期，象山縣尹有楊用可，注云：「十二年任。按：二十年之誤」〔註313〕。

209. 高遜志（59／95）

按：明代都穆《吳下冢墓遺文》卷三錄《大明故奉訓大夫知兗州事盧君墓誌銘》〔註314〕。目錄中文題下著錄「高士敏」，書中正文部分文題下稱「高遜志」。而《吳下冢墓遺文》所收諸文，如米元章、盧公武等，皆稱字，則士敏應為高遜志之表字。

210. 楊子春（59／105）

按：清代汪森編《粵西文載》卷六十七載：「楊舜民，字子春，蜀人。登元進士。任清湘縣丞。至正間，避兵靜江。嘗作《新城碑記》，豎逍遙樓上。」

211. 呂楨（59／118）

按：清代朱彝尊《靜志居詩話》卷五「虞堪」條云：「勝伯（即虞堪）避兵笠澤，吳興施紳為創義塾，延以為師。趙郡蘇大年、會稽姜漸為紀其事。又力購雍公遺文刊行，一時名士若遂昌鄭元祐、吳郡沈右、呂楨、王謙、周砥、鄒奕、豐城余詮、魏文彝、會稽韓友直、陶澤高平、范成、張緯、王廓、臨邛魏奎、河東王嘏、薊丘聶鏞、太梁申屠衡、蜀王立中、黃簪咸賦詩美之。」〔註315〕詩題為《虞君勝伯求先世遺書將錄諸梓作詩以美之》，呂楨詩云：「丞相遺書何處收，百年世事迴添愁。曩聞西蜀曾傳刻，今喜東吳得購求。文獻一朝徵舊典，精誠千古煥嘉猷。成都豈有桑田在，最愛仍孫學業優。吳郡呂楨」，見《式古堂書畫錄》卷二十一。

〔註312〕 （清）錢大昕《補元史藝文志》，《叢書集成初編》第 14 冊，第 24 頁。
〔註313〕 李沚修、陳漢章纂《象山縣志》（第 2 冊），《中國方志叢書》華中地方第 196 號，成文出版社 1974 年版，第 487 頁。
〔註314〕 （明）都穆《吳下冢墓遺文》，《四庫全書存目叢書》史部 278 冊，齊魯書社 1996 年版，第 19～20 頁。
〔註315〕 （清）朱彝尊《靜志居詩話》（上），人民文學出版社 1990 年版，第 116 頁。

212. 陳澥（59／120）

按：《全元文》據清嘉慶二十五年《湖南通志》錄其《飛鵝砦記》。此文亦載朱偓、陳昭謀修纂《嘉慶郴州總志》卷三十六《藝文志中》，《飛鵝砦記》題下著陳澥，注云「永興進士」〔註316〕。

213. 宋杞（59／121）

按：唐蕭（1331～1374）有《宋授之畫扇二首》詩，序云：「宋杞授之，錢唐人。予同舉進士也。國初以考禮召，偕留□南京。既而授官知全州，未及任，旅死於途。授之通《易》，於史學尤邃。平生介特寡合，又不娶，無嗣，可悲也。予方欲從其猶子考求家世之詳為小傳。而其同郡白以中出授之所畫便面，觀感之餘，因為二絕句，以寫予哀云。」〔註317〕宋杞生平由此可窺一斑。

214. 張天永（59／130）

按：明代張昶《吳中人物志》卷十有其小傳，云：「張天永，字長年。其先泰郵之兩伍人。父景星以儒薦，累官建康路教授。余忠愍公銘其墓。天永自淮奉母避兵於蘇之嘉定，績學砥行，文譽日隆。右轄張公薦授江浙行省都事。」〔註318〕余忠愍公，指余闕。此事鄭元祐《題兩伍阡表後》有記載，其文曰：「兩伍張氏家其孫天永挺身而來，避地常熟，叩門請見，以禮部員外郎余君廷心甫撰其〈兩伍阡表〉示」〔註319〕。

張天永的著作，除《全元文》小傳的《雪蓬行稿》、《溝亭集》外，尚有《兩伍張氏家乘》。《元史藝文志輯本》卷七作《兩伍張氏家乘》，因字形近而致誤。〔註320〕

215. 張舜諮（59／132）

按：《全元文》小傳稱「張舜諮，字師夔，號義上」。馬延岳、徐正編《中國書畫家名號》亦有其傳，與此略有不同。逐錄如下：

> 張舜諮（生卒未詳），元詩人、書畫家。字師夔，號櫟山，又號輒醉翁。杭州人。元文宗天曆二年（1329）前，於寧國路（路治宣城，

〔註316〕　（清）朱偓、陳昭謀修纂《嘉慶郴州總志》，嶽麓書社2010年版，第870頁。

〔註317〕　楊鐮主編《全元詩》第64冊，中華書局2013年版，第56～57頁。

〔註318〕　（明）張昶《吳中人物志》，臺灣學生書局1969年版，第392頁。

〔註319〕　李修生主編《全元文》第38冊，鳳凰出版社2004年版，第640頁。

〔註320〕　雒竹筠編著，李新乾編補《元史藝文志輯本》，北京燕山出版社1999年版，第138頁。

今安徽宣城）任儒學教授，元朝末年至福建，居住二十年之久。能於
前代諸名畫集其所長，自成一家。山水、樹木、竹石，皆有獨到之處。
又善詩文、書法，筆法頗似朱德潤。人稱之爲「三絕名世」。〔註321〕

216. 魏文彝（59／140）

按：《全元文》小傳稱「魏文彝，字秉中」。虞堪，字克用，一字勝伯，號
青城山樵。宋丞相雍公八世孫〔註322〕。所著有《希淡園詩集》、《鼓枻稿》
等書。《希淡園詩集》載有《寄魏秉中表兄》詩：「海上魏公子，風流憶漢
貂。別來良契闊，時節竟蕭條。歲暮滄江遠，天寒白鶴遙。艱難慎行處，
吾欲老漁樵。」《重寄》：「客厭吳江冷，誰歌蜀道難。風塵應阻絕，歸計且
盤桓。臘雪明殘夜，梅花耐薄寒。殷勤囑毛穎，聊以報平安。〔註323〕」則
魏文彝爲虞堪的中表兄。

217. 上官文本（59／141）

按：蘇天爵《滋溪文稿》有《元故奉訓大夫湖廣等處儒學提舉黃公墓誌銘》，
墓主乃黃清老。文載黃清老「至正八年八月庚寅，以疾卒官舍，享年五十有
九」，則其生卒年爲1289～1348年。文中稱：「女三，長適上官文本、次吳國
瑞、幼在室。」〔註324〕則其生活時代大體可知。

《弘治八閩通志》卷四十五學校 ，於「邵武縣學」中載：「至順元年，教
諭修德馨、訓導夏道子、學錄陳士元重修鄉賢祠及號房，又復侵田及增值學田。
黃清老爲記。至正七年邑人建寧學諭吳行可、二十四年邑民黃茂皆劃田以增學
計。縣尹陸文瑛、郡士上官文本有記。」〔註325〕則上官文本爲福建邵武人。

218. 陳嘉績（59／143）

按：《全元文》小傳云「陳嘉績（1315～？），會稽人」。今考虞集（1272～1348）
有《陳嘉績繹思字說》一文（26／422）。文中云「會稽陳君嘉績」來「請更
其字於集」，虞集爲其取字「繹思」。籍貫、時代均相符，當爲一人。

另黃溍《中憲大夫淮東道宣慰副使致仕王公墓誌銘》一文中稱「女三人，
適方泗、陳嘉績、虞尚忠」。墓主爲王艮，據黃溍文中「卒於至正八年正月癸

〔註321〕馬延岳、徐正編著《中國書畫家名號》，山東美術出版社1995年版，第122頁。
〔註322〕（清）朱彝尊《靜志居詩話》卷5，中華書局1990年版，第115頁。
〔註323〕楊鐮主編《全元詩》第60冊，中華書局2014年版，第339冊。
〔註324〕（元）蘇天爵《滋溪文稿》，中華書局1997年版，第209、211頁。
〔註325〕（明）黃仲昭《八閩通志》（下），福建人民出版社2006年版，第48頁。

亥」、「享年七十有一」〔註 326〕的記載，則王艮的生卒年爲 1278～1348 年。陳
嘉績亦有爲其婿的可能。

219. 章琬（59／152）

按：明代高儒《百川書志》卷二十別集類著錄《鐵崖先生復古詩集》六卷，
注云：「太史金華黃縉評，門生雲間章琬孟文注。凡一百四十一首。」〔註 327〕
《四庫全書總目》著錄《復古詩集》六卷，爲編修汪如藻家藏本。《提要》
稱：「元楊維楨撰。所載皆琴操宮詞冶春遊仙香奩等作，而古樂府亦雜廁其
間。乃其門人章琬所編」〔註 328〕。清代張金吾《愛日精廬藏書志》卷三十
四集部〔註 329〕、清代陸心源《皕宋樓藏書志》卷一百〇九集部〔註 330〕均
著錄。則章琬，字孟文，爲楊維楨門生。

220. 陳竑願（59／204）

按：清李清馥《閩中理學淵源考》卷三十九《建安雷氏家世學派》載，雷機
任延平總管府推官時，「見義學，延鄉貢進士陳竑願教之」〔註 331〕。據此，則
陳竑願亦爲鄉貢進士。

221. 戰惟善（59／161）

按：《全元文》言戰惟善爲杭州人。今考《萬曆紹興府志》卷二十九《職官志》，
言戰惟善曾任二戴書院山長一職〔註 332〕。

222. 王宥（59／204）

按：清代顧嗣立《元詩選》癸集收王宥詩二首，小傳云：「宥字敬助，山陰人。
嘗授經於慈谿黃彥實，與姑蘇高啓、同邑錢宰倡和。隱居不仕，自號臥龍山
民。」〔註 333〕

〔註 326〕李修生主編《全元文》第 30 冊，鳳凰出版社 2004 年版，第 379 頁。
〔註 327〕（明）高儒《百川書志》，古典文學出版社 1957 年版，第 304 頁。
〔註 328〕（清）永瑢等《四庫全書總目》，中華書局 1965 年版，第 1462 頁。
〔註 329〕（清）張金吾《愛日精廬藏書志》，中華書局 2012 年版，第 582 頁。
〔註 330〕（清）陸心源《皕宋樓藏書志》，《續修四庫全書》第 929 冊，上海古籍出版
　　　　社出版社 1996 年版，第 547 頁。
〔註 331〕（清）李清馥著，徐公喜、管正平、周明華點校《閩中理學淵源考》（下），
　　　　鳳凰出版社 2011 年版，第 508 頁。
〔註 332〕（明）蕭良幹修，（明）張元忭、孫鑛纂；李能成點校《萬曆紹興府志》，寧
　　　　波出版社 2012 年版，第 565 頁。
〔註 333〕（清）顧嗣立編《元詩選》（下），中華書局 1987 年版，第 1211 頁。

223. 顏六奇（59／187）

按：顏六奇，清代周樹槐纂修《吉水縣志》卷三十七《文苑》有其傳，歸爲明人。其傳曰：「六奇，字仲偉。以《書經》中式，歷任建昌、撫州、吉安三郡學職。洪武時爲廣東、江西鄉試考官，所取多佳士。嘗起至京，以疾辭歸。臨一谷，自爲記。古文出入司馬子長、韓、柳諸家，詩亦有氣格。學者稱顏谷先生。」《全元文》據清光緒四年《泰和縣志》言顏六奇「至正十六年舉人」，然考《吉水縣志》卷二十九《舉人》，顏六奇參加至正元年辛巳鄉試〔註334〕。

楊士奇與顏六奇之子顏皞（字子明，號松菴）交好。曾作《顏谷辭》（有序），茲錄於後：

> 予初入小學，聞先生長者說顏谷先生有道之士也。又五年，始能讀先生所爲文章，發揚道德之意。時先生已歿矣。今其子子明與余俱被召來京師，得過從相講說。因示先生所自作《顏谷記》。伏讀數過，蓋有以窺知先生之所存。竊憾生晚，不得撰杖履從後也。作《顏谷辭》以誌予意，辭曰：

> 山青青兮鬱盤，又英英兮白雲。藹嘉樹兮顏谷，流瀘水兮澄源。源左右兮上有原，田魚潛泳遊兮禾麻秀蕃。谷中之人兮連居接門，一姓盛大兮伯叔弟昆。不斷爲飾兮樸之惇，夕還誦弦兮晝行耰耘。嗟嗟夫子兮超哉拔倫，金玉爲質兮組繡文。握廉秉節兮服義仁，襌椒茝兮有馥其身。逍搖徜徉兮以秋以春，胡不永世兮溘飄塵。嗟嗟夫子兮身去名存，懷不可見兮空可聞。世紛紛兮華薄群，安得碩人兮永親，空望顏谷兮涕泗沾巾。

關於顏六奇的其他相關資料，可參看「59／26 蕭飛鳳」條。

224. 曹叡（59／204）

按：《全元文》小傳全襲《元人傳記資料索引》。曹叡與顧瑛等人過從甚密，多有唱和。著有《獨叟集》，今已佚。清代孫衣言《甌海軼聞》卷二十九《文苑》〔註335〕、清代孫詒讓《溫州經籍志》卷24二十四〔註336〕均有介紹。

〔註334〕（清）周樹槐纂修《吉水縣志》，《中國方志叢書》華中地方第767號，成文出版社1989年版，第1811、1229頁。

〔註335〕（清）孫衣言《甌海軼聞》（下），上海社會科學院出版社2005年版，第953～954頁。

〔註336〕（清）孫詒讓《溫州經籍志》（中），上海社會科學院出版社2005年版，第1028～1029頁。

225. 范可仁（59／234）

按：《全元文》小傳稱「范可仁，官宣慰使」。《正德雲南志》卷二十九《文章七》錄有范可仁《中慶路學田碑記》一文（《全元文》失收，已輯校），題後稱「范可仁，廉訪司僉事」，則其任過雲南廉訪司僉事一職。《中慶路學田碑記》作於「至元丁丑」（1337），其生活時代大體可見。

226. 吳德昭（59／245）

按：《全元文》小傳言「生平不詳」。今考《番易餞章序》，文中稱「僕，番易吳德昭也」。另吳澄有《題吳德昭世家譜》一文（14／501）。則其爲番易人無疑。《四庫全書總目》著錄元代艾元英撰《如宜方》二卷，稱「此本爲三山張士寧所刊。前有二序：一爲至正乙未林興祖作，一爲至治癸亥吳德昭作」。至治癸亥爲 1323 年。元徐瑞《松巢漫稿》卷三有《壬辰社日芳洲領客梁必大湯景文吳德昭吳仲退李思宣周南翁遊芝山寺登五峯亭瑞在其間羽士洪和叟方君用載酒來會以雲飛江外去花落入城來分韻賦詩瑞得江字》詩。

227. 俞皋（59／250）

按：《全元文》小傳言「婺源（今屬江西）人」。而《四庫全書總目》卷二十八《春秋集傳釋義大成》提要謂俞皋「新安人，泰定間從其鄉經師趙良鈞遊」。吳澄《春秋集傳釋義大成序》亦稱「新安俞皋」。明代凌迪知《萬姓統譜》卷十二亦稱俞皋爲「婺源人」。不過吳澄與俞皋時代最近，其說可靠，其里貫當以「新安」爲是。

228. 段承祚（59／252）

按：明代胡謐《成化山西通志》卷九有傳，云：「段承祚，稷山人。自幼業太學，謙和好禮，動止有則。任國子學正，尋以母老歸養，後徵不起。教授於鄉，有敦薄立懦之風。時人稱爲德門先生。」

另胡聘之在《山右石刻叢編》卷三九錄《廉將軍廟壁記》文後，尚有一段考證文字。文中云：「《縣志》：承祚，字希元。幼業太學，謙和好禮，動止有則。任國子監學正，以母老歸養，屢徵不起。人稱爲德門先生。〔註337〕」表字、別號可補《全元文》小傳。

〔註337〕 （清）胡聘之《山右石刻叢編》，《續修四庫全書》第 908 冊，上海古籍出版社 1996 年版，第 167 頁。

229. 杜寅（59／257）

按：《全元文》小傳言「生平不詳」。至正二十五年（1365 年）江浙地區鄉試試賦題爲《禹門賦》〔註338〕。《全元文》所收杜寅《禹門賦》，文首云「歲在旃蒙大荒落仲秋之夕」，「旃蒙大荒落」即乙巳，恰與至正二十五年干支相符。則杜寅爲江浙人。

考《明史》卷二百八十五《文苑一》有《杜寅傳》，傳云：「杜寅，字彥正，吳縣人。史成，官岐寧衛知事。洪武八年，番賊既降復叛，寅與經歷熊鼎俱被害。〔註339〕」當爲同一人。則其卒年爲 1375 年。

230. 趙純翁（59／262）

按：《全元文》小傳言「生平不詳」。今考康熙五年《安鄉縣志》卷十《考正》稱：「趙純翁，不知何許人，僅見所作《黃山賦》。或云趙子昂之子，未詳是否。」〔註340〕卷十一《藝文志》亦載有《黃山賦》。

231. 趙惟賢（59／264）

按：《全元文》小傳稱趙惟賢「著有《春秋集傳》、《刑統賦解》等」。今考雒竹筠《元史藝文志輯本》，「春秋類」據錢大昕《元史藝文志補編》著錄趙惟賢《春秋集傳》，並云「《經義考》載趙汸序」。趙汸自著《春秋集傳》十五卷，《元史藝文志補編》亦著錄，雒說有誤。「刑法類」亦據錢大昕《元史藝文志補編》著錄趙惟賢《刑統》〔註341〕，書名略有不同。

另輯本《洪武太原志》中有「趙惟賢」小傳，稱：

元趙惟賢，字如魯，本縣人，號秋江，博學能文，嘗爲平遙縣尹，有《秋江文集》、《刑統賦注解》傳於世。〔註342〕

《山西文獻總目提要》亦載《秋江文集》：

元趙維賢撰。維賢，崞縣（今原平）人。終太常禮儀院奉禮郎。是書光緒《山西通志》卷一五五著錄。約元末佚。〔註343〕

〔註338〕李新宇《元明辭賦專題研究》，中國社會科學出版社 2011 年版，第 60 頁。
〔註339〕（清）張廷玉《明史》第 24 冊，中華書局 1974 年版，第 7321 頁。
〔註340〕（清）王基鞏纂修《康熙安鄉縣志》，《日本藏中國罕見地方志叢刊》第 28 冊，書目文獻出版社 1990 年版，第 300 頁。
〔註341〕雒竹筠編著，李新乾編補《元史藝文志輯本》，北京燕山出版社 1999 年版，第 58、123 頁。
〔註342〕馬蓉、陳抗、鍾文、樂貴明、張忱石點校《永樂大典方志輯佚》（第 1 冊），中華書局 2004 年版，第 351 頁。
〔註343〕劉緯毅主編《山西文獻總目提要》，山西人民出版社 1998 年版，第 456 頁。

則趙惟賢的著述除《全元文》所錄外，尚有《秋江文集》。

232. 保巴（59／269）

按：保巴著有《周易原旨》、《易源奧義》，中華書局《易學典籍選刊》收錄此書。陳少彤先生於 2009 年點校出版。陳先生《前言》中對保巴生平著述的介紹，較《全元文》小傳爲詳。茲迻錄如下：

> 保巴（？～1331）字公孟，號普菴，蒙古族（一說色目人）。居於洛陽，籍貫未詳。約於元初任侍朗，繼任黃州路總管兼管內勸農事，又遷太中大夫。大德十一年（13o7）詔入東宮，甫正太子，敬敷《易》道，是爲皇太子愛育黎拔力八達（後立爲仁宗）師，終於尚書右丞。至大四年（1331）春，武宗崩，仁宗即位，罷尚書省，與丞相脫虎脫、三寶奴、平章樂寶、參政王羆同以「變亂舊章，流毒百姓」罪名被誅。〔註344〕

著作有《易源奧義》一卷，《繫辭》二卷，《周易原旨》六卷，統名《易體用》。《全元文》錄有任士林所作《易體用序》（18／359）。一說保巴另有《周易尚占》三卷，朱彝尊《經義考》卷四十五有著錄。不過，《四庫全書總目》在爲《易原奧義》、《周易原旨》撰寫提要時，對此提出了質疑：

> 朱彝尊《經義考》載：「《易原奧義》一卷，存。《周易原旨》六卷，存。《周易尚占》三卷，佚。」考陳繼儒匯《秘笈》中有《周易尚占》三卷，書名與卷數並符。書前又有大德丁未保八《序》，人名亦合。然《序》稱爲瑩蟾子李清庵撰，不云保八自作。〔註345〕

「保八」，《四庫薈要》本作「保巴」、文津閣四庫本作「寶巴」〔註346〕，當爲一人。《叢書集成初編》本、《四庫全書存目叢書》本《周易尚占》均題作者爲「（元）李之純」，即瑩蟾子李清庵。

233. 汪九成（59／273）

按：《全元文》小傳稱汪九成「著有《四書編》」，依據爲《內閣藏書目錄》卷二。今考《全元文》21 冊，有鄧文元《四書類編序》，稱「今汪君博採先儒之

〔註344〕（元）保巴著，陳少彤點校有《周易原旨・易源奧義》，中華書局 2009 年版，第 1 頁。

〔註345〕（清）永瑢等撰《四庫全書總目》卷四，中華書局 1965 年版，第 23 頁。

〔註346〕（清）朱彝尊撰，林慶彰、蔣秋華、楊晉龍等點校《經義考新校》第 2 冊，上海古籍出版社 2010 年版，第 818 頁。

所紀著，區分匯列，純而不雜，簡而不疏」，下文又提及「後士始爲類書，以便學者」〔註347〕，則《四書類編》當具有類書性質。朱彝尊《經義考》卷二百五十四亦著錄「汪氏九成《四書類編》二十四卷，未見」，並附鄧文原《序》。〔註348〕

234. 劉尚賓（59／285）

按：《全元文》據明弘治四年刻《休寧志》錄《贈朱允升還鄉序》，小傳言「生平不詳」。今考《續修四庫全書》第 1236 冊收有《劉尚賓文集‧劉尚賓文續集》，其中《文集》5 卷、《附錄》1 卷，《續集》1 卷。《贈朱允升還鄉序》一文見《文集》卷四，題爲《贈翰林學士朱允升還鄉序》〔註349〕。《劉尚賓文集》作者爲劉同。楊訥先生曾據《附錄》中洪武二十七年（1394）楊胤所撰《尚賓館副使劉公墓誌》，對劉夏生平有所考釋。楊先生指出：

> 劉夏，字迪簡，安成（元吉安路安福州，今江西安福）人，生於元仁宗延祐元年（1314），卒於明洪武三年（1370）。在元未仕，元末兵起後寓居龍興（今江西南昌）、瑞州（今江西高安），爲徐壽輝、陳友諒屬下幕府賓客，又從袁州（今江西宜春）歐普祥。歐普祥卒後，劉夏被朱元璋徵至金陵（今江蘇南京）。宋龍鳳十一年（1365）任尚賓館副使。洪武二年（1369）受命往河南、陝西訪求元順帝一朝事蹟，以補《元史》。次年奉使交趾，歸途病逝於南寧府境，享年五十七。〔註350〕

《尚賓館副使劉公墓誌》文中還提到了劉夏「號商卿」。《全元文》僅收劉夏文一篇，闕漏甚多，當據《劉尚賓文集》補入。另《全元文》收有劉楚《劉尚賓東溪詞稿後序》一文（57／433）。

235. 樂祀（59／292）

按：《全元文》據宛委別藏本《運使復齋郭公敏行錄》錄文，題爲《白鹿書院山長樂祀啓》，作者名及小傳當由此文題而立論。然而《續修四庫全書》收有

〔註347〕 李修生主編《全元文》第 21 冊，江蘇古籍出版社 2001 年版，第 42 頁。

〔註348〕 （清）朱彝尊撰，林慶彰、蔣秋華、楊晉龍等點校《經義考新校》第 9 冊，上海古籍出版社 2010 年版，第 4551 頁。

〔註349〕 （元）劉夏《劉尚賓文集》卷 4，《續修四庫全書》（集部）第 1236 冊，上海古籍出版社 2002 年版，第 87～88 頁。

〔註350〕 楊訥《徐壽輝、陳友諒等事蹟發覆：〈劉尚賓文集〉讀後》，《中華文史論叢》2008 年第 2 期，第 71～72 頁。

北京圖書館藏元至順刻本《運使復齋郭公敏行錄》，此文題作《白鹿書院山長樂杞啓》，文中「右杞啓」、「如杞者一生寒士」，「杞」皆作「杞」〔註351〕。

考邵亨貞《元故嘉議大夫邵武路總管兼管內勸農事汪公行狀》，文中提及「泰定元年，宰相奏公爲南康郡，大修白鹿洞書院……山長樂杞以聞……」〔註352〕，則作「樂祀」乃「樂杞」之誤。

另，張翥《蛻菴集》卷四有《臨川留別宜黃樂杞楚材》詩，云：「當年攜酒杏花村，同是江西榜上人。」若同爲一人的話，則樂杞字楚材，爲江西宜黃人。

236. 黃哲（59／308）

按：所選《麥斜岩記》文首稱「麥斜乃我朝世祖皇帝御書所封之樵谷山」，考清馮登府《閩中金石志》（民國希古樓刻本）卷十三載〔註353〕：「樵谷山，在仙遊麥斜岩。元世祖御書賜林璧。」則此文作於元代。

今考元末明初有一黃哲，字庸之，番禺人。傳見明代郭棐《粵大記》卷24《獻徵類》、清代仇巨川纂《羊城古鈔》卷六《人物》。〔註354〕不知是否爲一人，存疑。

237. 甘立（59／317）

按：黃溍《中大夫延平路總管韓公墓誌銘》（30／443）載：「公歿三十年，其家始奉孫壻江淛行中書省掾甘立之狀來謁銘」。韓公乃韓國賓，卒於至大 7 年冬 11 月。甘立乃其孫婿，並爲其撰行狀。

陶宗儀《書史會要》卷七載：「甘立，字允從，河西人。官至中書檢校，才具秀拔，亦善書札。」

清顧嗣立《元詩選二集》「己集」選其詩 23 首，小傳云〔註355〕：「立，字允從，陳留人。年少得時譽，公卿辟爲奎章閣照磨，至丞相掾卒。楊鐵厓謂：『允從平日學文自負，爲臺閣體。然理不勝才，惟詩善鍊飭，脫去凡。其《夜烏啼曲》可配古樂府』云。」

〔註351〕《續修四庫全書》（史部）第 550 冊，上海古籍出版社 1996 年版，第 711 頁。
〔註352〕李修生主編《全元文》第 60 冊，鳳凰出版社 2004 年版，第 500 頁。
〔註353〕（清）馮登府編《閩中金石志》第 6 冊，文物出版社 1982 年版。
〔註354〕（明）郭棐撰；黃國聲、鄧貴忠點校《粵大記》，中山大學出版社 1998 年版，第 712～713 頁。（清）仇巨川纂，陳憲猷校注《羊城古鈔》，廣東人民出版社 1993 年版，第 480～481 頁。
〔註355〕（清）顧嗣立編《元詩選二集》（下），中華書局 1987 年版，第 896 頁。

238. 左弘道（59／323）

按：《全元文》小傳稱「左弘道，佛教徒，約活動於嘉興一帶」。據康熙六十年刻本《嘉興府志》錄其《簡齋讀書記》一文。此文亦載嵇曾筠《雍正浙江通志》卷四十一，作者亦題左弘道。今考元末明初有詩僧弘道，今迻錄其傳記如下：

> 弘道，蘇之吳江人。幼讀書，日記數千言。見人誦《法華經》，歷耳便能成誦。宿根所種，慧解日生，遂捨俗出家。貝葉與蒲編並涉，目無不見之書。淹貫既極，鬱爲菁華，下筆作文，新警弘深。居然作者，詩尤清麗，無酸餡氣。洪武十年有詔箋注《楞伽》等經，道與其建。十五年主天竺□□，尋領郡都綱。明年，遷僧錄司左善世。所著《竺隱詩文》若干卷，行於時。（《兩浙名賢錄》外錄卷八《空空》）〔註356〕

> 弘道，字存翁，號竺隱，桐鄉密印寺僧。族姓沈，吳江人。洪武丙辰住持杭州上天竺，注釋《楞伽經》，後與楚石同被召入京，爲僧錄司左善世。辛未，告老，賜驛馳歸。明年秋，跏趺而逝，世壽七十八歲。藏於天竺雙檜峰雲隱塔。獨庵少師撰碑銘。（《列朝詩集小傳》閏集卷二〔註357〕）

> 弘道，號竺隱，吳江沈氏子。少穎悟，日記千言。出家青墩之密印寺，從魯山文法師遊。淹通教典，謁我菴和尚於天竺，深得教觀權實之旨。洪武初，築室澄源溪上，將終老焉。尋奉旨箋注《楞伽》諸經，頒行天下。御製《竺隱說》賜之。後與楚石琦同召入京，爲僧錄司左善世。孝慈皇后崩，岐陽王請作佛事於靈谷，感神燈數千，照耀林木。奉詔爲征南將士設廣薦，大駕親臨，有靈光四燭祥雲冠山之應。二十四年告老，居長於坐臥小室，修一行三昧。明年秋，跏趺而逝茶毘舍利無筭，塔於天竺雙檜峰。（《松陵文獻》卷十一《高僧》〔註358〕）

弘道洪武辛未（24年）告老，壬申（25年，1392年）圓寂，《列朝詩集小傳》、《松陵文獻》所載並同。然清代沈季友《檇李詩繫》卷三十一小傳稱其「永

〔註356〕（明）徐象梅《兩浙名賢錄》，北京圖書館珍本古籍彙刊第18冊，書目文獻出版社1987年版，第1783頁。

〔註357〕（清）錢謙益《列朝詩集小傳》，上海古籍出版社年版，第684頁。

〔註358〕（清）潘檉章《松陵文獻》，《四庫禁燬書叢刊》史部第7冊，北京出版社2005年版，第106頁。

樂間示寂，姚少師撰塔銘」，與此不同。《列朝詩集小傳》載其年壽 78 歲，則其生年為元仁宗延祐二年（1315）。其曾任杭州府僧綱司都綱，洪武十六年「遷僧錄司左善世」，朱元璋有《敕浙江杭州府僧綱司都綱》、《敕左善世弘道》、《竺隱說賜僧錄司左善世弘道》〔註359〕。左善世為職官名，創於明代，掌管全國佛教政令。《明史》卷七十四《職官志三》「僧錄司左右善世二人，正六品」。左弘道當為「左善世弘道」之誤。

239. 康存誠（59／332）

按：《全元文》小傳據《重修通濟橋略》言：「元統間在世，曾寓居定遠。」今考《海昌外志》卷四《建置志》，「公廨」部載：「儒學：故縣西。宋紹興五年，令刁罷改建縣東南隅。……元元貞二年，縣進為州，設教。大德七年，知州張矴，隘舊制，稍改作之。至正六年四月，知州何蒙重修，教授王景順作高明軒。十二年十月，教授朱鸞又修之，判官康存誠撰記。至元丙子冬，知州真定李懋重修。」「祠廟」部載：「廣福廟：縣西四十里。康存誠記。今廢。」〔註360〕則康存誠曾擔任海昌判官一職。

240. 史恆德（59／341）

按：《全元文》小傳言「生平行蹤曾至涿州」，立論當是據其所寫《涿州八景記》。今考《畿輔通志》卷三十四《選舉表二》載皇慶年進士三人：宋惟中、史恆德、郝畊。具體年份失載。史恆德下注「涿州人，太子太師」〔註361〕。

241. 郭正則（59／341）

按：《全元文》小傳言「郭正則，廬陵人，官彭澤縣教諭」。劉將孫《彭澤縣學三賢祠記》（20／238）中提及彭澤縣教諭郭正則，並指出「正則佳士，吾先君子須溪先生之門人」。須溪先生乃劉將孫之父劉辰翁，則郭正則為劉辰翁之門人。

〔註359〕（明）釋廣賓《上天竺講寺志》卷11，《中國佛寺史志彙刊》第1輯第26冊，明文書局1980年版，第286、287、299頁。（按：《四庫全書總目》卷76著錄《上天竺山志》十五卷，稱「明釋廣賓撰。天竺為東南巨剎，舊有李金庭志。廣賓以其附會舛訛，甚至偽撰明太祖《竺隱說》一篇以炫俗，乃刪補而成此書。」據此，則《竺隱說》為偽作。）

〔註360〕（明）談遷撰，《海寧珍稀史料文獻叢書》編委會整理《海昌外志》，方志出版社2009年版，第77、95頁。

〔註361〕（清）黃彭年等修《畿輔通志》第5冊，河北人民出版社1989年版，第121頁。

242. 蒙穀子（59／351）

按：《全元文》小傳言「生平不詳」。梁寅《石門集》中《題蒙穀子圖》云：「蒙古氏脫寅，字正己。自號蒙穀子，家於隨州。爲人豪邁，衣冠仍本俗。而所守方介，讀書談道，恬然自樂。至正初，與臨江杜本等四人皆以處士徵，脫寅授集賢殿待制。至燕京，以大臣之禮貌未盡，竟不就仕而歸。揭太史爲作蒙穀子傳。其門生陳士文爲江西史掾，以其圖求賦之。」〔註362〕其生平據此可知。

243. 勤淵（59／366）

按：《全元文》小傳言「生平不詳」。明代凌迪知撰《萬姓統譜》卷二十「勤」姓下只錄兩個宋代人，一爲「勤淵，瀏陽人端平進士」，一爲「勤玄，瀏陽人元祐進士」。清嵇璜《續通志》卷八十六《氏族略》載：「宋勤淵，端平進士」，與《萬姓統譜》同。而曾國荃《湖南通志》卷一百三十四《選舉志二》載：「勤淵，瀏陽人。入元薦辟。嘉熙二年戊戌周坦榜。」所載中舉時間略有不同。同書卷一百五十六《選舉志二十四》又載：「勤淵，瀏陽人。湘陰判官。」則勤淵曾任湘陰判官一職。

244. 葉致中（59／377）

按：《全元文》小傳言「生平不詳」。明沈壽民撰《閒道錄》二十卷，卷六《序》中錄此文。於作者名下注「字明」。〔註363〕

245. 朱子範（59／394）

按：《全元文》小傳言「生平不詳」。今考趙汸有《送朱子範赴來安縣主簿序》、《答朱子範》二文。《送朱子範赴來安縣主簿序》文中提到「吾邑朱君子範」，則朱子範當爲安徽休寧人。曾任滁州來安縣主薄。

246. 朱大同（59／396）

按：《全元文》小傳言「生平不詳」。朱同，朱升（46／467 收文 15 篇，不全〔註364〕）之子。字大同，紫陽山樵。詩人、畫家。姜亮夫《歷代人物年里碑傳綜表》、謝巍《中國畫學著作考錄》、張彬《中國古今書畫家年表》、汪世清

〔註362〕劉國盈編纂《梁寅詩話》，吳文治主編《明詩話全編》第 1 冊，江蘇古籍出版社 1997 年版，第 28 頁。

〔註363〕（明）沈壽民撰《閒道錄》，《四庫全書存目叢書》子部第 15 冊，齊魯書社 1995 年版，第 600 頁。

〔註364〕安徽古籍叢書有劉尚恒點校的《朱楓林集》（黃山書社，1992 年版），《全元文》收朱升之文，與此集相較，闕漏太多。

《藝苑疑年叢談》均言其生卒年爲 1336～1385 年。《藝苑疑年叢談》對其生平考辨頗爲翔實。姜亮夫曾撰有《朱大同疑年考》。〔註365〕

　　朱同撰有《覆瓿集》7 卷，見錄於四庫全書。一般著述均視其爲明人。

247. 朱伯顏（59／408）

按：《元人傳記資料索引》依據劉更《蒙古字韻序》稱：「朱宗文，一名伯顏，字彥章，信安人。著有《蒙古字韻》二卷。」〔註366〕則朱伯顏即爲朱宗文。但將《蒙古字韻》的著作權歸爲朱宗文，有誤。學界多有討論〔註367〕。

248. 艾幼玉（59／416）

按：《全元文》小傳言「大德、至大間在世」。劉詵《桂隱詩集》（四庫全書本）卷一有《送艾幼玉赴南安儒教》、卷三有《九日呈艾幼玉諸公》。危素爲劉詵所寫的墓誌銘（《劉桂翁先生墓誌銘》）（48／511）中亦稱「先輩趙文、彭元遜、晏宗鎬、梁傑、艾幼玉皆知名士」。則艾幼玉曾任過南安儒學教授。

249. 楊宗閔（59／534）

按：《全元文》小傳言「生平不詳」。今考《重修龜山族譜跋》文中，言：「宗閔之先，自文靖公至今，更歷九世。」另外，《乾隆將樂縣志》卷八亦收此文，文題下有「龜山九世孫楊宗閔撰」。〔註368〕

250. 崔榮（59／546）

按：張起岩有《崔榮墓碑》，乃佚文，已輯錄。文中記述崔榮生平較詳。其生卒年由「泰定改元夏五月十日卒牖下，享年六十九歲」的記載，可定爲 1255～1324 年。

251. 畢仲永（59／548）

按：《全元文》小傳僅言「休寧人」。明代曹嗣軒編撰《休寧名族志》載有畢

〔註365〕　姜亮夫《歷代人物年里碑傳綜表》，中華書局 1959 年版，第 401 頁。謝巍《中國畫學著作考錄》，上海書畫出版社 1998 年版，第 285 頁。張彬《中國古今書畫家年表》，文物出版社出版 2006 年版，第 266 頁。汪世清《藝苑疑年叢談》，紫禁城出版社 2002 年版，第 5～6 頁。

〔註366〕　王德毅、李榮村、潘柏澄《元人傳記資料索引》（第一冊），中華書局 1987 年版，第 319 頁。

〔註367〕　羅常培《蒙古字韻跋》、蔡美彪《關於蒙古字韻》。二文見王均主編《羅常培文集》（第 4 卷），山東教育出版社 2008 年版，第 346、347～348 頁。

〔註368〕　（清）徐觀海修纂《乾隆將樂縣志》，廈門大學出版社 2009 年版，第 318 頁。

家，但未及畢仲永其人。其《餞都提舉貫相公詩有序》中的「貫相公」乃貫雲石（1286～1324）之子貫阿思蘭海涯（字子素），至順二年（1331年）任蘭溪州達魯花赤，其後任寧國路榷茶提舉，《全元文》52／113 有汪克寬《送榷茶提舉貫公子素詩卷後》。

陳櫟（1252～1334）《畢仲永靜軒說》（18／166-167）中提及畢仲永的祖父梧山翁、父親觀竹翁、其兄畢仲毅。《答曹弘齋書》（18／31）中亦提及梧山翁、觀竹翁，且有曹弘齋為梧山翁作行狀、曹弘齋託陳櫟轉書信給方回的記載。文中並言及觀竹翁長子畢仲煒。陳櫟為休寧人，其《定宇集》中另有《挽畢觀竹三首》，第三首稱「域近從先正」，則觀竹翁亦未休寧人。方回（1227～1307）《桐江集》有《與畢觀竹》（7／24）、《與曹宏齋書》（7／21-22）。曹弘齋，即曹涇（1234～1315），字清父，休寧人。（見《全元文》9／154）方回為徽州歙縣人。就時間、籍貫、名字輩份而言，陳櫟所載畢仲永當與《全元文》所載當為一人。《畢仲永靜軒說》中畢仲永自稱「永壽」。

252. 周全慶（59／572）

按：《全元文》小傳言「生平不詳」。（清）曾國荃《（光緒）湖南通志》（清光緒十一年刻本）卷一百三十七《選舉志五》載：「，鄉舉第一。金華教諭。」卷二百五十三《藝文志九》著錄「《藤谷漫吟》，茶陵周全慶」。尋霖、龔篤清編著《湘人著述表》言：「周全慶，元茶陵人。《藤谷漫吟》。〔註369〕」

253. 黎叔顏（59／581）

按：《全元文》小傳言「曾參加湖廣鄉試」，其時間為泰定三年。〔註370〕羅鷺《〈元詩選〉與元詩文獻研究》稱「叔顏是顏叔之乙」〔註371〕，依據為《萬曆湖廣總志》卷 51。其傳曰〔註372〕：「黎顏叔，醴陵人，進士。任大冶縣令。博學多聞，尤邃《春秋》。湖南學者多遊其門。」

另（清）曾國荃《（光緒）湖南通志》（清光緒十一年刻本）卷一百六十四《人物志五》亦作黎顏叔，傳記與此大體相同，惟多「延祐五年進士」一句。

〔註369〕尋霖、龔篤清編著《湘人著述表》，嶽麓書社 2010 年版，第 718 頁。

〔註370〕陳高華《兩種〈三場文選〉中所見元代科舉人物名錄——兼說錢大昕〈元進士考〉》，《中國社會科學院歷史研究所學刊》第 1 輯，社會科學文獻出版社 2001 年版，第 354 頁。

〔註371〕羅鷺《〈元詩選〉與元詩文獻研究》，巴蜀書社 2010 年版，第 328 頁。

〔註372〕（明）徐學謨纂修《萬曆湖廣總志》，四庫全書存目叢書史部第 195 冊，齊魯書社 1996 年版，第 477 頁。

254. 張祖信（59／583）

按：（清）成瓘《（道光）濟南府志》（清道光二十年刻本）卷四十八：「張祖信，字士誠，章邱人。臺憲掾，累遷山東憲募長。毛貴入山東，被執，不屈抱節而死。」

另見明代陸鈙《（嘉靖）山東通志》（明嘉靖刻本）卷二十九、明代王圻《續文獻通考》（明萬曆三十年松江府刻本）卷六十五節義考。

《新元史》列傳第129《忠義三·張名德傳》〔註373〕：「未幾，劉福通果遣將毛貴引兵攻山東，連破膠萊、益都，名德力戰死。時膠萊守臣釋家訥、僉書樞密院脫歡，陵川縣尹張輔、臺掾張祖仁，皆死於毛貴之亂。」據此，則其曾任陵川縣臺掾。

255. 張矞（59／599）

按：《全元文》所選《潔軒銘》，亦見《嘉慶東昌府志》卷四十一《金石一》，文後引《天下名勝志》：「博平治內潔軒，唐縣令玉牒子駿建，有銘刻。厭次張矞撰，靈泉侯珪書」。則可知張矞為山東厭次人。

256. 張勵齊（59／600）

按：《全元文》小傳稱其「生平不詳」。檢孫星衍、邢澍撰《寰宇訪碑錄》卷十一、畢沅《山左金石志》均著錄張勵齊《寰宇訪碑錄》載：

> 《梓桐山書祥觀碑》。
>
> 張勵齊撰，苗元正書。至元八年十二月。
>
> 山東淄川。

因元代有兩個至元年號，至元八年或為1271年，或為1348年，今不可確知。其存世年代可藉以知曉。

《全元文》據清乾隆八年《淄川縣志》錄張勵齊《書祥觀記》，即記梓桐山之事。據此，《書祥觀記》當即《梓桐山書祥觀碑》。

257. 阮登炳（59／601）

按：《全元文》小傳僅稱其「官朝請郎、秘書監兼尚書左右司」，係據《全元文》所收其《周易參同契發揮序》文末題署而成。檢《乾隆寧德縣志》卷七《人物志·進士》，載：

> 阮登炳。咸淳元年乙丑科第一人。

〔註373〕柯紹忞《新元史》，吉林人民出版社1995年版，第3371頁。

號玉淵，大成裔孫。□正字。因言賈似道度田，謫雲臺觀，終官吏部侍郎。〔註374〕

《民國吳縣志》卷六十七《列傳五》亦有其傳，稱：

阮登炳，字顯之。其先由閩徙吳，遂爲長洲人。世習《禮記》，淳祐六年與計偕，咸淳初免，上南宮，以亮陰賜狀元，恩例授承事郎、紹興府簽判、福王府教導官，改承議郎、秘書省正字，以論公田抗旨迕眾，斥予宮觀，自號菊存居士。閱二載，起爲建寧府添差通判，入爲秘書省校書郎、秘書監丞權少監，升秘書監，官至朝請郎。元兵取臨安，隨例入燕，以疾還鄉里，年八十二卒。〔註375〕

其生平大略可知〔註376〕。

258. 謝瑛（59／611）

按：《全元文》小傳言「生平不詳」。王逢《梧溪集》卷四有《奉題宋謝後之祖太師觀文殿大學士益國公深甫封衛王追封魯王二誥後王之六世孫鐸字振文有詩名黃巖秀嶺巡檢其子瑛以茂才薦授安仁縣諭不就隱居海上》詩、卷五有《送謝瑛子溫扶父草池府君櫬還葬天台》詩。

259. 葉顒（60／246）

按：《全元文》定葉顒生卒年爲 1300～1375 以後，乃是沿襲楊鐮《元詩史》的結論。王樹林《元末詩人葉顒考論》〔註377〕、余來明《〈中國文學家大辭典·遼金元卷〉元代文學家生卒年補正》〔註378〕均據明人彭紹《葉顒先塋碑》考訂葉顒卒於 1383 年，得年 84 歲。

〔註374〕（清）盧建其修：張君賓纂《乾隆寧德縣志》，《中國地方志集成》福建府縣志輯11，上海書店 2000 年，第 770 頁。

〔註375〕曹允源、李根源纂《民國吳縣志》，《中國地方志集成》江蘇府縣志輯12，江蘇古籍出版社 1991 年，第 126 頁。

〔註376〕按：百度百科有「阮登炳」條，載其生卒年爲 1219～1300 年，並載錄《懷李綱》、《觀潮有感》二詩，而《全宋詩》《全元詩》均未收錄阮登炳，可補其闕；另摘錄《阮氏族譜序》，《全宋文》《全元文》亦未收錄《周易參同契發揮序》題爲「阮登炳七十七歲書」，若據此生卒年推算，寫於元成宗元貞元年（1295）。

〔註377〕王樹林《元末詩人葉顒考論》，《中國文化研究》2009 年第 3 期，第 86 頁。

〔註378〕余來明《〈中國文學家大辭典·遼金元卷〉元代文學家生卒年補正》，《民族文學研究》，2011 年第 3 期，第 65～66 頁。

260. 王禮（60／523）

按：《四庫全書總目》卷一百六十八著錄《麟原文集》，提要〔註379〕曰：「禮工於文章，著述甚富，嘗選輯同時人詩爲《天地間集》」。

二、《全元文》失收作家小傳考補

1. 寍古

按：張志哲主編《中華佛教人物大辭典》載「元代僧人。俗姓錢，字太初，號竹深。江蘇華亭（今上海松江）人。壯年棄妻妾剃度爲僧‧嚴守戒德‧有詩名‧著右《白雲謠》。」〔註380〕其《趙臨褚書跋》（《全元文》失收，已輯錄）題署「九山人寍古」，則九山人似爲其別號。

2. 秦裕伯

按：明代過庭訓《本朝分省人物考》卷十有其傳，載：

> 秦裕伯，字景容，大名縣人。從父仕元都，就學胄監，登第，累官至福建行省郎中。會世亂，棄官寓揚州，復避地松江之上海以養母。母卒，舉喪如禮。時張士誠據蘇州，遣人招之，不納。吳元年，上命中書省檄下松江起之，裕伯對使者曰：「受元祿二十餘年，背之不忠也；母喪未終忘哀而出，不孝也。」乃上書中書省固辭。洪武元年，檄起之，稱疾不出。上乃手書諭之曰：「海濱之民好鬭，裕伯智謀之士而居此地，苟堅守不起，恐有後悔。」裕伯拜書，入朝辯博，善爲辭說，上命爲侍讀學士。上登鍾山，命裕伯與學士朱升、張以寧等扈從擁翠亭，給筆札，即景賦詩，甚見寵待。洪武二年，降侍制。尋出知隴州，卒於官。

其生平據此可知。

　　另明代顧清《正德松江府志》卷十七載「松江府學訓導王文澤墓在橫雲山，奉議大夫前行臺侍御史延平路總管兼管內勸農事秦裕伯銘」，則其又曾任奉議大夫、行臺侍御史、延平路總管兼管內勸農事等職。

〔註379〕（清）永瑢《四庫全書總目》，中華書局 1965 年版，第 1460 頁。
〔註380〕張志哲主編《中華佛教人物大辭典》，黃山書社 2006 年版，第 572 頁。

3. 王應午

按：王應午，浦江人，成淳六年進士〔註381〕。

4. 鄒次陳

按：清代謝旻《雍正江西通志》卷八十有其傳，載「鄒次陳，字周弼，一字悅道，宜黃人。宋末，中博學宏辭科，遠近學者多從遊。及卒，何太虛哀以詩云『門生定展王通學，舊友誰成郭泰碑。』所著有《遺安集》十八卷、《史鈔》十卷。」〔註382〕

清代黃虞稷《千頃堂書目》卷五著錄鄒次陳《史抄》十卷，注云「字周弼，宜黃人」；卷二十九著錄鄒次陳《遺安集》十八卷，注云「字用弼，宜黃人。宋末中博學宏詞科，入元不仕。」倪燦《宋史藝文志補》同。另錢大昕指出「黃、倪二家制舉類有陳悅道《書義斷法》六卷。按其書首帙自題鄒次陳悅道，鄒其姓，次陳其名，悅道則其字也」〔註383〕，則其尚有《書義斷法》。

5. 苟宗道

按：黃宗羲《宋元學案》卷九十有其傳，載「苟宗道，字正甫，保定人，郝伯常門人也。伯常使宋，先生弱冠從往爲書佐。及歸，竟以儒名。官至國子祭酒。」

6. 陸森

按：清代黃虞稷《千頃堂書目》卷十三著錄陸森《玉靈聚義》五卷，注云「吳人，陰陽學教諭」。

7. 熊太古

按：清代黃虞稷《千頃堂書目》卷十七著錄熊太古《爇餘集》、又《熙眞集》，注云「字隣初，豫章人，熊朋來子。中元至順三年鄉舉，南臺御史平章趙子敬辟爲廣東廉訪司書吏，轉湖廣省掾，授翰林編修國子助教、江南行省員外郎。元末隱稻山著書。洪武三年，徵校雅樂，告老，歸卒。」

〔註381〕李國玲編纂《宋人傳記資料索引補編》，四川大學出版社 1994 年版，第 140 頁。

〔註382〕（清）謝旻《雍正江西通志》，景印文淵閣四庫全書第 515 冊，臺灣商務印書館 1986 年版，第 761 頁。

〔註383〕（清）錢大昕《十駕齋養新錄》卷 14，上海書店出版社 2011 年版，第 293 頁。

8. 楊仲弘

按：黃溍《楊仲弘墓誌銘》（《全元文》30／285）載「後十有一年，乃與仲弘
同舉進士。又八年，而仲弘死矣」，又載「登延祐二年進士乙科」、「以至治三
年八月十五日卒，得年五十有三」。據此可知楊仲弘生於前至元八年（1271），
卒於至治三年（1323），中延祐二年（1315）進士。據《墓誌銘》所載，楊仲
弘曾「擢翰林國史院編修官，與修《武宗實錄》」、「調管領係官海船萬戶府照
磨，兼提控案牘」、「授承務郎、饒州路同知浮梁州事」。著有《楊仲弘詩集》
八卷，載於《四庫全書》。其詩集，有范梈致和元年（1328）所作序，梁寅有
《書楊仲弘詩序後》（《全元文》49／435）。另有詩學著作《詩法家述》一卷。

9. 鄭潛

按：明代汪舜民《弘治徽州府志》卷七有其傳，載「鄭潛，字彥昭，號棣菴，
歙長齡里人。宋教授顯文五世孫。曾祖天麟，武節郎。元至元十三年，大饑，
發廩粟，活數千人。父紹，字仲賢，以文學薦，授鄲山書院山長，歷江西湖東
道肅政廉訪司經歷，進征事郎，後以潛貴，贈禮部尚書，追封滎陽郡侯。潛有
學行，由內臺掾薦授太子正字、監察御史、福建行省員外郎、海北道廉訪副使、
泉州路總管。入國朝，以故官起除寶應縣主簿，升潞川同知。洪武十年致仕，
卒。所著有《白沙稿》、《樗菴集》。〔註384〕」

10. 成遵

按：明代凌迪知《萬姓統譜》卷五十三有傳，載「成遵，字誼叔。至正中武
昌路總管。時武昌為沔寇殘毀，民多死於兵，而大江上下皆劇盜阻絕。遵假
軍儲鈔萬錠，募勇敢士，具戈船，截兵境，且戰且行。糴粟於太平中興，民
賴以全活者眾。」

11. 孟昉

按：元代陶宗儀《書史會要》卷七載「孟昉，字天偉，大都人。官至江南行
臺監察御史，工書。」

12. 傅若川

按：傅若川，字次舟，傅若金之弟，著有《杜詩類編》三卷。

〔註384〕 （明）汪舜民《弘治徽州府志》，《天一閣藏明代方志選刊》，上海古籍書店
1962 年版。

13. 楊彝

按：明代高廷愉《嘉靖普安州志》卷八《人物志》有其傳，載「楊彝，字宗彝，號萬松，餘姚人。洪武中爲閩之子泰主簿，其子坐謫，攜家戍普安。宗彝棄官，伏闕獻詩自陳，詩曰：『臣本山中一布衣，三年從宦在京畿。功名有志嗟何晚，妻子無依望不歸。日照九重恩莫報，月明千里淚頻揮。丹心一點隨雲氣，長繞黃金闕下飛。』太祖覽之大悅，特升吏部考功司主事，還其從戍妻孥。後以引年去官，就養普安。所著有《萬松集》藏於家。〔註385〕」

清代黃虞稷《千頃堂書目》卷十七著錄楊彝《鳳臺》、《貴竹》、《東屯》、《南遊》諸稿，注云「字宗彝，餘姚人。洪武中以人才舉爲沔陽倉副使，遷都察院司獄，調長泰主簿，以獻詩擢吏部考功主事，謫居滇南。」

14. 錢用壬

按：明代俞汝楫《禮部志稿》卷五十一有其傳，載「錢用壬，直隸廣德州人。故元進士，爲翰林院編修。張士誠據吳，用爲淮南省參政。後來歸，授按察司副使，遷中書省參議，改御史臺經歷。洪武元年，升禮部尚書……本年十二月，乞休，賜居湖州。〔註386〕」黃紹文《嘉靖廣德州志》卷八《人物志》載錢用壬爲甲午科（1354年）狀元〔註387〕。

15. 謝肅

按：謝肅，貢師泰門人。清代黃虞稷《千頃堂書目》卷十七著錄謝肅《密庵集》十卷，注云「字原功，上虞人。舉明經，歷官福建按察僉事，與唐肅稱會稽二肅。」

16. 余詮

按：清代錢熙彥編次《元詩選補遺》有其傳，稱「詮字士平，豐城人。至正間，爲江浙儒學副提舉。洪武初，僑居崑山。年七十餘，與崇德鮑恂、高郵張長年，並以明經老儒，可備顧問。使馳召命爲文革殿大學士，輔導東宮，以老疾辭，翼日放歸。〔註388〕」另外，明代凌迪知《萬姓統譜》卷8載「洪武初，以耆儒徵入見，命爲文華殿學士，以老疾辭」。

〔註385〕 （明）高廷愉《嘉靖普安州志》，《天一閣藏明代方志選刊》，上海古籍書店1961年版。

〔註386〕 （明）俞汝楫《禮部志稿》，景印文淵閣四庫全書第597冊，臺灣商務印書館1986年版，第945～946頁。

〔註387〕 （明）黃紹文《嘉靖廣德州志》，明嘉靖十五年刊本。

〔註388〕 （清）錢熙彥編次《元詩選補遺》，中華書局2002年版，第631頁。

17. 葛化

按：元末明初人。明代蘇伯衡《蘇平仲集》（四部叢刊景明正統本）卷十四有《柳君妻潘氏壙誌銘》，載夫人潘氏益有女一人，適湘府伴讀葛誠夫〔註389〕。時代相近，未審爲一人否？俟考。

18. 張瑩

按：張瑩，字梅間。周霆震有《張梅間詩序》（《全元文》39／149），載「張君梅間出其（按：即劉桂隱先生）門，年甚少，已工吟詠，尤善行草書」。張瑩《石初集序》稱「石初周先生，余四十年前友也，長余十歲」，周霆震生於1292年，則張瑩生於1302年。

19. 汪澤民

按：汪澤民（1273～1355），字叔志，徽之婺源州人。宋濂有《元故嘉義大夫禮部尙書致仕贈資善大夫江淛等處行中書左丞上護軍追封譙國郡公諡文節汪先生神道碑銘》，記其生平頗詳。汪澤民延祐初以《春秋》中鄉貢，授寧國路儒學學正。五年登進士第。至正十五年，蘄黃賊陷徽州，遇害，年八十三，諡文節。《元史》卷一百八十五、柯劭忞《新元史》卷二百一十七有傳，然記載頗有謬誤〔註390〕。

20. 張師愚

按：張師愚，宣城人。《宛陵群英集》卷一載「師愚，字仲愚，一字仲淵，與弟師魯皆好學工詩。嘗從汪澤民遊，澤民稱平生畏友有二張云。〔註391〕」

21. 張師曾

按：錢大昕《元史藝文志》著錄張師曾《梅宛陵年譜》一卷，注云「宣城人，或云其兄師愚。」考張師曾《編宛陵先生年譜引》，當爲自著。此外，《歷代賦匯》載其《清廟瑟賦》。

〔註389〕 （明）蘇伯衡《蘇平仲集》，四部叢刊景明正統本。
〔註390〕 《元史》載汪澤民爲「宋端明殿學士藻之七世孫」、「遇害年七十」、「追封譙國郡公」，均誤，見錢大昕《廿二史考異》卷99。《新元史》載王澤民卒於至正十六年，亦誤。
〔註391〕 （元）汪澤民、張師愚《宛陵群英集》，景印文淵閣四庫全書第1366冊，臺灣商務印書館1986年版，第963頁。

22. 胡居敬

按：胡居敬，元末明初在世。宋禧《贈胡居敬序》（《全元文》51／487）載「而淮東胡君居敬，以宦門子弟，齒弱而氣壯，聰明強記，涉儒書，通醫道」，知其學問淵博。王褘《樗隱記》（《全元文》55／438）載「清江胡居敬先生，世家渝水之南天柱峰之下。先廬毀於兵燹者一紀矣，頃歲乃即其故阯作屋以居，而名之曰樗隱」，則樗隱爲其室名。

23. 張美和

按：《明史》卷一百三十七有傳，載「張美和，名九韶，以字行，清江人。能詞賦，元末累舉不仕。洪武三年，以薦爲縣學教諭，後遷國子助教，改翰林院編修。致仕歸，帝親爲文賜之。復與錢宰等並徵修書傳，既成遣還。」〔註392〕

24. 羅大己

按：江西廬陵人，元末明初在世。

25. 劉中孚

按：清代謝旻《雍正江西通志》卷七十六有其傳，載「劉中孚，字志行，吉水人。舉茂異，至正間任南雄推官。用刑平恕，囹圄常空。部校與富民徐氏有隙，誣以反逆，繫獄三十人。中孚錄囚得其情，平反之。湖寇圍城十餘日，散帑金，率子弟及部民守北門，寇不得逞。比再至，勢益張，長官欲降，中孚曰：『吾頭可斷，不可降也。』卒莫能強。後知英德州，以完城功擢肇慶總管，辭不就。〔註393〕」吳澄《故處士劉君墓誌銘》，處士劉君即劉中孚之父。文中稱「韶州路曲江縣主簿劉中孚」，則其曾任此職。

26. 吳復興

按：吳復興，字起季。汪澤民《宛陵群英集》卷四錄其《送賈憲使赴中書郎中》、卷九錄其《壽吳子彥》。同書卷六有王時中《送吳起季溫州學正》，則其任溫州學正。詩云「十載儒官冷，新除又遠州」，其仕途似不得意。楊翮《卞宜之四詠倡和序》（《全元文》60／442）稱「故凡吾鄣之士亦皆屬而和之，若劉有之之風騷、吳起季之典雅、王子山之清新、吳子彥之嚴潤、胡成之之奇葩、胡生之步驟」，可知其頗工詩。

〔註392〕（清）張廷玉《明史》第 13 冊，中華書局 1974 年版，第 3954 頁。

〔註393〕（清）謝旻《雍正江西通志》，景印文淵閣四庫全書第 515 冊，臺灣商務印書館 1986 年版，第 629 頁。

27. 歐陽應丙

按：明代劉松《隆慶臨江府志》卷十二載「歐陽應丙，字南陽，新喻人。以薦授翰林檢閱，轉天臨路經歷。有《雙石集》。〔註394〕」程鉅夫《廖隱君墓誌銘》（16／509）載「延祐二年二月，其子瓚來京師，介其里人歐陽應丙乞銘」。

28. 孔濤

按：孔濤，字世平，孔子五十二世孫。宋紹興初，自曲阜徙衢州。泰定元年進士，授平江路崑山州判官。歷任吳江州判官、桂陽州判官、潮州路總管府知事等職。至正三年卒，年五十七。著有《闕里譜系》一卷。傳見黃溍《承直郎潮州路總管府知事孔君墓誌銘》（《全元文》30／341）、柯劭忞《新元史》列傳第一百二十六。

29. 何淑

按：清代黃虞稷《千頃堂書目》卷一著錄何淑《詩義權輿》，卷十七著錄何淑《蠛蟲集》八卷，注云「字伯善，樂安人。元至正辛卯進士，授武岡丞。洪武四年，召爲太子賓客，辭不就。又召至京師，以老疾辭，自號蠛蟲。」

謝旻《雍正江西通志》卷八十一有其傳，載「何淑，字伯善，樂安人。至正進士，授武岡丞，蘄沔盜起，不果上。洪武辛亥，召爲太子賓客，辭不就。六月特召天下名士九人，淑居首，固以老疾辭。戊辰復遣幣徵，先一月卒。」據此，則其卒年在洪武戊辰（1388）。

30. 丁節

按：丁節，字子堅。元末明初人，曾任承事郎監察御史。《玉笥集序》乃爲鄧雅所作，鄧雅《玉笥集》中有《題丁子堅所藏張彥道畫唐官進馬圖》詩〔註395〕。

31. 徐顯

按：《元明歷史筆記論叢》稱其：「字克昭，江浙紹興（今屬浙江）人。他大略是至正朝的學者，長於史文，今存所撰《廣客談》和《稗史集傳》。」〔註396〕

〔註394〕（明）劉松《隆慶臨江府志》，明隆慶刻本。
〔註395〕楊鐮編《全元詩》第 54 冊，中華書局 2013 年版，第 255 頁。
〔註396〕姚繼榮《元明歷史筆記論叢》，民族出版社 2015 年版，第 127 頁。

32. 馬治

按：清代吳升《大觀錄》有其傳，載「公名治，字孝常，義興人。初爲僧，與周履道窮覽陽羨山水之勝，作《荊南倡和集》，鄭明德爲之序。洪武初，除知內丘縣，官至建昌知府。書牘特精，楷法筆帶正鋒，絕有古意。〔註397〕」

33. 揭祐民

按：揭祐民，乃揭傒斯之族叔。揭傒斯爲撰《盱里子傳》，今不傳。廣昌人，曾任邵武府經歷。元代蔣易《皇元風雅》卷10有其傳，載：

> 盱里子，姓揭氏，居盱水上，故號曰盱里子。性抗直，不蔽人之善。仕閩海間二十餘年，稱能官。延平太守桀驁自用，無敢當者。盱里子直氣待之，太守不能屈，乃更嚴憚敬禮之。北遊燕趙，東至遼，覽故都遺跡，必裴回悲歌而去。泛黃河，作《河上賦》。過海口，作《海口賦》。遇空同子，作《空同子傳》。騰擲宇宙，陵轢今古，顛倒萬類，出無入有，如驚龍飛鬼，不可羈而絏也。凡三至京師，京師之人多樂與遊。翰林學士承旨程巨夫曰：「盱里子不爲威詘，不爲利疚，或出或處，任物自然。其知道乎？」晚自病狷介，故又稱希韋子云。史氏曰：余讀姓氏書，楚蓋有司揭氏云。司揭氏，楚官也。楚靈王時，有司揭拘、司揭扶，盱里子豈其後耶？或曰盱里子漢安道侯之後，又曰漢陽信侯之後，然嶺海間多本安道，襄鄆間本司揭，汝潁間本陽信，江東西或本司揭，或安道，要不可詰也。唐昭宗時有曰鎮官至僕射，守袁州刺史，後十有二年唐亡，子孫因家焉。袁去盱爲近，抑其後耶？盱里子春秋高矣，仕常困窮，而充充然若無不足者，君子哉！〔註398〕

清代顧嗣立《元詩選》二集卷九亦有其小傳。傳中所言《河上賦》、《海口賦》、《空同子傳》，今皆不傳。錢大昕《元史藝文志》著錄揭祐民《盱里子集》。

34. 齊思恭

按：《同治榆次縣志》卷四《宦跡》載「齊思恭，大名人。元統之中，自國子助教來任榆次縣尹。〔註399〕」其兄爲齊履謙，《元史》列傳第五十九有傳。

〔註397〕 （清）吳升《大觀錄》，《中國歷代書畫藝術論著叢編》第30冊，中國大百科全書出版社1997年版，第454頁。

〔註398〕 （元）蔣易《皇元風雅》，元建陽張氏梅溪書院刻本。

〔註399〕 （清）俞世銓、陶良駿修，王平格、王序賓纂《同治榆次縣志》，清同治二年刊本。

35. 焦養直

按：《元史》卷一百六十四有傳，載「焦養直，字无咎，東昌堂邑人。夙以才器稱……至大元年授集賢大學士，謀議大政悉與焉。告老，歸而卒，贈資德大夫河南等處行中書省右丞，諡文靖。」錢大昕《元史藝文志》著錄其《彝齋存稿》。

36. 詹清子

按：詹清子《類證增注傷寒百問歌序》文末題署「武夷詹清子子敬」，子敬似爲其表字。宋濂《莆田四如先生黃公後集序》稱「門人武夷詹清子類次六經四書講義爲六卷刊之」，則詹清子爲黃仲元門人。

37. 羅天益

按：清代王宏翰《古今醫史》卷七載「羅天益，字謙甫，眞定人。東垣弟子，潛心苦學，眞積日久。居東垣門下十餘年，盡得其妙。著有《衛生寶寶鑒》二十四卷、《藥誤永鑒》、《藥類法象》，乃醫林之白眉也。〔註400〕」

38. 尚從善

按：清代瞿鏞《鐵琴銅劍樓藏書目錄》卷十四著錄尚從善《本草元命苞》，稱「從善，字仲良，自署銜名爲御診太醫宣受成全郎、上都惠民司提點。〔註401〕」元代醫家，歷二十餘年，編成《傷寒紀元妙用集》、《本草元命苞》。

39. 袁裒

按：黃虞稷《千頃堂書目》卷三著錄袁裒《書法集要》，注云「字德平，鄞縣人。宋太學生，入元不仕。」而黃宗羲《宋元學案》卷七十五載「袁裒，字德平，絜齋之曾孫，蒙齋之孫也。父徯，通判潭州。先生以安定書院山長授海鹽州儒學教授，未拜而卒。族子清容栯表其墓曰：『方至元十五、六年間，故家猶亡恙，時君年二十，栯年十四、五，私相議曰，宦族久當圮，宜蘄爲傳遠計。未幾，正獻宅火，留城南，遂各盡晝夜，潛源鉤思，探索幽隱，以黜陳辭爲己任、考閩、蜀、東浙、永嘉、湖南、江西之儒，先合其異同，不在士貴耳，雜書襲訛，輯言行者尊之，吾與子所當辨。更二十年，各宦遊四方，君以憂窘困躓，酒酣語豪，卒不少貶折，詩筆益溫雅簡潔。察其學，猶以昔所言自任。』」

〔註400〕 （清）王宏翰《古今醫史》，清鈔本。
〔註401〕 （清）瞿鏞《鐵琴銅劍樓藏書目錄》，上海古籍出版社2000年版，第371頁。

40. 孫道明

按：《廣川書畫跋》文末題署「華亭孫道明明叔謹識，年六十又九。時至正乙巳十一月廿三日書於泗北村居映雪齋」，至正乙巳爲 1365 年，是年孫道明 69 歲，則其生年爲大德元年（1297）。

41. 湯垕

按：湯垕，號採眞子，著有《畫鑒》一卷。

42. 陳才子

按：陳才子，茶陵人，元大德年間其後在世。

43. 陳翼子

按：陳翼子，茶陵人，陳才子之弟。錢大昕《元史藝文志》著錄陳翼子《唐史厄言》三十卷、《重修考古圖》十卷。

44. 忽思慧

按：忽思慧，亦作忽斯慧，畏兀兒族（一說爲蒙古族），元代營養學家。延祐年間（1314～1320 年）擔任宮廷飲膳太醫。著有《飲膳正要》。

45. 嚴度

按：嚴度，東平人。其《白虎通德論序》文末題署「中奉大夫雲南諸路行中書省參知政事」，柳貫《嚴度謚貞獻》（《全元文》25／104）稱「故甘肅等處行中書省左丞嚴度」，則其職官可知。大德年間前後在世。

46. 張楷

按：張楷，東平人，大德年間前後在世。

47. 陸友仁

按：清代顧嗣立《元詩選》三集卷十二有其傳，稱「友字友仁，平江人。父業賈，友攻苦於學，爲鄰里所竊笑。及長，爲詩有法度，尤長於五言律。嘗至上都，奎章閣博士柯九思、侍書學士虞集交薦於朝，未及用而二公皆去職，乃偕九思歸吳，闢斗室，扁曰志雅齋，自號硯北生。著《硯史》、《墨史》、《印史》，所爲詩文有《杞菊軒稿》、《吳中雜志》。卒年四十八。」同時，另有一陸友仁，字輔之，亦爲平江路人。

48. 丁思敬

按：丁思敬，元大德間東平人。刻印過宋曾鞏《元豐類稿》50 卷續附 1 卷〔註 402〕。

49. 程性

按：元末明初人，生平不詳。

50. 蕭鎰

按：清代彭元瑞《天祿琳琅書目後編》卷二十著錄蕭鎰《四書待問》，稱「鎰，字南金，臨江人。仕履無考。」

51. 蔣景武

按：蔣景武，四明人，至正年間前後在世。明代鄭眞撰《遂初老人傳》（即王應麟之孫王厚孫）中提及「蔣景武中鄉選，送宴津遣，慨然當之」〔註 403〕。

52. 留夢炎

按：留夢炎，字漢輔，號中齋，三衢（今浙江衢州）人。宋理宗淳祐四年（1244）進士及第。累官至右丞相兼樞密使。宋恭帝德祐二年（1276）降元。《全宋詩》錄其詩一首〔註 404〕。參趙翼《陔餘叢考》卷十五《留夢炎及第》〔註 405〕、姚瑩《識小錄》卷六《留夢炎》〔註 406〕。

53. 倪堅

按：元代王士點《秘書監志》卷十《題名》，「著作郎」下有倪堅，注云「元貞元年四月初二日以著作佐郎承務郎上」〔註 407〕，「著作佐郎」下亦有倪堅，注云「至元二十九年八月初二日以承事郎上」〔註 408〕。其《六書統序》文末題署「翰林直學士奉直大夫知制誥同修國史三山倪堅序」。據此，其擔任官職可知。

〔註 402〕 瞿冕良編著《中國古籍版刻辭典》，齊魯書社 1999 年版，第 6 頁。
〔註 403〕 （明）鄭眞《滎陽外史集》卷四十六，四庫全書本。
〔註 404〕 北京大學古文獻研究所編《全宋詩》第 64 冊，北京大學出版社 1998 年版，第 40323 頁。
〔註 405〕 （清）趙翼《陔餘叢考》，河北人民出版社 2007 年版，第 270 頁。
〔註 406〕 （清）姚瑩撰，黃季耕點校《識小錄》，黃山書社 1991 年版，第 181～182 頁。
〔註 407〕 （元）王士點、商企翁編次，高榮盛點校《秘書監志》，浙江古籍出版社 1992 年版，第 192 頁。
〔註 408〕 （元）王士點、商企翁編次，高榮盛點校《秘書監志》，浙江古籍出版社 1992 年版，第 194 頁。

54. 吳志淳

按：元代陶宗儀《書史會要》卷七載「吳志淳，字主一，曹南人。古隸學《孫叔敖碑》。〔註409〕」明代王兆雲《皇明詞林人物考》卷一載「吳主一，名志淳，無爲州人。能詩善書，嘗仕元不顯。遇滁泗兵起，徙家豫章。國初時與陶主敬、劉伯溫、高季迪諸名士並稱。宋潛溪嘗敘其集後，鄱陽劉仔肩又嘗選入《雅頌正音》，都太僕亦有文跋云。〔註410〕」

55. 應在

按：元代陶宗儀《書史會要》卷七載「應在，字止善，句章人。工篆，嘗作《篆隸偏傍點畫辨》行於世。」

56. 熊澤民

按：熊澤民《經史正音切韻指南》文末題署「雲谷熊澤民序」，高明《經史正音切韻指南之研究》指出「以『雲谷』與『澤民』相應，疑爲澤民之字，未敢輕定其籍貫」〔註411〕。

57. 趙居信

按：明代曹金《萬曆開封府志》卷十八有其小傳，載「趙居信，字季明，許州人，號東溪先生。穎悟過人，日記萬言。仕至翰林學士，追封梁國公，諡文簡。著《經說》、《史評》、《理學正宗》等書行於世。〔註412〕」其著述除此之外，黃虞稷《千頃堂書目》、倪燦《補遼金元藝文志》、錢大昕《元史藝文志》尚著錄有《禮經葬制》、《蜀漢本末》三卷。

58. 黃君復

按：至正年間前後在世，曾任建寧路建安書院山長。

59. 陳樫

按：明代徐象梅《兩浙名賢錄》卷四十六《文苑》有其傳，稱「陳樫，字子經，奉化人，官至翰林學士。祖著，宋秘書監，知台州，嘗本綱自著書，以

〔註409〕（元）陶宗儀《書史會要》，景印文淵閣四庫全書第 814 冊，臺灣商務印書館 1986 年版，第 759 頁。

〔註410〕（明）王兆雲《皇明詞林人物考》，《四庫全書存目叢書》史部第 111 冊，齊魯書社 1996 年版，第 659 頁。

〔註411〕高明《高明小學論叢》，黎明文化事業股份有限公司 1980 年版，第 402 頁。

〔註412〕（明）曹金《萬曆開封府志》，明萬曆十三年刻本。

紀歷代之統。父泌，元饒州教授，表章家學，訓釋唯謹。樫自束髮受書，即思弘前人之業，乃敷筆紀二百卷，又上論盤古，逮於高辛，會於有宋，比事較義，尊正統以定大分。其紀年師司馬公《補遺》，其書法師朱文公《綱目》，名曰《通鑑續編》行於世」。

60. 陳祖仁

按：明代曹金《萬曆開封府志》卷二十有其小傳，載「陳祖仁，字子山，汴人。好學，有文名。至正初進士第一，累官翰林學士，除參知政事。朝廷之事多所匡正，及順帝北遁，祖仁為亂軍所害。〔註413〕」

61. 戈直

按：戈直，臨川人。初字以敬，後字伯敬。見吳澄《戈直伯敬字說》（《全元文》15／12）。

62. 鄭稷

按：清代鄭傑《閩詩錄》戊集卷二載「稷號宗湖，莆田人。元統三年鄉薦第一」〔註414〕。鄭稷《讜論集跋》文末題署「鄉貢進士莆狀元坊獻可鄭稷敬書」，而吳萊有《送鄭獻可南歸莆田寄周公甫》詩，則獻可當為鄭稷表字。

63. 陳士壯

按：陳士壯，字則中，號紫蓋山逸民。泰定年間其後在世。

64. 黃清老

按：蘇天爵《元故奉訓大夫湖廣等處儒學提舉黃公墓碑銘》（《全元文》40／225），載其生平甚詳。黃清老，字子肅，邵武人，累官湖廣等處儒學提舉，著《春秋經旨》、《四書一貫》，學者號為樵水先生。存世時間為 1290～1348 年。張以寧有《黃子肅詩集序》（《全元文》47／480）。柯劭忞《新元史》卷二百三十六有小傳。

65. 林光大

按：林光大，曾任福州路儒學教授，至正年間在世。

66. 駱天驤

按：清代沈青峰《雍正陝西通志》卷六十四載「駱天驤，字飛卿，長安人。博

〔註413〕 （明）曹金《萬曆開封府志》，明萬曆十三年刻本。
〔註414〕 （清）鄭傑《閩詩錄》，清宣統三年刻本。

涉群書，遊心翰墨，樂道丘園，不求聞達。」〔註415〕編有《類編長安志》，題「京兆路儒學教授駱天驤纂編」，則其曾任京兆路儒學教授。自序後題「藏齋遺老駱天驤引」，藏齋遺老乃其號。元代李庭《故尚書行中書省講議官來獻臣墓誌銘》（《全元文》2／170）載「乃自序其世族譜系暨入仕止官本末，仍手書之以付門生駱天驤李惟善俾求當世立言之士以誌其墓」，則駱天驤乃來獻臣之門人。

67. 孟奎

按：孟奎，字文卿，鄒人。至正年間前後在世。

68. 竇桂芳

按：清代瞿鏞《鐵琴銅劍樓藏書目錄》卷十四著錄《針灸四書》，稱「桂芳，字靜齋，建寧人。漢卿之子，父子皆隱於醫。〔註416〕」清代王宏翰《古今醫史》卷六載「竇桂芳，善針灸，撰《流注指微賦》，羅謙甫為之注。又撰《通玄指要賦》，載在《衛生寶鑒》。」〔註417〕

69. 和尼赤

按：泰定年間在世，曾任中議大夫、同知海北海南道宣慰使司事副都元帥。

70. 吳剛中

按：元代許有壬《跋甲戌混補公據》（《全元文》38／146）載「有壬幼讀書衡陽，師蘭埜吳先生。先生諱剛中，字景和。勝國咸淳甲戌江南混試，終場萬七千八百餘人，取合格二十六人。先生試賦《天地大德日生》，通榜第二，賦則魁也。」明代李東陽《衡州府學重修記》載：「衡之學，舊在石鼓山。宋開慶間，毀於兵，徙今金鼇寺地。元至正間，學正吳剛中輩售城西南宋李肯齋故宅，建廟及學，復毀於兵。〔註418〕」據此，則其曾任衡州府學正。

71. 羅宗之

按：《光緒湖南通志》卷一百六十三《人物志四》有其傳，載「羅宗之，字巨海，邵陽人。咸淳庚午入太學，踰年中特科進士，官翰林，知制誥。屢疏乞還，上念其文學忠勤，賜銀幣，給饔粥，御書清肅二字寵其行。宗之歸，

〔註415〕（清）劉於義監修、沈青崖編纂《雍正陝西通志》，景印文淵閣四庫全書第554冊，臺灣商務印書館1986年版，第872頁。

〔註416〕（清）瞿鏞《鐵琴銅劍樓藏書目錄》，上海古籍出版社2000年版，第370頁。

〔註417〕（清）王宏翰《古今醫史》，《續修四庫全書》第1030冊，上海古籍出版社1996年版，第352頁。

〔註418〕（明）李東陽《李東陽集》（第二卷），嶽麓書社1985年版，第152頁。

以所賜建永慕堂，奉勅其上，朝夕泣拜，以示子孫不忘宋之意」〔註 419〕。
其《活幼心書序》題署「丁未中秋，邵清遺老七十翁羅宗之巨海甫謹序」。
丁未爲元成宗大德十一年（1307），羅宗之時年七十，則其生年爲宋理宗嘉
熙二年（1238）。邵清遺老，似爲其別號。

72. 曾世榮

按：明代楊珮《嘉靖衡州府志》卷六載「曾世榮，元時人，號育溪。儒而業
醫，精方脈，著《活幼心書》板行於世。」清代張金吾《愛日精盧藏書志》
卷二十二著錄《活幼心書》，稱「世榮，字德顯，一字育溪，衡州人。德顯業
醫三十年，古今醫書讀之殆遍，取其平日閱證用藥之已效者，著爲方論，纂
爲詩歌，名之曰《活幼心書》〔註 420〕」。然曾世榮同時之人羅宗之《活幼心書
序》（《全元文》失收，已輯校）稱「德顯，衡之烝西人，號育溪，名世榮，
德顯其字也」，所載當不誤。

73. 薛延年

按：明代胡謐《成化山西通志》卷九載：「薛延年，臨汾人，爲安西王文學士。
著《四書引證》、《小學纂圖》、《有竹軒文集》。」〔註 421〕

74. 安性仁

按：乃洪景修門人。至大年間前後在世。

75. 洪景修

按：洪景修，字進可，臨川人。至大年間前後在世。

76. 章鑒

按：章鑒，號杭山寓叟。

77. 厲一鶚

按：厲一鶚，元至大間人，字心齋，嘉興郡博士。刻印過唐陸贄《陸宣公集》
22 卷〔註 422〕。

〔註 419〕（清）卞寶第、李瀚章等修；曾國荃、郭嵩燾等纂《光緒湖南通志》，《續修
　　　　四庫全書》第 665 冊，上海古籍出版社 1996 年版，第 214 頁。
〔註 420〕（清）張金吾《愛日精盧藏書志》，上海古籍出版社 2014 年版，第 365 頁。
〔註 421〕（明）李侃、胡謐纂修《成化山西通志》，《四庫全書存目叢書》史部第 174
　　　　冊，齊魯書社 1996 年版，第 335 頁。
〔註 422〕瞿冕良編著《中國古籍版刻辭典》，齊魯書社 1999 年版，第 95 頁。

78. 黃真輔

按：黃眞輔，字德弼，東嘉人。進士，生活於大德年間前後。

79. 胡元

按：胡元，號容齋，邢臺人。至治元年任紹興路總管〔註423〕。泰定間遷正議大夫徽州路總管兼管內勸農事。張可久有散曲《南呂‧四塊玉》（客席胡使君席上）、《雙調‧沉醉東風》（胡容齋使君壽）、《中呂‧普天樂》（胡容齋使君席間），均爲胡元而作。

80. 龍雲

按：龍雲，廬陵人，曾任福建等處儒學提舉。

81. 王仲儀

按：王仲儀《與陳定宇先生書》稱「某頓首再拜定宇國博同年丈」，陳櫟《答王仲儀書》（《全元文》18／25）稱對方爲「吾仲儀老友」。汪澤民《王仲儀文集序》稱「至正戊子多，澤民展省婺源，再宿武口溪滸。里士朱仲紀持王君仲儀文集，請予爲之序，蓋朱氏嘗從仲儀遊者。因獲讀之，撫卷太息，曰：「博矣哉。賦、詩、雜著、歌行、銘贊、題序、碑誌凡如干首，大篇短章，浩瀚明潔。」

82. 張純愚

按：陳櫟《與張純愚書》（18／27）載張師愚「本德興人，乃徙而占籍於婺源」。並對張師愚所撰《牧隱說》倍加推崇。

83. 黃求心

按：明代汪舜民《弘治徽州府志》卷九《人物三》「隱逸」類中有其小傳，稱：「名麟，休寧五城人。家世業儒，至治間居教職。時有問宣聖至是幾年求心，以詩答云：宣尼庚戌育尼山，甲子於今三十三。功業賢於堯舜遠，聲名直與地天參。上源河洛開洙泗，下派周程到晦庵。道統昭昭垂萬世，無分西北與東南。」

84. 馮伯思

按：馮坦，字伯思，安嶽人。

85. 蕭士贇

按：清代謝旻《雍正江西通志》卷九十四有其傳，載：「蕭士贇，字粹可，立

〔註423〕 （元）張可久著，呂薇芬、楊鐮校注《張可久集校注》，浙江古籍出版社1995年版，第55頁。

等仲子。篤學工詩，與吳文正公友善。著詩評二十餘篇，及《冰崖集》、《李白詩補注》行於世。」另外，明代董天錫《嘉靖贛州府志》卷十有傳，稱其「號粹齋」，並「著有《粹齋庸言》廿餘篇」。吳澄有《蕭粹可庸言序》（《全元文》14／257）。

86. 李純仁

按：清代黃虞稷《千頃堂書目》著錄李純仁《顏子》五卷，注云「延祐高安人」。

87. 危亦林

按：《辭海》（醫學衛生分冊）載：「危亦林（1277～1347），元醫學家。字達齋，江西南豐人。世業醫。著有《世醫得效方》二十卷。〔註424〕」

88. 陳志

按：據其《危氏世醫得效方序》題署，知其至正三年左右曾任建寧路官醫提領。

89. 鄭東

按：明代王鏊《姑蘇志》卷五十七有其傳，載：「鄭東，字季明，平陽人，客授崑山。弟采，字季亮，性狷介，州里不能容，因來就寓讀四庫書晚又同寓海虞。東天分絕人，嘗就試，不合主司，即棄去。肆力於古作，歐陽玄嘗薦之。會病卒，采亦坎壈以終。東文多不留稿，僅存百篇，采三十餘篇，宋濂所敘《聯璧集》是也。東子思先，字歐仲，洪武中以儒士徵，授國子助教，遷監察御史，再遷福建布政。上疏請罷爰木，進磨勘司令，卒。〔註425〕」

90. 支渭興

按：明代李賢《明一統志》卷六十九載「支渭興，長寧人。至順初進士，累官至中奉大夫、四川行省參政、善屬文。別號龍溪。所著有詩集行於世。」

91. 錢惟善

按：顧嗣立《元詩選》載：「錢惟善，字思復，錢塘人。領至正辛巳鄉薦，官至副提舉。張氏據吳，退隱吳江之筒川，又移居華亭。明洪武初卒。思復長於毛氏詩學，強記而多才。鄉試時以《羅剎江賦》命題，鎖院三千人不知羅剎江之為曲江也。思復引枚乘《七發》為據，其首句云：「惟羅剎之巨江兮，實發源於太末」，大為主司所稱，由是知名，號曲江居士。」

〔註424〕夏徵農主編《辭海》（醫學衛生分冊），上海辭書出版社1989年版，第23頁。
〔註425〕（明）王鏊《姑蘇志》，景印文淵閣四庫全書第493冊，臺灣商務印書館1986年版，第1074頁。

第三章 《全元文》作品校證

　　《全元文‧凡例》第十六條稱「本書所收元文，盡可能選用善本、足本爲底本」，然而在具體實施過程中，難度較大。比如林右、胡一桂、涂幾均有別集傳世，而《全元文》只是依據總集、方志等收錄其部分文章。因此，《全元文》所收的文章中，有些因底本問題導致文本殘缺不全、文字錯訛等現象較多。對此，學界已有相關的補正文章。

　　元代以後的文章總集、方志、輯錄體目錄等著作，裏面收錄有大量的元人作品。借用這些版本，通比勘《全元文》的相關文章，可以有效的解決《全元文》的部分文本問題，使其內容趨於完善。

第 1 冊

史秉直

1／30《莊靖集序》，今據張金吾《愛日精廬藏書志》卷 32〔註1〕、陸心源《皕宋樓藏書志》卷 94〔註2〕校：

1. 如白樂天之平易：易，《皕宋樓》作「陽」。
2. 是豈不欲去其偏而就全乎：偏，《皕宋樓》作「徧」；就，《愛日精廬》、《皕宋樓》下有「其」。

〔註1〕 （清）張金吾《愛日精廬藏書志》，上海古籍出版社 2014 年版，第 596～597 頁。
〔註2〕 （清）陸心源《皕宋樓藏書志》，《續修四庫全書》第 929 冊，上海古籍出版社 1996 年版，第 382～383 頁。

李俊民

1／31《醉梨賦》，據《歷代賦匯》〔註3〕校：

1. 閔夫人之色枯：夫人，《賦匯》作「大夫」。
2. 是所謂以醉醒者邪：邪，《賦匯》作「也」。
3. 因時卷舒：因，《賦匯》作「與」。
4. 以舉世爲桔槔邪：邪，《賦匯》作「也」，誤。

     按：下句有「以舉世爲鴟夷邪」。

5. 則井眉之瓶不以迎危而不居：眉，《賦匯》作「湄」。

1／32《馴鹿賦》，據《歷代賦匯》〔註4〕校：

1. 母而歸：母，《賦匯》上有「逐」，是。

     按：「逐母而歸，未能如西巴之麑」，與下句「與犬而嬉，慎勿效臨江之麑」恰相對。「西巴之麑」用《說苑》卷5《貴德》之典〔註5〕。

元好問

1／275《新齋賦》，據《歷代賦匯》〔註6〕校：

1. 附陳跡以自觀：附、自，《賦匯》作「拊」、「息」。
2. 悼吾事之良勤：悼，《賦匯》作「搏」。
3. 於淅之濱：淅，《賦匯》作「浙」。

1／276《行齋賦》，據《歷代賦匯》〔註7〕校：

1. 率貲無旬日計：貲，《賦匯》作「資」。
2. 力有可乘：乘，《賦匯》作「求」。
3. 飽饑有時而激怒兮：怒兮，《賦匯》作「兮怒」。
4. 直釣磻溪之魚：釣，《賦匯》作「鉤」。
5. 徇殊俗而解裳：徇，《賦匯》作「狥」。
6. 以揖讓人主之前者若固有：人主，《賦匯》作「主人」。
7. 有蘭不彫：彫，《賦匯》作「凋」。

〔註3〕（清）陳元龍輯《歷代賦匯》，江蘇古籍出版社、上海書店1987年版，第504頁。
〔註4〕（清）陳元龍輯《歷代賦匯》，江蘇古籍出版社、上海書店1987年版，第535頁。
〔註5〕（漢）劉向撰、向宗魯校證《說苑校證》，中華書局1987年版，第113～114頁。
〔註6〕（清）陳元龍輯《歷代賦匯》，江蘇古籍出版社、上海書店1987年版，第341頁。
〔註7〕（清）陳元龍輯《歷代賦匯》，江蘇古籍出版社、上海書店1987年版，第341頁。

1／308《楊叔能小亨集引》，今據陸心源《皕宋樓藏書志》卷 96〔註8〕校：

1. 叔能與予會於京師：予，《藏書志》作「余」。下文「其子復見予鎮州」、
   「予亦愛唐詩者」、「予學詩」、「予詩其庶乎」、「予既以如上語爲集引」、
   「亦何以發予之狂言」同。

2. 以爲今世少見其比：以爲，《藏書志》作「不已」。

3. 寡於言笑：於，《藏書志》無。

4. 今年其所撰《小亨集》成：撰，《藏書志》作「著」。

5. 以集引爲請：集，《藏書志》作「序」。

6. 有所記述之謂文：述，《藏書志》作「術」。

7. 無有作好、無有作惡：有，《藏書志》均作「所」。

8. 故由心而成：成，《藏書志》作「誠」，是。

   按：下句「由誠而言，由言而詩也」，可以推之。

9. 無它道也：它，《藏書志》作「他」。

10. 若春風之過馬耳：馬，《藏書志》作：焉。

11. 寒饑困疲：寒饑，《藏書志》作「飢寒」。

12. 遺佚而不怨者故在也：佚，《藏書志》作「逸」。

13. 以十數條自警云：十數，《藏書志》作「數十」。

14. 無娉婀：婀，《藏書志》作「阿」。

15. 今古一我：今古，《藏書志》作「古今」。

16. 河東元某序：某，《藏書志》作「好問」。

第 2 冊

李冶

2／22《灤南遺老集引》，今據陸心源《皕宋樓藏書志》卷 94〔註9〕、沈德
壽《抱經樓藏書志》卷 58〔註10〕校：

〔註 8〕 （清）陸心源《皕宋樓藏書志》，《續修四庫全書》第 929 冊，上海古籍出版
　　　　社 1996 年版，第 408～410 頁。

〔註 9〕 （清）陸心源《皕宋樓藏書志》，《續修四庫全書》第 929 冊，上海古籍出版
　　　　社 1996 年版，第 378～379 頁。

〔註 10〕 （清）沈德壽《抱經樓藏書志》，中華書局 1990 年版，第 676～677 頁。

1. 黃鳥止於丘阿，流丸止於甌臾：丘、甄，《皕宋樓》、《抱經樓》作「邱」、「甌」。

    按：《詩經・小雅・緜蠻》：「緜蠻黃鳥，止於丘阿。」《荀子・大略》：「流丸止於甌臾。」〔註11〕」

2. 有以塞其口而厭其心：塞，《皕宋樓》、《抱經樓》作「寒」。

3. 鬱者有所伸：伸，《皕宋樓》、《抱經樓》作「申」。

4. 爲世樹表者：樹，《皕宋樓》、《抱經樓》作「樹」。

5. 文所以飭治具：飭，《皕宋樓》、《抱經樓》作「飾」。

2／29《故知中山府事王公神道碑銘》，《全元文》據四種合刊《稾城縣志》校。今據民國二十三年鉛印本《稾城縣志》卷12《文集志下》〔註12〕校：

1. 稾城居眞定爲劇縣：縣，《縣志》作「邑」。

2. 當大朝大造之始：大朝，《縣志》作「天朝」。

3. 曾王父珪，王父福：《縣志》作「父曾」。

4. 父贈：《縣志》無。

5. 公姿雄偉：姿，《縣志》下有「稟」。

6. 人無所取飽：人，《縣志》無。

7. 累功主本縣簿：主，《縣志》作「至」。

8. 忌公威決：威決，《縣志》作「使」。

9. 安張宴設召公議事：張宴，《縣志》作「宴張」。

10. 亟遣口。蒼猝祗有兵口八十：《縣志》作「亟還。然倉猝祗有兵民八十」。

11. 復誡其口下曰：□，《縣志》無。

12. 仙遣驍將以勁兵二千拒戰：以勁兵二千拒戰，《縣志》作「以兵三千迎戰」。

13. 遷中山眞定等路招討使：眞，《縣志》作「□」。下文「仍位眞定總管」同。

14. 公奏白：白，《縣志》無。

15. 俄口修城之檄文：□，《縣志》作「奉」。

16. 濬築未畢：濬，《縣志》作「役」。

〔註11〕 （戰國）荀況著，（清）王先謙集解《荀子集解》，中華書局1988年版，第516頁。

〔註12〕 （明）李正儒創修、（清）賴於宣重輯、汪度續修《稾城縣志》，《中國方志叢書》華北地方161號，成文出版社1968年版，第784～790頁。

17. 往往至今拜穹官：《縣志》無。

18. 齋饎醪禮幣出郭迎拜：醪，《縣志》作「醇」。

19. 民皆按堵：按，《縣志》作「安」。

20. 聲民費十分之五：費，《縣志》無。

21. 數年中，管內無窮人之謠：《縣志》作「數年」。

22. 僅奴口五百：□，《縣志》作「口」。

23. 悉縱遣爲齊民：齊，《縣志》作「濟」。

24. 以七月四日葬於奉化鄉南孟里之先塋：先塋，《縣志》作「塋先」。

25. 士出死力：士，《縣志》作「七」，誤。

26. 李全叛，援閉門不納：叛，《縣志》無；援，《縣志》下有「捄」。

27. 必以法痛繩之：繩，《縣志》作「絕」。

28. 其菢民則冰蘗自處：菢，《縣志》作「愛」。

29. 至於延萬松老師以資戒：師，《縣志》作「僧」。

30. 夫人八，曰楊氏……袁氏：《縣志》僅有「夫人八」。

31. 如夫人者二十有一，曰五李氏……郭氏：《縣志》僅有「如夫人者二十有一」。

32. 男二十一人，長慶淵……崇復始學不知厭：《縣志》僅有「男二十一人」。

33. 女十一人，長適曲陽征行千戶……次適同里索寧：《縣志》僅有「女十一人」。

34. 男孫三十五人：男，《縣志》無。

35. 駁馬非檀：駁，《縣志》作「駿」。

36. 啓淮南之侮：侮，《縣志》作「波」。

37. 未始瘠捐：始，《縣志》作「嘗」。

38. 天畀其全：畀，《縣志》作「界」。

段成己

2／212《葛仙翁肘後備急方序》，今據陸心源《皕宋樓藏書志》卷 43〔註 13〕校：

1. 世共知爲道之士：道，《藏書志》上有「有」。

〔註 13〕 （清）陸心源《皕宋樓藏書志》，《續修四庫全書》第 928 冊，上海古籍出版社 1996 年版，第 471 頁。

劉祁

2／311《歸潛志序》，今據四庫本《歸潛志》〔註14〕、陸心源《皕宋樓藏書志》卷64〔註15〕校：

1. 將歸隱於太皥之墟：太，《藏書志》作「大」。
2. 一旦遭值金亡：旦，《藏書志》作「日」。
3. 一時烜赫如火烈烈者：火烈烈，四庫本、《藏書志》作「火烈」。
4. 皆煙銷灰滅無餘：銷，四庫本、《藏書志》作「消」。
5. 由是以其所以經涉憂患：所以，四庫本、《藏書志》作「所」。
6. 人雖物故：人，四庫本、《藏書志》作「今」。
7. 予所居之堂之名也：予，四庫本作「余」、《藏書志》作「以」；之名，《藏書志》作「名之」。

孟攀鱗

2／356《湛然居士文集序》，今據張金吾《愛日精廬藏書志》卷32〔註16〕、陸心源《皕宋樓藏書志》卷94〔註17〕校：

1. 乾坤之氣：氣，《愛日精廬》、《皕宋樓》作「運」。
2. 待其人而益弘：弘，《皕宋樓》作「宏」。
3. 卓然為吾道之倡：吾，《皕宋樓》作「我」；倡，《愛日精廬》作「偈」、《皕宋樓》作「揭」。
4. 口情其性：□，《皕宋樓》作「其」。
5. 雅頌息而淫詞作：詞，《愛日精廬》、《皕宋樓》作「辭」。
6. 黎苗之渴望未蘇：黎，《皕宋樓》作「黍」。
7. 夫欲躋塗炭而域仁壽：躋，《愛日精廬》、《皕宋樓》作「濟」。
8. 僚國脈之膏肓：僚，《愛日精廬》、《皕宋樓》作「療」。
9. 補天維之罅漏：補，《皕宋樓》作「紉」。

〔註14〕　（元）劉祁《歸潛志》，景印文淵閣四庫全書第1040冊，臺灣商務印書館1986年版，第225頁。

〔註15〕　（清）陸心源《皕宋樓藏書志》，《續修四庫全書》第929冊，上海古籍出版社1996年版，第36頁。

〔註16〕　（清）張金吾《愛日精廬藏書志》，上海古籍出版社2014年版，第600～602頁。

〔註17〕　（清）陸心源《皕宋樓藏書志》，《續修四庫全書》第929冊，上海古籍出版社1996年版，第384～386頁。

10. 惟我中書湛然居士天資英挺：書，《皕宋樓》作「國」。

11. 盡瀰綸之術：瀰，《愛日精廬》、《皕宋樓》作「彌」。

12. 涵養乎事業：乎，《愛日精廬》、《皕宋樓》作「於」。

13. 詞鋒摧萬物：摧，《愛日精廬》、《皕宋樓》作「挫」。

14. 胸中別是一天耳：是，《皕宋樓》作「有」。

15. 中或有誤者：或有，《愛日精廬》、《皕宋樓》作「有或」。

16. 言詞可法人之文：詞，《愛日精廬》、《皕宋樓》作「辭」。

第 3 冊

李鈺

3／217《周易象義序》，據張金吾《愛日精廬藏書志》卷 1〔註 18〕、陸心源《皕宋樓藏書志》卷 3〔註 19〕校：

1. 爲耳痛：爲，《愛日精廬》、《皕宋樓》上有「又」。

2. 倪兼山有云：山，《愛日精廬》、《皕宋樓》作「三」。

3. 故取武丁：取，《愛日精廬》、《皕宋樓》作「稱」。

4. 予恐泄道之密：恐，《愛日精廬》作「空」。

5. 不之祕省看詳：之，《愛日精廬》無；不之，《皕宋樓》作「下」。

6. 雖不及茶山之《易》：及，《愛日精廬》、《皕宋樓》下有「見」。

第 5 冊

李仲紳

5／41《莊靖集序》，今據張金吾《愛日精廬藏書志》卷 32〔註 20〕、陸心源《皕宋樓藏書志》卷 94〔註 21〕校：

〔註 18〕 （清）張金吾《愛日精廬藏書志》，上海古籍出版社 2014 年版，第 15〜16 頁。

〔註 19〕 （清）陸心源《皕宋樓藏書志》，《續修四庫全書》第 928 冊，上海古籍出版社 1996 年版，第 31〜32 頁。

〔註 20〕 （清）張金吾《愛日精廬藏書志》，上海古籍出版社 2014 年版，第 594〜595 頁。

〔註 21〕 （清）陸心源《皕宋樓藏書志》，《續修四庫全書》第 929 冊，上海古籍出版社 1996 年版，第 381〜382 頁。

1. 豬而爲海：豬，《愛日精廬》、《皕宋樓》作「豬」。
2. 波瀾吞吐：吞，《皕宋樓》作「各」。
3. 其文愈弘：弘，《皕宋樓》作「宏」。
4. 其詞益富：詞，《愛日精廬》、《皕宋樓》作「辭」。
5. 爾後仕官數奇：官，《愛日精廬》、《皕宋樓》作「宦」。
6. 積年不調：不，《愛日精廬》、《皕宋樓》作「而」。
7. 辭經而旨遠：經，《愛日精廬》、《皕宋樓》作「近」。
8. 使其平昔著述秘而不揭：秘，《愛日精廬》、《皕宋樓》作「稱」。
9. 眾美具焉：具，《皕宋樓》作「俱」。

劉瀛

5／43《莊靖集序》，今據張金吾《愛日精廬藏書志》卷 32〔註22〕、陸心源《皕宋樓藏書志》卷 94〔註23〕校：

1. 從而爲言：從，《愛日精廬》、《皕宋樓》作「發」。
2. 模寫物象而已哉：模，《愛日精廬》、《皕宋樓》作「摹」。
3. 第以不見全集爲恨耳：耳，《愛日精廬》、《皕宋樓》無。
4. 待先生以忠厚：厚，《愛日精廬》、《皕宋樓》作「敬」。
5. 瀛久蒙先生教載：載，《愛日精廬》、《皕宋樓》作「澤」。

王特升

5／44《莊靖集序》，今據張金吾《愛日精廬藏書志》卷 32〔註24〕、陸心源《皕宋樓藏書志》卷 94〔註25〕校：

1. 雖不能增日月之光：增，《愛日精廬》作「繪」、《皕宋樓》作「會」。

曾子良

5／160《真風殿記》，《全元文》據清康熙五十二年《廣信府志》錄文，今

〔註22〕 （清）張金吾《愛日精廬藏書志》，上海古籍出版社 2014 年版，第 596 頁。
〔註23〕 （清）陸心源《皕宋樓藏書志》，《續修四庫全書》第 929 冊，上海古籍出版社 1996 年版，第 382 頁。
〔註24〕 （清）張金吾《愛日精廬藏書志》，上海古籍出版社 2014 年版，第 595～596 頁。
〔註25〕 （清）陸心源《皕宋樓藏書志》，《續修四庫全書》第 929 冊，上海古籍出版社 1996 年版，第 382 頁。

據元代元明善撰、明代張國祥、張顯庸續撰《續修龍虎山志》卷中（北京圖書館藏明刻本）〔註26〕校：

1. 代杜危壓：代，《山志》作「伐」。
2. 今幸竣事：竣，《山志》作「峻」。
3. 爾祖祇遂陳於上：於，《山志》作「千」。
4. 擬帝主居：主，《山志》作「王」。
5. 文末，《山志》有「歲十有一月辛亥日南至前從政郎建德府淳安縣令主管勸農事曾子良書」。

第 6 冊

王惲

6／91《熙春閣遺制記》，今據明代李濂《汴京遺跡志》卷 15〔註27〕校：

1. 取其漂紗飛動：漂紗，《遺跡志》作「縹緲」。
2. 取其成體：其，《遺跡志》作「具」。
3. 飛翔突起于青雲而矗上：于，《遺跡志》作「干」。
4. 使觚稜金爵上雲霄而飛舞空際者：霄而，《遺跡志》作「雨」。
5. 顯世庀材工師之良者也：顯，《遺跡志》作「斯」；庀材，《遺跡志》無。

6／106《重建衛輝路總管府帥正堂記》，據明代侯大節纂修《萬曆衛輝府志》卷 14《藝文上》〔註28〕（題為《衛輝路重建帥正堂記》）校：

1. 狹隘頹弊：《府志》作「狹陋頹敝」。
2. 又以品秩等威視堂之隆殺：又，《府志》作「若」。
3. 高爽靖深：靖，《府志》作「靜」。
4. 吁！治其可忽也哉：吁，《府志》無。
5. 只在公正而已：正，《府志》無。
6. 然則何為公：為，《府志》作「謂」。

〔註26〕　（元）元明善撰、（明）張國祥、張顯庸續撰《續修龍虎山志》，《四庫全書存目叢書》史部第 228 冊，齊魯書社 1996 年版，第 174～175 頁。

〔註27〕　（明）李濂《汴京遺跡志》，中華書局 1999 年版，第 275～276 頁。

〔註28〕　（明）侯大節纂修《萬曆衛輝府志》（第 3 冊），中州古籍出版社 2010 年版，第 286～287 頁。

7. 何嘗有時不可之聞哉：之聞，《府志》作「以間之」。

8. 容其心於間哉：其心、哉，《府志》作「心其」、「乎」。

9. 故能於共億軼掌外：共，《府志》作「供」。

10. 抑又知公等必葺之意云：云，《府志》無。

11. 至元廿六年：廿，《府志》作「二十」。

6／171《衛生寶鑑序》，今據陸心源《皕宋樓藏書志》卷 47〔註29〕校：

1. 醫與造化參：醫，《藏書志》前有「夫」。

2. 聞道之士與：與，《藏書志》作「乎」。

3. 走雖不敏：走，《藏書志》作「愚」。

4. 理之深詣：詣，《藏書志》作「指」。

5. 故十年間：十，《藏書志》下有「數」。

6. 親炙不少輟：輟，《藏書志》作「輒」。

7. 大抵人之疢疾：疢疾，《藏書志》作「疾疢」。

8. 用是以所得驗於日用之間：驗於，《藏書志》無。

9. 別夫藥之精粗寒燠：燠，《藏書志》作「暑」。

10. 述其己之拯料與彼之深淺：拯料，《藏書志》作「治療」。

11. 予聞醫之為學：予，《藏書志》作「余」。

12. 累數千萬言：數，《藏書志》無。

13. 自非以醫為己任者：己，《藏書志》無。

14. 昔王彥伯醫聲既白：白，《藏書志》作「著」。

15. 其仁心普眼：眼，《藏書志》作「濟」。

16. 當與彥伯同流：與，《藏書志》作「以」。

17. 至元癸未歲清明日序：序，《藏書志》上有「中議大夫沿書侍御史汲郡王惲」。

6／760《大成殿上梁文》，今據楊訥、李曉明編《文淵閣四庫全書補遺（集部）》第四冊《秋澗集》卷 70〔註30〕校：

1. 偃植圓義屹相向：義，《補遺》作「乂」。

〔註29〕（清）陸心源《皕宋樓藏書志》，《續修四庫全書》第 928 冊，上海古籍出版社 1996 年版，第 520 頁。

〔註30〕楊訥、李曉明編《文淵閣四庫全書補遺（集部）》（第 4 冊），北京圖書館出版社 1997 年版，第 424～427 頁。

6／761《鎮國寺上樑文》，今據楊訥、李曉明編《文淵閣四庫全書補遺（集部）》第四冊《秋澗集》卷 70〔註31〕校：

1. 屹丘山之壁立：丘，《補遺》作「邱」。
2. 寶氣瓏璁□□像：□□，《補遺》作「諸佛」。

6／762《亳州太清宮上樑文》，今據楊訥、李曉明編《文淵閣四庫全書補遺（集部）》第四冊《秋澗集》卷 70〔註32〕校：

1. □話神遊：□話，《補遺》作「共仰」。
2. 故歷代備褒□之禮：□，《補遺》作「崇」。
3. 雖九□□伏於淵泉：□□，《補遺》注『闕』。
4. 德紹蟠溪：溪，《補遺》注『闕』。

6／764《萬壽宮方丈上樑文》，今據楊訥、李曉明編《文淵閣四庫全書補遺（集部）》第四冊《秋澗集》卷 70〔註33〕校：

1. 萬壽宮丈室者：《補遺》作「萬壽宮之丈室」。
2. 敞桓楹而中起：桓，《補遺》作「植」。
3. 工既落成：工，《補遺》作「功」。
4. 可後歡謠：《補遺》作「可進謠詞」。
5. 六代傳芳主亟文：亟，《補遺》作「函」。
6. 載光傳度之儀：載，《補遺》作「再」。

6／765《太一宮清蹕殿上樑文》，今據楊訥、李曉明編《文淵閣四庫全書補遺（集部）》第四冊《秋澗集》卷 70〔註34〕校：

1. 婉變龍姿，□□聖人之作：龍姿□□，《補遺》作「□□□龍」。
2. 意若無□□□□大駕以來臨：□□□□，《補遺》作「□□」。
3. □□加於：《補遺》作「何以加諸」。
4. 至今□國鎖春風：□國，《補遺》作「□□」。

〔註31〕楊訥、李曉明編《文淵閣四庫全書補遺（集部）》（第 4 冊），北京圖書館出版社 1997 年版，第 427～430 頁。
〔註32〕楊訥、李曉明編《文淵閣四庫全書補遺（集部）》（第 4 冊），北京圖書館出版社 1997 年版，第 430～433 頁。
〔註33〕楊訥、李曉明編《文淵閣四庫全書補遺（集部）》（第 4 冊），北京圖書館出版社 1997 年版，第 433～436 頁。
〔註34〕楊訥、李曉明編《文淵閣四庫全書補遺（集部）》（第 4 冊），北京圖書館出版社 1997 年版，第 436～439 頁。

5. 光芒仁暇到青黎：仁，《補遺》作「□」。

6. 遊像□思□天仗：□、□，《補遺》作「心」、「仰」。

7. □□雨露有偏恩：□□，《補遺》作「九天」。

8. 道□以之增輝：□，《補遺》作「貌」。

6／766《春露堂上梁文》，今據楊訥、李曉明編《文淵閣四庫全書補遺（集部）》第四冊《秋澗集》卷70〔註35〕校：

1. 久矣壯遊之倦：遊，《補遺》作「年」。

6／831《夷門圖後語》
按：此文見載明代李濂《汴京遺跡志》卷18〔註36〕，文題爲《跋夷門市廛圖後》。

第7冊

牟巘

7／708《重修石峽書院記》，《全元文》據明嘉靖三年刻本《淳安縣志》錄文。今考明代方中續輯《蛟峰外集》，卷三錄有此文。今據以參校〔註37〕：

1. 自周、程、朱首倡道學：程，《蛟峰外集》下有「張」。

2. 聚生徒，教養兼備：兼，《蛟峰外集》作「皆」。

3. 嗚乎偉矣：矣，《蛟峰外集》作「哉」。

4. 列於學。混一以來：列於學，《蛟峰外集》下有「宮。皇元□□□□」。

5. 浙江按察僉事夾谷之奇聿至嚴陵：浙江，《蛟峰外集》作「湔西」。

6. 任責經理：責，《蛟峰外集》作「其」。

7. 每旦申講：申，《蛟峰外集》作「簽」。

8. 長諭是正之：諭，《蛟峰外集》作「喻」。

9. 以興學校爲己任：興，《蛟峰外集》作「新」。

10. 俾董修學之事：之，《蛟峰外集》無。

11. 所受不本於正：受，《蛟峰外集》作「授」。

〔註35〕楊訥、李曉明編《文淵閣四庫全書補遺（集部）》（第4冊），北京圖書館出版社1997年版，第436～439頁。

〔註36〕（明）李濂《汴京遺跡志》，中華書局1999年版，第353～354頁。

〔註37〕（宋）方逢辰《蛟峰集》，景印文淵閣四庫全書第1187冊，臺灣商務印書館1986年版，第623～624頁。

12. 學非吾之學矣：吾，《蛟峰外集》下有「儒」。
13. 雖欲難疑答問：答問，《蛟峰外集》作「問」。

第 9 冊

楊桓

9／129《重修廟學碑記》。此文據《德平縣志》卷 11 錄入，究為何種《德平縣志》，不可知。另見 31／16，題為《重修文廟記》，據清康熙十二年《德平縣志》卷 4 錄入。二本文字各有闕文，今據 31／16 予以校勘。

1. 「皇元有天下」至「宜矣」：31 冊無。
2. 今縣令閻士安：31 冊「令」作「尹」。
3. 明時尚文如此：31 冊「文」作「更」。
4. 今寸功未加：31 冊「寸」作「才」，誤。
5. 敢不自勉：31 冊無「自」。
6. 曰「願從伏委」。政暇乃會官：31 冊「從」作「此」，「政暇乃」作「乃政服」。
7. 且請命於廉司，白於州監，贊以月給：此處有闕文。31 冊作「且請命於廉司。時僉司事識篤兒曰：『是邑也，吾宗郡王之所封，先君統軍之所居，即吾鄉也。』乃出俸百緡以倡之，卒事所賴為多。又白於州，監州答實帖木兒率同僚□□以月給。」
8. 縣之尹佐偕其屬各輸祿半載：31 冊「佐偕其屬」作「再」。
9. 四民同稱所有以助焉：31 冊後有「乃陶土鳩材，啓事於至元甲午之春，再講於是年之秋。」
10. 又益丹刻：31 冊後有「焉。象設如生，服章有法，聖容南面，端肅可畏，顏、孟十哲以次配享，禮儀服器時稱完卒。」
11. 以昭後世者：31 冊「昭」作「詔」。
12. 人道安則五品遜，五品遜則百姓親：31 冊「五品」均作「物情」。
13. 所以家喻而戶曉者也：31 冊「喻」作「諭」。
14. 蓋古者，比屋而，亦比屋而學也：31 冊無「者」，「亦」作「人」。
15. 學者惟徒以堅利祿耳：31 冊「徒」作「假」，「堅」作「階」。
16. 「漢以明經取青紫」至文尾：31 冊無。

第 10 冊

王思廉

10／19《安石峰先生墓表》，今據楊訥、李曉明編《文淵閣四庫全書補遺（集部）》第四冊《默菴集・附錄》〔註38〕校：

1. 貞祐紛擾：紛，《補遺》作「俶」。
2. 衣冠從而南渡：從而，《補遺》作「多從」。
3. 以故君不克赴試：試，《補遺》作「越」。
4. 先是，太師怒諸城久拒：是，《補遺》無。
5. 監軍士石抹陳奴聞獲一書生：士，《補遺》作「事」。
6. 主帥命分數諸俘虜：虜，《補遺》作「獲」。
7. 實丙子正月甲戌也：實，《補遺》作「時」。
8. 葬稿城安仁鄉辛里之西原：辛，《補遺》作「親」。
9. 戒飭諸子致力經文：文，《補遺》作「史」。
10. 常攜長子芝西歸：常，《補遺》作「嘗」。
11. 君子初娶同郡李氏：子，《補遺》下有「云」。
12. 常監收嘉祥縣絲料：常，《補遺》作「嘗」。
13. 歷江淮轉運司知事：歷，《補遺》無。
14. 終於同知綿州事官承務郎：此下有脫文，《補遺》有「男孫九人：思誠、燾、汝止、烈、熙、煦、汝諧、汝弼、某。思誠、汝諧、汝弼，皆早世；某，未名而夭。燾、熙俱傳家學，最知名。女孫五人，長適易縣尹苑大亨之子弼、次適同知眞定路諸軍奧魯總管府喬岳之子木、次適張氏、次早夭、次尙幼。曾孫男九人：康寧、昭寧、得寧、寶寧、泰寧、延寧、來寧、志寧、道寧。女六人：子寧、宜寧、順寧、福寧、喜寧、季寧。得寧、順寧皆夭。元孫男一人，元孫女一人。」
15. 子松狀君之行實：子，《補遺》無。
16. 今而子孫曾玄宦達蕃衍：玄、蕃衍，《補遺》作「玄」、「衍蕃」。
17. 然則墓表之文不獨使：墓表，《補遺》作「表墓」。
18. 文末，《補遺》有「是歲秋九月初吉述」。

〔註38〕楊訥、李曉明編《文淵閣四庫全書補遺（集部）》（第4冊），北京圖書館出版社 1997 年版，第 324～333 頁。

第 13 冊

吳朝陽

13／72《陽燧賦》，今據《歷代賦匯》校〔註39〕：

1. 爰燔黍而裨豚：裨，《賦匯》作「捭」。
2. 是皆創智之人爲：智，《賦匯》作「制」。
3. 陽彩則發揮於動植：陽，《賦匯》作「揚」。
4. 口窮示之漠然：□，《賦匯》作「雖」。
5. 布列欲眩晃於饌陳：晃，《賦匯》作「冕」。
6. 踆鳥鳥振羽而高翔：鳥，《賦匯》作「烏」。
7. 祥煙有輝：輝，《賦匯》作「煇」。
8. 蓋流光之凝暉也：暉，《賦匯》作「輝」。
9. 於時對越元駿奔：時，《賦匯》作「是」。
10. 豈暗室翳中藏：暗、翳，《賦匯》作「時」、「以」。
11. 將符睨之委至：至，《賦匯》作「致」。
12. 掄口材以儌奇：□，《賦匯》作「微」。

王構

13／130《翰林承旨姚樞贈諡制》，據明代侯大節纂修《萬曆衛輝府志》卷
14《藝文上》〔註40〕、清代王先謙《駢文類纂》卷 24 下〔註41〕校：

1. 宣澤丕應乎天功：乎，《府志》作「於」。
2. 於公簡旌之深：旌，《府志》作「注」。
3. 祚乃龜蒙：祚，《類纂》作「胙」。
4. 方圖政化之新：化，《類纂》作「教」。

13／133《翰林王公大全文集序》，今據陸心源《皕宋樓藏書志》卷 97
〔註42〕校：

〔註39〕 （清）陳元龍輯《歷代賦匯》，江蘇古籍出版社、上海書店 1987 年版，第 216 頁。
〔註40〕 （明）侯大節纂修《萬曆衛輝府志》（第 3 冊），中州古籍出版社 2010 年版，第 280 頁。
〔註41〕 （清）王先謙《駢文類纂》，浙江古籍出版社 1998 年版，第 509 頁。
〔註42〕 （清）陸心源《皕宋樓藏書志》，《續修四庫全書》第 929 冊，上海古籍出版社 1996 年版，第 418～419 頁。

1. 蒐奇拱勝：拱，《藏書志》作「抉」。

2. 南鶩遐騁：南，《藏書志》作「旁」。

3. 公資魁碩弘雅：弘，《藏書志》作「宏」。

4. 朝廷優禮恩如有隆：如，《藏書志》作「數」。

5. 言可得而多見邪：言，《藏書志》作「其」。

6. 請予置言雲端：雲，《藏書志》作「其」。

7. 夫文為用於世弘矣哉：弘，《藏書志》作「宏」。

8. 泊諸同輩翼雲召華：雲召，《藏書志》作「其有」。

9. 召補世教：召，《藏書志》作「有」。

10. 其用言之遠立言之妙：用言，《藏書志》作「用意」。

鮮于樞

13／164《德泉記》，秸曾筠《雍正浙江通志》卷 268 錄此文，題為《德泉銘（並序）》，今據以校：

1. 土膚淺薄：膚，《通志》作「層」。

2. 亡宋時：亡，《通志》作「前」。

3. 非子是誰：是，《通志》作「其」。

4. 當蒙而未達之時：之時，《通志》無。

5. □沸清泉：□，《通志》作「齧」。

6. 漩汗涕洟：洟，《通志》作「泄」。

7. 泉出高原：高，《通志》作「百」。

8. 侃侃廉車：車，《通志》作「卓」。

9. 光螭拏空：光，《通志》作「虎」。

13／168《題趙孟頫書過秦論》，今據明代張丑《清河書畫舫》卷 10 下（四庫全書本）校：

1. 子昂篆隸正行顛草：正，《書畫舫》作「真」。

13／169《楊少師夏熱帖跋》，今據明代朱存理《鐵網珊瑚》卷 2（四庫全書本）校：

1. 王欽若在祥符天貺節：貺，《鐵網珊瑚》作「祝」。

熊朋來

13／171《瑟賦》，今據《歷代賦匯》校〔註43〕：

1. 夫是以稱樂器之寵兮：寵，《賦匯》作「尤」。
2. 五弦二十有五兮：五弦，《賦匯》作「主弦」。
3. 自琴以降：琴，《賦匯》作「秦」。
4. 一倡三歎：倡，《賦匯》作「唱」。
5. 自韓非之妄倫：倫，《賦匯》作「論」。
   按：見《韓非子・外儲說》「齊宣王問匡倩」。
6. 侯氏之坎坎，師延之罪廢：罪廢，《賦匯》作「靡靡」。
7. 竹軋木撍：撍，《賦匯》作「樌」。
8. 琵琶多桫：桫，《賦匯》作「挱」。
9. 始肆薲蘋之食，載歌窟寢之服：寢，《賦匯》作「寐」，是。
   按：二句用《詩經》典故。分見《小雅・鹿鳴》、《周南・關雎》。
10. 益心悅而忘倦：忘，《賦匯》作「志」。
11. 為之歌《伐檀》，若有斲輪乎河岸：岸，《賦匯》作「干」，是。
    按：用《詩經・魏風・伐檀》：「坎坎伐檀兮，置之河之干兮。」
12. 孰能誦詩惟朱弦兮：弦，《賦匯》作「玄」。

鄧牧

13／188《洞霄詩集序》，今據陸心源《皕宋樓藏書志》卷116〔註44〕校：

1. 或造其妙：其，《藏書志》下有「□」。
2. 氣足以勝之也：氣，《藏書志》作「□」。
3. □雄偉浩汗：□，《藏書志》無。
4. 窮陋之地：窮，《藏書志》作「最」。
5. 杭東南山□□□水之勝：水，《藏書志》無。
6. 故取其命意之難：難，《藏書志》下有「易」。
7. 勿以責備焉可也：以，《藏書志》無。
8. 因舊刪定重刻之：舊，《藏書志》下有「集」。
9. 大滌隱人錢塘鄧牧書：鄧牧，《藏書志》作「□□」。

〔註43〕（清）陳元龍輯《歷代賦匯》，江蘇古籍出版社、上海書店1987年版，第391頁。
〔註44〕（清）陸心源《皕宋樓藏書志》，《續修四庫全書》第929冊，上海古籍出版社1996年版，第418～419頁。

牟應龍

13／224《困學紀聞序》，今據清翁元圻《困學紀聞注》（清道光五年餘姚翁氏守富堂刻本）卷首〔註45〕校：

1. 兩制訓詞：詞，《紀聞注》作「辭」。
2. 頤微隱奧：頤，《紀聞注》作「賾」，是。
3. 制度名物之源委：源，《紀聞注》作「原」。
4. 以至宗工巨儒之時文議論：時，《紀聞注》作「詩」。
5. 非讀書萬卷者：者，《紀聞注》無。
6. 何以能知：知，《紀聞注》作「之」。
7. 序引固非晚陋所以當：以，《紀聞注》作「敢」。
8. 不並他人：他，《紀聞注》作「它」。
9. 況昌世閉門讀父書：昌世，《紀聞注》作「昭父」。
10. 文末，《紀聞注》有「至治二年秋八月壬辰隆山牟應龍謹識」。

胡一桂

13／234《上謝疊山先生書》，《全元文》據明萬曆三十七年刻本《新安文獻志》錄文，以四庫本《新安文獻志》校。今據宋代謝枋得《疊山集·附錄》〔註46〕（題為《上疊山先生書》）、元代胡一桂《雙湖先生文集》（康熙刻本）〔註47〕校：

1. 前鄉貢進士胡一桂謹薰沐裁書：前，《文集》無。
2. 原於天品，節於聖人：品，《附錄》、《文集》上有「設於地」。故此句當讀為「原於天，設於地，品節於聖人」。
3. 由乎此則為諸夏、為人，不由乎此則為蠻貊、為禽獸：為諸夏、為蠻貊，《文集》無。
4. 斷斷乎其不可易之論也：可，《文集》無。
5. 疑若與之而俱變者：與，《附錄》、《文集》作「為」。

〔註45〕 （南宋）王應麟著、（清）翁元圻注《困學紀聞注》，《續修四庫全書》第 1142 冊，上海古籍出版社 1996 年版，第 404～405 頁。
〔註46〕 （南宋）謝枋得《疊山集》，景印文淵閣四庫全書第 1184 冊，臺灣商務印書館 1986 年版，第 907～909 頁。
〔註47〕 （元）胡一桂《雙湖先生文集》，《續修四庫全書》第 1322 冊，上海古籍出版社 1996 年版，第 568～570 頁。

6. 把握扶植於不壞不滅之地：不壞不滅，《文集》作「不滅不壞」。

7. 而後僅可以成仁：僅，《文集》無。

8. 棲棲焉寄隻影於遐陬僻壤間：焉、影，《文集》作「然」、「身」。

9. 而時俗富貴：貴，《附錄》、《文集》下有「者」。

10. 切齒唾罵：唾，《文集》作「吐」。

11. 若是而望其把握扶植此道德於不壞不滅之地：不壞不滅，《文集》作「不滅不壞」。

12. 蓋不然，天地間萬形皆有弊：不然，《附錄》、《文集》無；弊，《附錄》、《文集》作「敝」。

13. 宇宙間固有囿於氣數之不得不然者：宇宙間，《附錄》作「宙間事」、《文集》作「宇宙簡事」；者，《文集》無。

14. 而所謂道德之理：所謂，《文集》無。

15. 是以必於人是託：是以，《文集》作「固」。

16. 而流涎於富貴者：於，《文集》無。

17. 有自度其才足以應世而姑守窮約者：足，《附錄》上有「不」。

18. 有其初無力以自奮忽乘機而遽起者：其初，《附錄》、《文集》作「初之」。

19. 皆不足以任道德之寄：皆，《附錄》上有「是」。

20. 往往天亦嘗厭棄於此：此，《附錄》、《文集》下有「徒」。

21. 必使之憂患困苦：必，《文集》作「而」。

22. 必拂亂其所為：必，《文集》作「行」。

23. 瀕於萬死而不得死：而，《附錄》作「如」。

24. 且將以愧天下之曾儋人爵：儋，《文集》作「擔」。

25. 周子所謂道德有其身者是也：所，《附錄》作「是」；其，《附錄》、《文集》作「於」。

26. 遊目八荒：《附錄》作「遊吾目，眇八荒」、《文集》作「遊五目，眇八荒」。

27. 思得大人君子道德有於其身者：其，《附錄》、《文集》無。

28. 為之依歸：歸，《附錄》、《文集》作「皈」。

29. 則捨先生之外其誰哉：則，《附錄》、《文集》無；之外，《文集》無。

30. 恭惟先生抱三光五嶽之氣：恭，《附錄》作「洪」、《文集》無。

31. 而浩然之氣：氣，《附錄》作「象」。

32. 茲者恭聞蟄神龍於九淵：九，《附錄》作「清」。

33. 而爵祿不足以移：移，《文集》作「縻」。

34. 而王侯不足以屈：下有脫文，《附錄》、《文集》有「集蓉裳，修初服，而章甫逢掖變更之未嘗；臥蓮舟，讀玉書，而天祿石渠宗主之有屬。」

35. 斯文倚爲命脈：倚，《附錄》下有「之」。

36. 衣冠賴以綱維：賴，《附錄》下有「之」。

37. 人不得以議其訐：訐，《文集》作「奸」。

38. 而千萬世一人也：一人，《附錄》、《文集》下有「之人」。

39. 古歙士族：此下有脫文，《附錄》、《文集》有「蓋自六世兩伯祖鉉、銓，接武元豐之第。而高伯祖昂，政和之間由辟雍第太常，與吏部朱韋齋先生有同邑同年之好。高祖溢，紹興初分路省元，復收世科讀書之傳。道德之脈三百年於此矣。」

40. 五六歲而讀父書，十八而登名於天府，年少氣銳：《附錄》作「某五六歲而讀父書，十二三而能文，十八而登名於天府，年少氣銳，不但視功名而唾取。」《文集》同，惟「登名」作「名登」、「而唾取」作「如唾取」。

41. 夫何天池之翼未展：天，《附錄》作「澠」。

42. 而回溪之翅已垂；回，《文集》作「洄」。

43. 且比年以來：且，《文集》作「自」。

44. 故欲使爲無間之人：間，《附錄》、《文集》作「聞」。

45. 無迷其途、無絕其源而已：《附錄》、《文集》作「無絕其源、無迷其途而已」。

46. 而紫陽夫子之易，門庭幸而獲入：《附錄》、《文集》作「而紫陽夫子之易，又平日所酷尚。伏讀家君《易啓蒙通釋》，吾易門庭既已獲入」。

47. 未能有灼知其說者：能有，《附錄》、《文集》作「有能」。

48. 某一旦若有陰相而默啓之：一旦，《附錄》、《文集》下有「豁然貫通」。

49. 又作爲疑文言辨：辨，《附錄》無、《文集》作「辯」。

50. 卦體之未有圖也：卦，《附錄》作「並而」。

51. 凡此者，豈謂務絺章繪句以爲能：凡，《文集》作「若」；謂絺，《附錄》作「務絺」、《文集》作「務飾」。

52. 記事纂言以爲多哉：記，《附錄》作「紀」；以，《文集》作「之」。

53. 亦以明經乃儒者事：《附錄》作「亦以明經乃儒者之事」《文集》作「亦以續我先明經之淵源，而挽承學之浸失」。

54. 別之爲賢奸進退：奸，《附錄》、《文集》作「邪」。

55. 於以順性命之理，於以盡事物之情：於以，《文集》均無。

56. 不至外馳：至，《文集》作「致」。

57. 亦由是以不失焉耳。書成，而鄉之老師宿儒，亦或爲之許可：亦或，《附錄》作「莫不」。此一節，《文集》作「由是而不失」。

58. 某亦自度歲月之不虛度矣：某、度，《文集》作「蓋」、「幸」。此句下有脫文，《附錄》、《文集》作「然左太冲《三都賦》固未嘗不爲奇偉之書，使不遇皇甫謐稱獎而爲之序，亦何以信於時而聞於後哉？」

59. 今海內以先生爲道德之宗主：主，《文集》作「工」。

60 人物之權衡：《附錄》下有「一經品題，便作佳士」。

61. 塵滓視聽：《文集》無。

62. 倘徼先生之高名令譽：先生之，《文集》無。

63. 某何幸：某，《文集》作「吾」。

64. 惟先生進而予之：予，《附錄》、《文集》作「教」。

65. 實惟門士之至願：惟門，《文集》作「爲民」。

13／237《周易啟蒙翼傳自序》，《全元文》據《通志堂經解》本《周易啟蒙翼傳》錄文。今據元代胡一桂《雙湖先生文集》（康熙刻本）〔註48〕、黃宗義《宋元學案》〔註49〕、朱彝尊《經義考》卷43〔註50〕、四庫全書本《周易啟蒙翼傳》〔註51〕校：

1. 周易啓蒙翼傳自序：《文集》作「周易翼傳序」、《學案》作「周易本義附錄纂疏啓蒙翼傳序」、《經義考》作「易學啓蒙翼傳自序」、四庫本作「周易啓蒙翼傳原序」。

2. 而爲讀本義之階梯：讀，《經義考》無。

〔註48〕　（元）胡一桂《雙湖先生文集》，《續修四庫全書》第 1322 冊，上海古籍出版社 1996 年版，第 558～559 頁。

〔註49〕　（明）黃宗義《宋元學案》（第 4 冊），中華書局 1986 年版，第 509～510 頁。

〔註50〕　（清）朱彝尊撰，林慶彰、蔣秋華、楊晉龍等點校《經義考新校》第 3 冊，上海古籍出版社 2010 年版，第 775～776 頁。

〔註51〕　（元）胡一桂《周易啓蒙翼傳》，景印文淵閣四庫全書第 22 冊，臺灣商務印書館 1986 年版，第 200～201 頁。

3. 先君子懼愚不敏：愚，《文集》作「予」。

4. 而承學浸失其眞：浸，《學案》作「寖」。

5. 卜筮之教炳如丹矣：炳，《學案》作「灼」；丹，《文集》作「冊」、《學案》、《經義考》、四庫本作「丹青」。

6. 詎容於得已也哉：詎，《文集》作「豈」。

7. 羲文周孔之《易》辨矣：辨，《文集》作「辯」。

8. 而今終不可逾於古：今，《學案》、《經義考》無。

9. 雖紛紛不一：紛紛，《文集》作「紛紜」。

10. 曷若卜筮上推理義之爲實：曷，《經義考》作「勿」。

11. 辨疑以審其是：辨，《文集》作「辯」。

12. 便如筮斯得：斯，《文集》、《學案》、《經義考》作「所」。

13. 當識君臣父母之分：母，《文集》、《學案》、《經義考》作「子」。

14. 是則君平依孝依忠之微意也：依孝依忠，《文集》、《學案》、《經義考》作「依忠依孝」。

15. 其根底所在：底，《文集》、《學案》、《經義考》作「柢」。

16. 請申之：《學案》、《經義考》無。

17. 『皇慶癸丑』至文末：《文集》、《學案》、《經義考》無。

13／237《易本義啟蒙後論》，今據元代胡一桂《雙湖先生文集》（康熙刻本）〔註52〕校：

1. 易本義啓蒙後論：《文集》作「周易本義啓蒙通釋序」。

2. 文首，《文集》有「《易》之爲書，創於羲、文，成於周、孔。迭經四聖，理義精微。但」。

3. 破俗學之繆妄：繆，《文集》作「謬」。

4. 圖書位定而天地自然之《易》明：位定，《文集》作「定位」。

5. 文之《易》辨：辨，《文集》作「辯」。

6. 《易經》始爲之復古：之，《文集》無。

7. 而觀玩不涉虛文：而，《文集》無。

8. 考變古則博取《左氏傳》以明斷例：古，《文集》作「占」。

9. 壹皆寓尊陽之微意：壹，《文集》作「一」。

〔註52〕（元）胡一桂《雙湖先生文集》，《續修四庫全書》第1322冊，上海古籍出版社1996年版，第556～557頁。

10. 所以惑世誣民者：惑，《文集》作「害」。

11. 子朱子有功於繆：繆，《文集》作「謬」。

12. 得毋四者之目：毋，《文集》作「母」，誤。

13. 占而後有卦變爻辭：占，《文集》無。

14. 一以貫之曰占：占，《文集》無，誤。

15. 文末，《文集》有「豈可乎哉。因以序之以彰其義耳」。

13／245《文言辨》，今據元代胡一桂《雙湖先生文集》（康熙刻本）〔註53〕、
胡一桂《易附錄纂注》〔註54〕、黃宗羲《宋元學案》〔註55〕校：

1. 亦未嘗專取《坎》：坎，《文集》作「水」。

2. 於是乎始各有定屬：於是乎，《文集》無。

3. 則大象亦謂之非夫子作可也。謂夫子已前元有可也：可也謂夫子，《纂
注》作「凡卜筮之辭」；元，《學案》作「原」。

4. 嘗反覆思之：覆，《文集》作「復」。

5. 是左氏本《文言》語：語，《文集》、《學案》上有「之」。

6. 實左氏蓋本夫子《大象》以文之：實，《纂注》無；以，《學案》作「而」。

7. 一時不暇詳密：密，《文集》作「察」、「學案」作「審」。

8. 且有及於《坎》勞卦之說：坎勞，《文集》作「勞坎」。

9. 愚是以知：知，《文集》作「謂」。

10. 故不得不辨：辨，《學案》作「辯」。

13／246《文王作易文辭辨》，今據元代胡一桂《雙湖先生文集》（康熙刻本）
〔註56〕、黃宗羲《宋元學案》〔註57〕、《古今圖書集成・理學彙編・經籍典》
第86卷易經部、四庫全書本《周易啟蒙翼傳》〔註58〕校：

〔註53〕 （元）胡一桂《雙湖先生文集》，《續修四庫全書》第1322冊，上海古籍出版
社1996年版，第561～562頁。

〔註54〕 （元）胡一桂《易附錄纂注》，景印文淵閣四庫全書第22冊，臺灣商務印書
館1986年版，第195～196頁。

〔註55〕 （明）黃宗羲《宋元學案》（第4冊），中華書局1986年版，第512～513頁。

〔註56〕 （元）胡一桂《雙湖先生文集》，《續修四庫全書》第1322冊，上海古籍出版
社1996年版，第560～561頁。

〔註57〕 （明）黃宗羲《宋元學案》（第4冊），中華書局1986年版，第510～512頁。

〔註58〕 （元）胡一桂《周易啓蒙翼傳》，景印文淵閣四庫全書第22冊，臺灣商務印
書館1986年版，第339～340頁。

1. 文王作易文辭辨：《文集》作「文王作爻辭辯」、《學案》作「文王作易爻辭辯」、《集成》、《翼傳》作「文王作爻辭之疑」。

2. 此繼統而當明揚之時之象：揚，《文集》、《學案》、《翼傳》作「傷」。下句「其指大君當明揚之時」之時。

3. 蓋箕子之囚放：放，《文集》、《學案》作「奴」。

4. 李隆山深然其說：李隆山，《集成》、《翼傳》作「李子思」。《集成》於文末注「李舜臣字子思號隆山」，《翼傳》於李子思下注「名舜臣號隆山」。

5. 謂班馬只言文王演卦：班馬，《翼傳》下注「固遷」。

6. 馬融、陸績、王肅、姚信：《文集》於姚信下有「等」。此句，《集成》、《翼傳》作「馬季長以下」。

7. 愚謂以爻辭爲文王作：愚，《學案》下有「則」。

8. 當文王與紂之時乎：時乎，《文集》、《集成》、《翼傳》作「事」。

9. 是故其辭危：下有脫文，《文集》、《翼傳》有「言辭只說文王」、《集成》有「繫辭只說文王」。

10. 文王決無預言之理：預，《學案》作「豫」。

11. 而《隨》之王用亨於西山，《升》之王用亨於岐山：亨，《文集》均作「享」。

12. 未有亨於岐山者：亨，《文集》作「享」。

13. 而韓宣子見易象之言：而，《文集》、《翼傳》作「故謂之作於周公」。

14. 隆山辨魯春秋之說：隆山辨，《文集》作「李隆山辯」、《學案》作「隆山辯」、《集成》作「李子思辨」。

15. 蓋自不曉其義耳：耳，《文集》、《集成》、《翼傳》無。

16. 見易象則知周公之德：見，《文集》、《集成》、《翼傳》上有「自說」。

17. 尤有所未可：尤，《文集》作「猶」。

18. 前漢趙賓正蜀人：前，《文集》無。

19. 以證爻辭謂非周公作哉：謂，《文集》、《學案》、《集成》、《翼傳》作「爲」。

20. 愚故不能無辨：辨，《文集》、《學案》、《集成》作「辯」。

13／248《讀詩》，今據元代胡一桂《雙湖先生文集》（康熙刻本）〔註59〕校：

1. 讀詩：《文集》作「讀詩履帝武辯」。

〔註59〕 （元）胡一桂《雙湖先生文集》，《續修四庫全書》第 1322 冊，上海古籍出版社 1996 年版，第 562 頁。

2. 至鄭乃有大神跡之說：鄭，《文集》下有「氏」。

3. 故歐陽氏深辨之云：辨，《文集》作「辯」。

4. 蓋堯有威德：威，《文集》作「盛」，是。

　　按：此乃援引歐陽修《詩本義》卷 13 之語。歐氏原本作「盛」〔註60〕。

5. 何必有詼詭譎誕之事：詼詭譎誕，《文集》作「恢怪詭誕」。

6. 未必有吞鳦卵之事：鳦，《文集》作「鳥」。

王公孺

13／252《秋澗先生大全集後序》，今據陸心源《皕宋樓藏書志》卷 97〔註61〕
校：

1. 秋澗先生大全集後序：《藏書志》作「秋澗文集後序」。

2. 致有弘益：弘，《藏書志》作「宏」。

3. 堂移江浙行省給公帑刊行：堂，《藏書志》作「當」。

4. 方刻板本流傳於世：板，《藏書志》作「版」。

延祐七年庚申正月哉生明：哉，《藏書志》作「載」，誤。

白珽

13／285《西湖賦》，今據明代陳讓、夏時正纂修《成化杭州府志》卷 8
〔註62〕、《歷代賦匯》〔註63〕校：

1. 奚止此水可誇絕於天地哉：地，《府志》、《賦匯》作「下」。

2. 而筆騁群彥：而，《賦匯》無。

3. 不待繰而貴者矣：不，《府志》作「必」，誤。

　　按：上句有「不待斲而成」。

4. 亦溉旱而涵潦：溉，《府志》作「既」。

〔註60〕　（北宋）歐陽修《詩本義》，景印文淵閣四庫全書第 70 冊，臺灣商務印書館
　　　　　1986 年版，第 286 頁。

〔註61〕　（清）陸心源《皕宋樓藏書志》，《續修四庫全書》第 929 冊，上海古籍出版
　　　　　社 1996 年版，第 420～421 頁。

〔註62〕　（明）陳讓、夏時正纂修《成化杭州府志》，《四庫全書存目叢書》史部第 175
　　　　　冊，齊魯書社 1996 年版，第 111～114 頁。

〔註63〕　（清）陳元龍輯《歷代賦匯》，江蘇古籍出版社、上海書店 1987 年版，第 117
　　　　　～118 頁。

5. 五峰指列乎虎林：五峰下有注「飛來、白猿、蓮花、稽留、月桂」，《府志》誤將「飛來、白猿、蓮花、稽」刻入正文。

6. 幸庾梅之猶昨：幸，《府志》作「辛」。

7. 成太一祝釐之所：一，《府志》作「乙」。

8. 金地七寶：《府志》下有注「南口至此皆以繞湖山名」。

9. 棲霞南沿乎岳墓：沿，《府志》作「法」。

10. 禱白鱔而祠烏龍：祠，《府志》作「同」，誤。

11. 香山六一：一，《府志》作「乙」，誤。

12. 若也園池樓觀：也，《賦匯》作「他」。

13. 攬九曲之紫翠：攬，《府志》、《賦匯》作「擅」。

14. 三賢先賢：三，《賦匯》作「二」。

15. 注文『皆湖上捍禦金兵死節者』：《府志》作「朱蹕金祝皆湖上捍禦兀朮死節者」。

16. 嘶府君之神馬：嘶，《府志》、《賦匯》作「斯」。

17. 則有后妃胤嗣之欑宮：欑，《府志》、《賦匯》作「攢」。

18. 『惟塔□□□□教也』以下三句：《賦匯》無。

19. 安晚峙玉清之下：玉，《府志》、《賦匯》作「上」。

20. 隱顯於此湖：於，《府志》、《賦匯》作「乎」。

21. 先得俯近山之快：山，《府志》、《賦匯》作「水」。

22. 新路習金雞之跖：跖，《府志》、《賦匯》作「路」。

23. 紫燕瞥過：燕，《府志》、《賦匯》作「雁」。

24. 攜衾夜曦：曦，《府志》、《賦匯》作「曦」。

25. 筍鮮芹脆：筍，《府志》、《賦匯》作「筍」，是。

26. 褻褭瞻顧：褻褭，《府志》、《賦匯》作「裹回」。

27. 咸淳庚午歲作：《府志》、《賦匯》無。

13／291《遊湖後賦》，今據明代陳讓、夏時正纂修《成化杭州府志》卷 8〔註64〕、《歷代賦匯》〔註65〕校：

1. 奮髯而慷慨曰：髯，《府志》、《賦匯》作「鬚」。

〔註64〕（明）陳讓、夏時正纂修《成化杭州府志》，《四庫全書存目叢書》史部第 175 冊，齊魯書社 1996 年版，第 114 頁。

〔註65〕（清）陳元龍輯《歷代賦匯》，江蘇古籍出版社、上海書店 1987 年版，第 118 頁。

2. 撫流光之倏忽：《賦匯》無。

3. 渺丘壟之無跡：丘，《賦匯》作「邱」。

4. 舉大白而浮之觴：浮，《府志》、《賦匯》作「罰」。

5. 如屈伸肘：如，《府志》作「知」。

6. 防風積於九畝：積，《府志》、《賦匯》作「橫」。

7. 茹野菫其適口：茹野菫，《府志》、《賦匯》作「野茹僅」。

劉因

13／320《橫翠樓賦》，今據《歷代賦匯》〔註66〕校：

1. 而宏麗特出：特，《賦匯》作「傑」。

2. 主人觴於斯，詠於此：此，《賦匯》作「斯」。

3. 而坐致乎几案間：坐，《賦匯》作「空」。

4. 與秋色而高相也：高相，《賦匯》作「相高」。

5. 雨霽虹銷：銷，《賦匯》作「消」。

6. 天寒而宜遠也：宜，《賦匯》作「望」。

7. 日下壁而乘彩：下，《賦匯》作「上」。

8. 如萬物之供四時而無窮也：之，《賦匯》無。

9. 由是觀之：是，《賦匯》下有「而」。

10. 勻人之殘暑：暑，《賦匯》作「炙」。

11. 倚太行之岩觀：岩，《賦匯》作「宕」。

12. 洶然如半夜之潮生：洶，《賦匯》作「泊」。
    按：四庫本《賦匯》作「汩」。

13. 使人湍飛逸興：湍，《賦匯》作「遄」，是。
    按：王勃《滕王閣序》：「逸興遄飛。」

14. 訪攢風之翠黛：風，《賦匯》作「峰」。

15. 發胸次之瑰珂：珂，《賦匯》作「奇」。

16. 開袖幌，闢岩扃：袖，《賦匯》作「岫」。

17. 供詩情於晚眺：眺，《賦匯》作「翠」。

18. 杳焉如千里之毫芒：之，《賦匯》無。

〔註66〕（清）陳元龍輯《歷代賦匯》，江蘇古籍出版社、上海書店 1987 年版，第 328
　　　　～329 頁。

13／322《苦寒賦》，今據《歷代賦匯》〔註67〕校：

1. 裸壞毛繪：毛，《賦匯》作「垂」。

13／323《渡江賦》，今據《歷代賦匯》〔註68〕校：

1. 橫堅陣於高崗：崗，《賦匯》作「岡」。
2. 匀磕隱訇：匀磕，《賦匯》作「輎磕」。
3. 狀如鬼神：《賦匯》作「狀若神鬼」。
4. 固足以拳拘湍汗：湍，《賦匯》作「喘」。
5. 於是環疊剹塹：疊剹，《賦匯》作「壘跨」。
6. 湖北京西之鎮通矣：鎮，《賦匯》作「達」。
7. 於時六師奮撒：撒，《賦匯》作「橄」。
8. 戰則爲黃泉之士：士，《賦匯》作「土」。
9. 振扼喉衿：衿，《賦匯》作「襟」。
10. 戟牙刺天：戟，《賦匯》作「杈」。
11. 中有舟艫被江：艫，《賦匯》作「艦」。
12. 牽拖千尺：拖，《賦匯》作「柁」。
13. 槁工舟師：槁，《賦匯》作「篙」。
14. 撫馮夷：撫，《賦匯》作「掬」。
15. 曹丕望洋而回取：取，《賦匯》作「馭」。

    按：上句云「孫權割險而自霸」。陳壽《三國志・魏志》載魏文帝黃初六年「冬十月，行幸廣陵故城，臨江觀兵，戎卒十餘萬，旌旗數百里，帝於馬上爲詩。是歲大寒冰。舟不得入江，乃引還。〔註69〕」曹丕有《至廣陵於馬上作》詩。

16. 又若船襄漢之粟：船，《賦匯》作「轉」。
17. 而進以力持也：力，《賦匯》作「功」。
18. 彼持衣帶之水：持，《賦匯》作「恃」。
19. 夢甕窟而魂飛：甕，《賦匯》作「毳」。
20. 客於是怗然失氣：氣，《賦匯》作「色」。

〔註67〕 （清）陳元龍輯《歷代賦匯》，江蘇古籍出版社、上海書店1987年版，第56～57頁。

〔註68〕 （清）陳元龍輯《歷代賦匯》，江蘇古籍出版社、上海書店1987年版，第273頁。

〔註69〕 （晉）陳壽撰、（宋）裴松之注《三國志》（第一冊），中華書局1959年版，第85頁。

13／360《跋懷素藏真律公二帖墨本後》，今據清代曹本榮《古文輯略》〔註70〕
校：

1. 跋懷素藏眞律公二帖墨本後：墨本，《輯略》無。
2. 而公又會意於張長史：會，《輯略》作「命」。
3. 懿簡公爲樞密：公，《輯略》無。
4. 於此焉分：《輯略》作「已於此分」。
5. 而有可鑒者二，故並書於後，以代覽者云：《輯略》作「而有可鑒者云」。

13／365《書太極圖後》，今據清代曹本榮《古文輯略》〔註71〕校：

1. 書太極圖後：書，《輯略》作「記」。
2. 而欲其當謬加無極之責：責，《輯略》作「旨」。
3. 已序於《通書》之後矣：序，《輯略》作「敘」。
4. 則復爲：爲，《輯略》作「云」。
5. 而其理則未嘗不一：《輯略》無。
6. 艮之爲陰中之陽者：陽，《輯略》作「動」。
7. 至元丙子八月望日書：書，《輯略》作「靜修新齋記」。

13／371《讀藥書漫記二條》，今據清代曹本榮《古文輯略》〔註72〕校：

1. 蓋其源一也：源，《輯略》作「原」。
2. 亦類也：亦，《輯略》下有「有」。
3. 而一世事固能辦也：辦，《輯略》作「辨」。

13／458《告峨山龍湫文》，今據清代曹本榮《古文輯略》〔註73〕校：

1. 非神之所得而專也：而，《輯略》無。
2. 是以使神涵蓄靈潤：涵，《輯略》作「函」。
3. 則惟淫昏之鬼是求：惟，《輯略》作「爲」。
4. 而感信愈篤：感，《輯略》作「惑」。

〔註70〕　（清）曹本榮《古文輯略》，《四庫全書存目叢書》集部第 392 冊，齊魯書社
　　　　1996 年版，第 577 頁。
〔註71〕　（清）曹本榮《古文輯略》，《四庫全書存目叢書》集部第 392 冊，齊魯書社
　　　　1996 年版，第 576～577 頁。
〔註72〕　（清）曹本榮《古文輯略》，《四庫全書存目叢書》集部第 392 冊，齊魯書社
　　　　1996 年版，第 578 頁。
〔註73〕　（清）曹本榮《古文輯略》，《四庫全書存目叢書》集部第 392 冊，齊魯書社
　　　　1996 年版，第 331～332 頁。

5. 使既足而又周浹焉：浹，《輯略》作「溥」。

6. 則神之惠：神，《輯略》上有「鬼」。

7. 神其不司之：不，《輯略》下有「可」。

13／459《己卯春釋菜先聖文》，今據清代曹本榮《古文輯略》〔註74〕校：

1. 肆然多歧：然，《輯略》作「焉」。

2. 於古遺言：於，《輯略》作「千」。

胡長孺

13／540《白雲集序》，《全元文》據四庫本《白雲集》錄文。今據陸心源《皕宋樓藏書志》卷95〔註75〕、當歸草堂重刊本《白雲集》卷首〔註76〕校：

1. 髡髮出家空空無而樂寂滅：髡，《藏書志》作「髧」。

2. 宜其詩違世離俗，有高遠幽深：違世離俗，《藏書志》無。

3. 實存英上人攜其《白云詩集》視予：予，《白雲集》作「余」。

4. 求名尊宿而為之役：役，《藏書志》作「後」。

5. 此於其道非有所得能若此乎：於其，《藏書志》作「其於」。

13／544《何長者傳》，今據元代蘇天爵《元文類》卷69〔註77〕、清代曹本榮《古文輯略》〔註78〕校：

1. 曾杭傅氏施天水院橋東地：曾，《文類》、《輯略》作「會」。

13／547《陳孝子傳》，今據元代蘇天爵《元文類》卷69〔註79〕、清代曹本榮《古文輯略》〔註80〕校：

1. 言斗龍持病服喪廬墓時事：持，《文類》、《輯略》作「侍」。

〔註74〕 （清）曹本榮《古文輯略》，《四庫全書存目叢書》集部第392冊，齊魯書社1996年版，第328頁。

〔註75〕 （清）陸心源《皕宋樓藏書志》，《續修四庫全書》第929冊，上海古籍出版社1996年版，第393頁。

〔註76〕 （元）僧英《白雲集》，《禪門逸書》初編第6冊，明文書局1981年版，第2頁。

〔註77〕 （元）蘇天爵《元文類》，商務印書館1936年版，第155～156頁。

〔註78〕 （清）曹本榮《古文輯略》，《四庫全書存目叢書》集部第392冊，齊魯書社1996年版，第135～137頁。

〔註79〕 （元）蘇天爵《元文類》，商務印書館1936年版，第1000～1002頁。

〔註80〕 （清）曹本榮《古文輯略》，《四庫全書存目叢書》集部第392冊，齊魯書社1996年版，第137～139頁。

13／550《元寶傳》，《全元文》據明萬曆《杭州府志》錄文，今據明代陳讓、夏時正纂修《成化杭州府志》卷 62〔註81〕、明代陳邦俊《廣諧史》〔註82〕校：

1. 其先有楮先生者居越之會稽：楮先生，《廣諧史》作「有楮先生者」。

2. 懷貞體素：《廣諧史》作「抱懷素之體」。

3. 能記三賢五典：賢，《府志》、《廣諧史》作「墳」。

4. 莫不通載曉析：通載曉析，《廣諧史》作「曉析該博」。

5. 天下舉尊事之：舉，《廣諧史》作「通」。

6. 無智愚人盡稱之曰先生：《廣諧史》作「故人無智愚皆稱曰先生」。

7. 蔡侯倫見之，識其美質：之識，《廣諧史》無；美質，《廣諧史》作「質美」。

8. 日夜相爲澄治：爲、治，《廣諧史》作「與」、「治」。

9. 今之道說先生事蹟：今之，《廣諧史》作「迨今」。

10. 嘉其善取材而成之也：材，《廣諧史》作「裁」；成，《廣諧史》下有「就」。

11. 其後世有纂慕其業者：其，《廣諧史》無；纂，《廣諧史》作「慕」。

12. 不墜斯緒：斯，《廣諧史》作「其」。

13. 古田之族亦翩翩有聲：翩翩，《廣諧史》作「翩然」。

14. 遂不知寶去先生爲幾世也：世，《廣諧史》作「代」。

15. 因自薄楮氏：楮氏，《廣諧史》作「其祖」。

16. 惟以淡薄持身：惟，《廣諧史》無。

17. 遂絕去《詩》《書》故業：去，《廣諧史》作「意」。

18. 易拓拔以華姓曰元氏：《廣諧史》作「本姓拓拔，慕華乃易曰元氏」。

19. 寶以貲華上：華，《府志》、《廣諧史》作「幸」。

20. 及長太府：長，《廣諧史》作「掌」。

21. 士南征北伐：士，《廣諧史》作「上」。

22. 寶常以給饋：常以，《廣諧史》無。

23. 有功最，每奏第次：《廣諧史》作「有功，每奏最」。

24. 輒加秩予金：金，《廣諧史》無。

25. 寶亦不以爲泰也：以，《廣諧史》無。

〔註81〕 （明）陳讓、夏時正纂修《成化杭州府志》，《四庫全書存目叢書》史部第 175
　　　　 冊，齊魯書社 1996 年版，第 868～869 頁。
〔註82〕 （明）陳邦俊《廣諧史》，《四庫全書存目叢書》子部第 252 冊，齊魯書社 1997
　　　　 年版，第 254～255 頁。

26. 嘗語人曰：語，《廣諧史》作「謂」。

27. 國家者有臣輩：者，《廣諧史》無；輩，《廣諧史》作「等」。

28. 何憂事不可爲而爲不可成乎：《廣諧史》作「何慮事不可爲、務不可成乎？」

29. 每聞呂尚父立九府法：聞，《廣諧史》作「用」；立，《廣諧史》無。

30. 勞擾樅樅：《府志》作「勞擾摐摐」、《廣諧史》作「勞擾煩苛」。

31. 九夷百蠻之外：百，《廣諧史》作「八」。

32. 穿匃連胸陷頸：匃連，《廣諧史》作「胸陷」。

33. 漁樵匹士、釋子冠師：《廣諧史》作「漁樵工賈、緇衣黃冠」。

34. 一息不得寶：息，《廣諧史》作「日」。

35. 皆不得所欲。商賈市易固非寶不交不親：《廣諧史》作「至則趑趄窘縮。故人非寶不親。」

36. 武毅士出守郡邑：毅，《廣諧史》無。

37. 至暴抗也，人或微失其意：《廣諧史》作「雖甚暴抗，少忤其意」。

38. 或挾貴權者往請，尚不能解：《廣諧史》作「貴者權者莫能解」。

39. 寶至：寶，《廣諧史》下有「一」。

40. 無問事輕重：《廣諧史》作「不問事理輕重」。

41. 所請謁於人大率若此：請謁，《廣諧史》作「重」。

42. 然其性貪甚：其，《廣諧史》無。

43. 好與博徒大駔爲錢交通暴豪：駔，《廣諧史》作「驛」，誤；錢，《廣諧史》無；交通，《廣諧史》作「通交」。

    按：大駔，意爲「大駔儈」、「買辦」。

44. 事是非曲直：事，《廣諧史》下有「之」。

45. 輒變亂以從其意：輒，《廣諧史》作「皆能」。

46. 百夷順軌：順軌，《廣諧史》作「效順」。

47. 榮辱繫乎其口：繫，《廣諧史》作「出」。

48. 雖有甚智，將奔走之不暇，誰敢議之：《廣諧史》作「雖縱橫才辨之士，能使之奔走不暇」。

49. 桀黠民或詐稱寶爲信：《廣諧史》作「有桀黠之民多詐稱寶族」。

50. 巧刻畫以做擬寶，終莫及，識者亦辨知其僞，事覺亦抵罪：做，《府志》作「倣」。此句，《廣諧史》作「巧竊刻畫擬寶所謂，然終露其僞，爲智者所覺，竟以取禍」。

51. 不以誚寶：不以，《廣諧史》作「亦不」。

52. 唯介廉士不喜寶：《廣諧史》作「惟廉介志士或不喜寶」。

53. 痛與絕，斥詆不置。及厄窮甚，欲與交歡，寶撼往事不爲降意：《廣諧史》作「嘗詆叱，不與交。時有窮困，將與交歡。寶念舊怨，不肯往。」

54. 介者亦自言，平生視寶何物人：《廣諧史》作「彼志士亦自念平生視寶行污濁」。

55. 豈秉德之衰耶：秉，《廣諧史》無。

56. 寶之大父行同安孔方昔日得志勢十倍寶：行、昔日，《廣諧史》無；志，《廣諧史》下有「時」。

57. 世慕向之：向，《廣諧史》作「尙」。

58. 或稱其通神：或，《廣諧史》無。

59. 始棄置不用：《廣諧史》作「孔方之名遂泯」。

60. 今別族於太史爲治氏：《廣諧史》作「乃別族於大冶氏」。

61. 猶爲民所器使：猶、民，《廣諧史》作「亦」、「人」。

62. 嘗顧寶而笑：《廣諧史》作「嘗顧寶笑曰」。

63. 今乃汝赫赫：今乃，《廣諧史》作「乃今」。

64. 若一旦見其敝：若，《廣諧史》作「然」。

65. 且爲燼矣：爲，《廣諧史》無。

66. 寵榮勢利果何倚哉：寵榮、何，《廣諧史》作「榮寵」、「可」。

67. 寶甚愧其言：甚，《廣諧史》無。

68. 悵然且失：《府志》、《廣諧史》作「自」。

69. 寶口貴非能自惜：《府志》作「寶方貴非□□□」、《廣諧史》作「寶之方貴顯用事，苟非孔方，何以示其幾焉」。

70. 後不知其所終：其，《廣諧史》無。

71. 初，寶之生也：《廣諧史》作「寶之初生」。

72. 褚氏以筵簟筮之：褚、筵簟，《廣諧史》作「楮」、「莛蕁」。

73. 凝神之爲：凝，《廣諧史》作「疑」。

74. 及貴皆驗：《廣諧史》作「後悉驗之」。

75. 善記載者惟褚氏：褚，《廣諧史》作「楮」。

76. 是有功庸於世，厥宜有後哉：《廣諧史》作「甚有功，其克昌厥後，宜哉」。

77. 而寶以貨聞潰其家聲：《廣諧史》作「而寶乃以功利墜其家世」。

78. 孔方又逆所終而知之：所終而知之，《廣諧史》作「知其不終」。

79. 噫方奚不自知乃令廢爲：乃令廢爲，《廣諧史》作「耶」。

80. 褚氏有別子孫在吳越間：《廣諧史》作「今楮氏子孫散在吳越間」。

81. 尙治其家世業：家，《廣諧史》無。

82. 亦絕寶不與通：《廣諧史》作「不與寶通」。

83. 又忘本：《廣諧史》作「且忘其本」。

84. 若通有無、厚衣食：《廣諧史》作「若其能有無，足人衣食」。

85. 其所立身有絕人者：身，《廣諧史》無。

86. 亦不可及：及，《廣諧史》作「廢」。

13／555《吾子行文冢銘》

按：吾衍，字子行。錢良右《題胡長孺撰吾子行父冢銘》（32／225），故文題中「文」當爲「父」。

第 20 冊

趙時遠

20／104，據陸心源《皕宋樓藏書志》卷 93 校〔註83〕：

按：《全元文》據清光緒十三年《平望志》錄其《孫耕閒詩集序》，文尾題署「至元十八年辛巳七月」。《皕宋樓藏書志》文末尙有「漸磐野老趙時遠無近父書」。

第 21 冊

鄧文原

21／21《許衡妻敬氏封魏國夫人制》。今據楊訥、李曉明編《文淵閣四庫全書補遺（集部）》第四冊〔註84〕校：

　　1. 特示崇襃：襃，《補遺》作「覆」。

〔註83〕（清）陸心源《皕宋樓藏書志》，《續修四庫全書》第 929 冊，上海古籍出版社 1996 年版，第 370～371 頁。

〔註84〕楊訥、李曉明編《文淵閣四庫全書補遺（集部）》（第 4 冊），北京圖書館出版社 1997 年版，第 207～208 頁。

2. 儉猶親於澣濯：猶，《補遺》作「衣」。

3. 而哀榮之典未備：備，《補遺》作「稱」。

4. 尙期啓迪於後人：期，《補遺》作「其」。

21／26《送郭文卿赴浮梁知州序》，今據宛委別藏本《運使復齋郭公敏行錄》
〔註85〕校：

1. 送郭文卿赴浮梁知州序：《敏行錄》作「送文卿赴浮梁任序」。

2. 有意所甚欲而不可強致者：強致，《敏行錄》作「必得」。

3. 然余徵詣京師：然余，《敏行錄》作「余始」。

4. 汴梁郭文卿由中書掾佐宣徽幕：徽，《敏行錄》下有「院」。

5. 薦紳間往往言文卿雅尙儒術：尙，《敏行錄》作「好」。

6. 其爲吏持三尺法：三，《敏行錄》作「二」。

7. 而余竟不獲一接其言論以自娛：一接，《敏行錄》作「接一」。

8. 善造詣以希富貴利達者：詣，《敏行錄》作「請」。

9. 皆祖田何：祖，《敏行錄》作「相」，誤。

10. 昔余杜門教授生徒以自給：昔、自給，《敏行錄》作「初」、「給衣食」。

11. 適萬里：萬，《敏行錄》作「四千」。

12. 造乎性命之精：造、精，《敏行錄》作「達」、「情」。

13. 而安於所遇者也：於，《敏行錄》作「乎」。

14. 余既序次其說：《敏行錄》作「余既敘次具疏」。

15. 文末，《敏行錄》有「皇慶初元正月三日古涪鄧文原序」。

21／43《四書通序》。今據楊訥、李曉明編《文淵閣四庫全書補遺（集部）》
第四冊《雲峰集‧附錄》〔註86〕校：

1. 使學者貿亂而無所折衷：貿亂，《補遺》無。

2. 余竊病焉：余，《補遺》作「予」。下文「余嘗以謂昔之學者常患其不如
古人」同。

3. 悉取《纂疏集成》之戾於朱夫子者刪而去之：悉，《補遺》作「盛」。

〔註85〕 （元）鄧文原《運使復齋郭公敏行錄》，宛委別藏本。
〔註86〕 楊訥、李曉明編《文淵閣四庫全書補遺（集部）》（第4冊），北京圖書館出版
社1997年版，第402～404頁。

21／57《浮梁州重建廟學記》，今據元至順刻本《編類運使復齋郭公敏行錄》校〔註87〕：

1. 祖見於先聖：祖，《敏行錄》作「祇」。
2. 由是蜀士比齊魯：士，《敏行錄》作「學」。
3. 政新令孚：新，《敏行錄》作「親」。
4. 而稽考其惰情：考，《敏行錄》作「校」。
5. 由是編民佐吏：由、吏，《敏行錄》作「於」、「史」。
6. 而黜浮華之士：黜，《敏行錄》下有「詞章」。
7. 士莫不澡刷以自振：自振，《敏行錄》作「圖報」。
8. 漢興至建武幾八十載：武，《敏行錄》作「元」，是。
   按：下句言「始克罷黜百家」。建武非漢武帝年號，作「建元」是。
9. 當儒道湮厄已久：湮，《敏行錄》作「陻」。
10. 而卒未得疑古者得人之盛：未，《敏行錄》作「不」。
11. 則又溺於章句訓詁：溺，《敏行錄》作「習」。
12. 闕諸百穀草木：闕，《敏行錄》作「譬」。
13. 經術則沃土之所封植：植，《敏行錄》作「殖」。
14. 甘霖之所膏潤：霖，《敏行錄》作「澤」。
15. 然後以華以衍：衍，《敏行錄》作「實」。
16. 此詞章之昭晰而不可掩者耳：耳，《敏行錄》作「爾」。
17. 皆天下之實理：之，《敏行錄》無。
18. 一有干眾取寵之私：干，《敏行錄》作「謹」。
19. 士之遊息蘊修於此者：蘊、此，《敏行錄》作「藏」、「斯」。
20. 文末，《敏行錄》有「侯首捐己奉（按：當作「俸」）錢，買地以斥門制。能以義倡儒生者，方玉甫、趙鎮遠、閔全。延祐改元龍集甲寅三月朔記」。

21／86《重建崇寧萬壽禪寺記》，今據清代文齡、孫文俊修，史策先纂《同治隨州志》卷32《藝文下》〔註88〕校：

1. 正心誠意而行其道：正心，《隨州志》無。
2. 故時愈久而愈彰、益誣而益信：時、益誣而益信，《隨州志》無。

〔註87〕（元）鄧文原《編類運使復齋郭公敏行錄》，《續修四庫全書》第 550 冊，上海古籍出版社 1996 年版，第 701～702 頁。
〔註88〕（清）文齡、孫文俊修，史策先纂《同治隨州志》，清同治八年刻本。

3. 雲藏福地：《隨州志》無。

4. 必假至人而啓發之：至，《隨州志》作「其」；發，《隨州志》無。

5. 則所依之處：之，《隨州志》無。

6. 慈忍靈濟大師傳馬祖心印：靈濟，《隨州志》無。

7. 下五頂峰，《隨州志》作「至於峰頂」。

8. 符『隨止洪住』之讖：洪住之讖，《隨州志》作「湖」。

9. 山由是而名焉：名，《隨州志》上有「更」。

10. 必假人而興焉：必，《隨州志》上有「又」。

11. 重開山第一代了菴卓禪師：代，《隨州志》作「祖」；卓，《隨州志》無。

12. 志慕空寂：寂，《隨州志》作「術」。

13. 飄然振遊方之口，至漢東卓菴：口、菴，《隨州志》作「名刹迺」、「錫」。

14. 晏如也：《隨州志》作「至日」。

15. 以禪定力默起池龍：起，《隨州志》作「啓」。

16. 樂然而會：會，《隨州志》作「赴」。

17. 壘磵之崩：磵，《隨州志》作「澗」。

18. 昔之所化者今復存矣：存，《隨州志》作「建」。

19. 至於別甌吹香，銅魚喚粥：吹、桐，《隨州志》作「炊」、「桐」。

> 按：桐魚，僧寺用的木魚。宋代毛滂《陪曹使君飲郭別乘舍夜歸奉寄》
> 詩：「回頭一笑墮渺茫，臥聽桐魚喚僧粥。」

20. 檀施絡繹而供給焉：施，《隨州志》作「度」。

21. 知隨州傅君安國原師之德：原，《隨州志》作「厚」。

22. 師於元貞元年六月二十七日泊然而逝：泊，《隨州志》作「洵」。

23. 大司徒秉人鑒之口：秉，《隨州志》上有「素」；之口，《隨州志》無。

24. 文口宣政院頒降聖旨：文口，《隨州志》無。

25. 豈天地萬物乘除於數而存諸其人邪：乘除，《隨州志》作「之餘」。

26. 皆出於深惠願力：惠，《隨州志》作「重」。

27. 勤苦諸行然後成：苦，《隨州志》作「菩薩」。

28. 至於勢去時乖：至，《隨州志》作「一」。

29. 蕩無遺礫：礫，《隨州志》作「礙」。

30. 欲類吾浮屠氏更廢而迭興者几席：更，《隨州志》無；迭興，《隨州志》作「更建」。

31. 蓋由願力與勢力不侔耳：與勢力，《隨州志》無。

32. 至人不作：至，《隨州志》作「其」。

33. 集其大成：《隨州志》作「能集其成」。

34. 大張治具：治，《隨州志》作「佛」。

35. 『盤基百里』至『廢而後治』：《隨州志》作「靈濟道場，天書屢封」。

36. 卓菴付龍：《隨州志》作「卓錫伏龍」。

37. 乃構禪棲：乃，《隨州志》作「了」。

38. 『紺殿耽口』至『冠冕群剎』：《隨州志》無。

39. 相吾鐘鼓：相，《隨州志》作「震」。

40. 冉冉緇□：□，《隨州志》作「雲」。

41. 『龍蟄於山』至『爲民之利』：《隨州志》無。

21／93《三佛泉銘》，《全元文》據清乾隆四十九年刊本《杭州府志》錄文。今據明代陳讓、夏時正纂修《成化杭州府志》卷5〔註89〕校：

1. 延祐丁巳擴而大之：延祐，《府志》上有「宋」，誤。

2. 得古泉：泉，《府志》無。

3. 濬深之：濬，《府志》作「復」。

4. 距地踰四尋：踰，《府志》作「餘」。

5. 諸色具足：色，《府志》作「相」。

6. 諸比邱恭敬圍繞：邱，《府志》作「丘」。

7. 巴西鄧某爲之銘曰：某，《府志》作「文原」。

8. 積氣所載：氣，《府志》作「水」。

9. 其淳淵谷：淳，《府志》作「泉」。

10. 是實相與：與，《府志》作「故」。

21／96《故大中大夫刑部尚書高公行狀》，文中「公性極坦易」至『眾謂講學之驗』一節，見錄於明代汪砢玉《珊瑚網》卷十，稱「司業鄧文原狀高克恭云」〔註90〕，今據以校：

1. 遇知己則傾肝膈與交：膈，《珊瑚網》作「鬲」。

2. 在杭：《珊瑚網》作「公在杭」。

〔註89〕 （明）陳讓、夏時正纂修《成化杭州府志》，《四庫全書存目叢書》史部第175冊，齊魯書社1996年版，第65頁。

〔註90〕 （明）汪砢玉《珊瑚網》，景印文淵閣四庫全書第818冊，臺灣商務印書館1986年版，第159～160頁。

3. 公退即命僮挈楛杖屨適山中：杖屨，《珊瑚網》作「攜杖履」。

4. 後乃用李成、董元、巨然法：元巨，《珊瑚網》作「巨源」。

5. 購公遺墨者：者，《珊瑚網》無。

6. 或不暇顧：顧，《珊瑚網》下有「揖」。

7. 有指謂公簡傲者：指謂公，《珊瑚網》作「譏其」。

8. 浙江所在多豪門右族：浙江所在，《珊瑚網》作「浙右」。

9. 日給餐錢外：日，《珊瑚網》作「月」。

21／102《帝禹廟碑》。今據楊訥、李曉明編《文淵閣四庫全書補遺（集部）》第四冊〔註91〕校：

1. 其事與《禮記》言虞帝南巡葬蒼梧者：禮記，《補遺》作「記禮」。

2. 勘躬胝胘：胘，《補遺》作「胼」。

3. 綏定福員：福，《補遺》作「幅」。

4. 用宏茲道：宏，《補遺》作「弘」。

5. 越土薦饑：越，《補遺》無。

6. 充具備役：充，《補遺》作「它」。

7. 亦已微矣：微，《補遺》作「徵」。

8. 蓋將挈斯世而躋之三王之盛：王，《補遺》作「五」。

9. 若彼橋山：山，《補遺》作「上」。

21／153《蘇府君廟碑》。今據楊訥、李曉明編《文淵閣四庫全書補遺（集部）》第四冊〔註92〕校：

1. 蘇府君廟碑：碑，《補遺》作「表」。

2. 蘇氏世居真定郡真定縣：郡，《補遺》作「之」。

3. 君之曾大父公彥：父，《補遺》作「夫」。

4. 益善樹以亢其宗：善樹，《補遺》作「樹善」。

5. 由是制贈榮祖奉直大夫同知中山府事飛騎尉真定縣男，妻吳氏真定縣君：男妻吳氏真定縣，《補遺》無。

6. 人咸曰：人，《補遺》無。

〔註91〕 楊訥、李曉明編《文淵閣四庫全書補遺（集部）》（第4冊），北京圖書館出版社1997年版，第209～215頁。

〔註92〕 楊訥、李曉明編《文淵閣四庫全書補遺（集部）》（第4冊），北京圖書館出版社1997年版，第216～222頁。

7. 而予職教於茲也：予，《補遺》作「余」。下文「予其可辭」同。

8. 疾病湯藥必親：藥，《補遺》作「液」。

9. 雖躬溲矢不猒：不，《補遺》作「弗」。

10. 尤遽伊洛之學：遽，《補遺》作「邃」。

11. 必以孝悌忠信爲主：主，《補遺》作「本」。

12. 君之量過人遠矣：之，《補遺》作「子」。

13. 才謂日聞：謂，《補遺》作「諝」。

14. 婉娩有禮節：婉娩，《補遺》作「婉婉」。

15. 撫諸弟妹族屬咸盡恩義：義，《補遺》作「意」。

16. 皆通財通爨：皆、財，《補遺》作「獨」、「則」。

17. 惟取薄田三頃：三，《補遺》作「二」。

18. 故志道由憲司戶部樞密中書掾：道，《補遺》無。

19. 次，《補遺》作「資」，誤。

20. 力學賾文：賾，《補遺》作「績」。

蒲道源

21／165《雪軒賦》，今據《歷代賦匯》校〔註93〕：

1. 忽爾而釋：爾，《賦匯》作「然」。

2. 若夫爲棶麰之瑞：棶麰，《賦匯》作「牟來」。

   按：四庫本《歷代賦匯》作「來牟」。《詩經‧周頌‧思文》：「貽我來牟，帝命率育。」

3. 作正疏密：正，《賦匯》作「止」。

4. 觀此有以識其大方云：方，《賦匯》作「凡」。

張楧

21／375《字鑒序》，《全元文》據清光緒十四年《澤存堂五種》本《字鑒》錄文。今據《叢書集成初編》本《字鑒》〔註94〕校：

1. 其有補於經史：經史，《字鑒》下有「□□」。

2. 文末，《字鑒》有「□□□□□西秦張楧敘」。

〔註93〕 （清）陳元龍輯《歷代賦匯》，江蘇古籍出版社、上海書店 1987 年版，第 339 頁。

〔註94〕 （元）李文仲《字鑒》，中華書局 1985 年版，第 5～7 頁。

石岩

21／382《題仇遠手書自作律詩三十八首後》。今據楊訥、李曉明編《文淵閣四庫全書補遺（集部）》第四冊《山村遺集・附錄》〔註95〕校：

1. 題仇遠手書自作律詩三十八首後：《補遺》作「跋仇山邨贈盛元仁手書詩卷」。
2. 與元仁二公皆咸淳名士：元仁，《補遺》作「盛元仁」。
3. 至正甲申歲孟秋：孟秋，《補遺》作「秋孟」，誤。

宋無

21／383《宋逸士銘》，《全元文》據《元詩選》錄文，乃節文。全文載《吳郡文編》卷190〔註96〕，迻錄如下：

逸士宋無，字子靈，其先固始人。曾大父廷瑞，宋淳祐中通守涪州。祖萬全，屢應州解不第，咸淳癸酉，以兵機干荊湖帥幕。甲戌冬，阮克己會忠義赴杭，與俱，至毗陵道卒。考國珍，持無奔吳，家焉。先君自場屋頓挫，乃銳意韜鈐，遂以材略應樞府，辟平江帳前提舉。乙亥城附，至元辛巳領征東萬戶案牘，適病瘵，無丐以身代，省府然之，俾典書檄。五月，口兵集四明入海，舟偕東北向，而省左右幕屬各異舟，號令不相聞，後發者追程，冒進得耽。羅國蓋前鋒先遭颶風失導，而至是七月抵竹島，霆雨風交作，舟不得泊，隨驚濤上下，觸擊皆碎，幸存而漂經高麗諸山，復罹沉屙，首發脫盡，瘦骨柴立，二親見歸，泣而掖拜。在侍旁，書不去手，疾未曾輟吟。幼篤信立道，七歲間誦張陳白丹書信有仙事，家嚴命業從事弗違。嶠南漠北走萬里，不屑寸祿，蓋不以其道也。至元丁亥，留江城東，中丞王公西溪舉茂才，以奉親辭。四十有所聞，遊句曲，欲誅茅。適親病，亟歸。年逾知命，或者勉以往教，乃就人館伸佔畢，垂廿載。丙子冬，扁舟載書，歸以疾，薄味清齋，經年行不用杖。己卯八十，被褐飯蔬。天賜一健，日從林下遊。家藏書分諸社友，余三蘇文一小帙，手鈔也。壯負氣，睨富貴若不經日。性畏酒，處眾多漠然。使遇故人，抵掌劇談，絕倒而後已。初侍親西江，從歐陽巽齋學宏詞。延祐甲寅，以舉業試士，時年耳順矣。所著《翠寒集》《嘯嚶集》《鸏乃

〔註95〕 楊訥、李曉明編《文淵閣四庫全書補遺（集部）》（第4冊），北京圖書館出版社1997年版，第250～252頁。
〔註96〕 （清）顧沅《吳郡文編》第5冊，上海古籍出版社2011年版，第527頁。

集》《寒齋吟語》。壯歲，識中齋鄧公、子昂趙公、海粟馮公，鄧稱以逸士，馮命曰韻人，趙以通吏許，非所宜蒙也。馮知最晚，一見拙稿，亟序之，復資以錄行。室趙氏，年十九歸予家，儉素孝謹，嘗刲股灼臂禱其親疾，事死生送終，咸藉其力。秋春節時，白首祭拜必慟，壽七十四，先卒。有伯道之戚，人哀之。無生宋景定康申。先子自涪徙荊湖，丁卯襄圍，上下流繹。騷鬐年，幹流西東，時雖搶攘，學不怠。乙亥世變，舊業俱廢。遊方遐覽，寸陰靡留。谷隱岩棲，暮景將迨。汜汜隨時，以微吟自怡，幸保厥躬。至於耄年，不辱其先。百歲後得瘞骨先人冢傍，見曾高於地下。

　　亦埏埴為器而完堅兮，庸詎知夫成虧之數焉。謂生化皆自然而然兮，孰為大空而陶甄。日天與之性本仁兮，又何賦命之不辰。時既不我偶兮，志又不得伸。道損者益之兮，故恬為遁世之疇畸民。猗鬱陶乎中兮，有長謠之可寫。寧浮沉其身兮，羌自遺於林野。哀伯道之獨兮，夫復何憖。保厥終於大耋兮，與造化而推遷。吾有以始無兮，返吾真於忽荒。俟時昌明而來兮，當有徵於逸士之壙。元至正庚辰十一月甲子日書，時八十一歲。

劉岳申

21／394《答吳草廬書》。今據

1. 而一時遭遇：而，《補遺》無。
2. 一由正與：與，《補遺》作「學」。
3. 蓋自江南儒者遭時得君：君，《補遺》作「遇」。
4. 雖由此位極品不為峻：峻，《補遺》作「畯」。
5. 岳申夙辱教授：授，《補遺》作「愛」。
6. 又何由一望見道德之光也哉：望，《補遺》無。
7. 乃展轉蹉跌以至今：蹉，《補遺》作「差」，誤。
8. 益增其所能：所，《補遺》下有「未」。

21／407《答吳草廬書》。今據楊訥、李曉明編《文淵閣四庫全書補遺（集部）》第四冊《吳文正集·附錄》〔註97〕校：

1. 以所寫小景為贊下方：為，《補遺》作「俾」。
2. 於凡下者：於，《補遺》作「尤」。

〔註97〕楊訥、李曉明編《文淵閣四庫全書補遺（集部）》（第4冊），北京圖書館出版社1997年版，第250～252頁。

3. 是宜其服：是，《補遺》作「罄」。

4. 未易可言語髣髴：可，《補遺》無。

5. 錄求教弟：弟，《補遺》作「第」。

6. 文末，《補遺》有「岳申頓首再拜」。

21／416《送吳草廬赴國子監丞序》。今據楊訥、李曉明編《文淵閣四庫全書補遺（集部）》第四冊《吳文正集・附錄》〔註98〕校：

1. 郡縣趣就道者接乎先生之門：趣，《補遺》作「趨」。

2. 咸相與言曰：咸，《補遺》無。

3. 而復臨川有無窮之聞：復，《補遺》作「後」。

4. 以臨川復顯於天下：以，《補遺》無。

5. 文末，《補遺》有「將仕郎江西等處儒學副提舉廬陵劉岳申序」。

21／493《雙桂堂》。今據楊訥、李曉明編《文淵閣四庫全書補遺（集部）》第四冊《圭塘小稿・附錄》〔註99〕校：

1. 樹雙桂堂其鄉：其，《補遺》作「於」。

2. 嘗為余言：余，《補遺》作「予」。下文「可用遠征余記」同。

3. 而可用擢高科：科，《補遺》作「第」。

4. 弟讀書應舉：弟，《補遺》作「第」。

5. 自警逝靡它：警，《補遺》無。

6. 讓為湯陰縣君：讓，《補遺》下有「封」。

7. 可與可行為位而哭曰：哭，《補遺》上有「次」。

8. 余何以止余母之哀：前一『余』，《補遺》無。

9. 許氏孝友再世矣：再，《補遺》作「稱」。

10. 而孝友豈徒此一鄉擢一第效一官以止：此，《補遺》作「比」。

　　按：比、擢、效皆為動詞。

11. 然後使天下之為親者：使，《補遺》無；親，《補遺》上有「人」。

12. 官樹宅里之厚望：官，《補遺》作「表」。

13. 余既□許氏父兄之志有成：□，《補遺》作「喜」。

趙世延

21／683《南唐書序》，據陸心源《皕宋樓藏書志》卷 28〔註100〕校：

1. 裨助良多：良，《藏書志》作「正」。
2. 目爲之音釋焉：之，《藏書志》無。
3. 固不逮蜀漢武侯：漢武侯，《藏書志》作「得武陵」。
4. 嘗獻橐馳並羊馬千計：馳、羊，《藏書志》作「驅」、「華」。
5. 目爲僭僞：目，《藏書志》作「因」。
6. 故其國亡而史錄散佚而不彰：彰，《藏書志》作「新」。
7. 最號有法：號，《藏書志》作「奇」。
8. 或有所考而辯之：辯，《藏書志》作「辨」。
9. 文末，《藏書志》有「集賢大學士奎章閣大學士光祿大夫知經筵事趙世延序」。

齊履謙

21／753《知太史院事郭公行狀》，《全元文》據《涵芬樓古今文鈔》錄文。今據元代蘇天爵《元文類》、明代賀復徵《文章辨體匯選》卷 552《行狀二》〔註101〕校：

1. 由蒙村跳樑務至通州揚村還河：通州，《文類》、《匯選》作「揚村」。
2. 開八城：八，《文類》、《匯選》作「入」。
3. 通行舟筏：筏，《文類》、《匯選》作「栰」。
4. 至武陟縣北：陟，《匯選》作「涉」。
5. 合入御河：下有脫文，《文類》有「其間溉田二千餘頃。其六黃河自孟州西開引少分一渠，經由新舊孟州，中間順河古岸，下至溫縣，南復入大河」。《匯選》同，惟「其間」下多「亦可」。

   按：上文言「公面陳水利六事」，此節脫文恰爲第六事。
6. 其間亦可溉田二千餘頃：溉，《文類》作「灌」。
7. 又作正方案丸表懸正儀座正儀凡四等：《匯選》作「九」。
8. 公乃對御指陳理致：御，《文類》下有「前」。

〔註100〕（清）陸心源《皕宋樓藏書志》，《續修四庫全書》第 928 冊，上海古籍出版社 1996 年版，第 317～318 頁。

〔註101〕（明）賀復徵《文章辨體匯選》，景印文淵閣四庫全書第 1408 冊，臺灣商務印書館 1986 年版，第 685～692 頁。

9. 即日測驗人少：日，《文類》、《匯選》作「目」。

10. 決金口以下西山之栰：筏，《文類》、《匯選》作「栰」。

孟淳

21／773《周易集說序》，今據清代朱彝尊《經義考》卷40〔註102〕校：

1. 文首，《經義考》有「九經惟《易》有象數，其義最奧，解者最多」。

2. 六二即中且正：即，《經義考》作「既」，是。

3. 是時忽忽回雪：忽忽，《經義考》作「匆匆」。

4. 資善大夫漢東孟淳能靜序：《經義考》無。

21／774《白雲齋帖跋》，文題、文本、句讀均有誤〔註103〕。今據明代郁逢慶編《續書畫題跋記》卷5錄文〔註104〕。

1. 吾鄉子昂，書畫二絕，吾所不能。觀此，謂古人復生，殆無以過。其知言乎？

第 22 冊

何中

21／179《知非堂稿自序》，據陸心源《皕宋樓藏書志》卷99〔註105〕校：

1. 撫樂何中：撫樂，《藏書志》作「臨川」。

〔註102〕（清）朱彝尊撰，林慶彰、蔣秋華、楊晉龍等點校《經義考新校》第3冊，上海古籍出版社2010年版，第708～709頁。

〔註103〕明代郁逢慶編《續書畫題跋記》卷5載《趙文敏枯樹圖（並賦)》，云「貞觀四年十月八日為燕國公書，大德三年九月二日吳興趙孟頫臨」。下附孟淳、白珽（文見21/297）、陳深（文見21/378）、九山人宧古（《全元文》無）、龔璛（文見 24/1）五跋。檢《白雲齋帖跋》，即《續書畫題跋記》所附之跋。考清代嘉興李光暎《金石文考略》卷16，載「《白雪齋帖》，大德二年趙孟頫書，有孟淳跋」。與「大德三年九月二日吳興趙孟頫臨」之時間顯然不符。故此跋與《白雲齋帖跋》絕非同一文字，《全元文》將此跋題為《白雲齋帖跋》，顯誤。陳深、宧古、龔璛之跋，《全元文》失收，白珽之跋見《全元文》21冊297頁，題為《趙臨諸書跋》，較得其實。

〔註104〕（明）郁逢慶《書畫題跋記》，景印文淵閣四庫全書第816冊，臺灣商務印書館1986年版，第850頁。

〔註105〕（清）陸心源《皕宋樓藏書志》，《續修四庫全書》第929冊，上海古籍出版社1996年版，第440頁。

2. 淳咸壬申：淳咸，《藏書志》作「咸淳」。

3. 隨先君仕廣東曲江：先君，《藏書志》作「父」。

4. 『乙亥先君與伯父』至『先君喬居寧都』：《藏書志》作「乙亥出領，至元丙子喬居寧都」。

5. 『先伯不幸終於彼』至『中始從師問學』：《藏書志》作「己卯始從師問學」。

6. 師宋進士張叔芳：芳，《藏書志》作「方」。

7. 王肯堂、程鉅夫、李士弘：堂，《藏書志》下有「交」；弘，《藏書志》作「宏」。

8. 於吳伯清爲姻兄弟：弟，《藏書志》下有「云」。

9. 所著《易象類》二卷：易象類，《藏書志》作「易類象」，是。

   按：蔣易《皇元風雅》卷 23、馮從吾《元儒考略》卷 3、《筆精》卷 4 《詩談》、陳焯《宋元詩會》卷 84、丁丙《善本書室藏書志》卷 33、顧嗣立《元詩選》二集卷 8、《千頃堂書目》卷 1、嵇璜《續文獻通考》、倪燦《補遼金元藝文志》、錢大昕《元史藝文志》卷 1 等均著錄爲「易類象」。

10. 《吳才老協韻補疑》一卷：協，《藏書志》作「叶」。

11. 《校補六書故》三十二卷：校補，《藏書志》作「補遺」，且下有「《薊邱述遊錄》一卷」。

12. 『樵訓五卷』至『壺山集一卷』：《藏書志》無。

13. 《知非堂外稿》十五卷：五，《藏書志》作「六」。

14. 『嗚呼』至『殊可少慰』：《藏書志》無。

15. 何中太虛自序：《藏書志》作「臨川何中太虛」。

唐天麟

21／311《嘉禾志序》，據陸心源《皕宋樓藏書志》卷 31〔註 106〕校：

1. 郡守岳侯珂悼前聞之遺缺：缺，《藏書志》作「闕」。下文「非缺典與」同。

2. 嘗命鄉先輩關表卿拭任行人子羽之事：拭，《藏書志》作「栻」。

〔註 106〕 （清）陸心源《皕宋樓藏書志》，《續修四庫全書》第 928 冊，上海古籍出版社 1996 年版，第 349～350 頁。

3. 抉剔幽渺：渺，《藏書志》作「眇」。

4. 裒集會粹：粹，《藏書志》作「稡」。

5. 鑱分臚列：鑱，《藏書志》作「彪」。

6. 亟命工刻之梓：之，《藏書志》作「諸」。

7. 以具知戶口爲急務：具知，《藏書志》作「知其」。

8. 侯不鄙屬余敘：敘，《藏書志》作「序」。

9. 九域必有紀侯之勳業者：有，《藏書志》下有「能」。

10. 文末，《藏書志》有「至元著雍困敦孟夏朔日里人前進士納軒叟唐天麟書」。

魯師道

22／350《釋奠牲幣器服圖記》，今據清代汪森《粵西文載》卷 26〔註 107〕（題為《重鐫桂林府學釋奠圖記》）、《桂林石刻總集輯校》〔註108〕校：

1. 祗拜恩命授斯職：命，《石刻》作「令」。

2. 不得見者幾二十年矣：二，《文載》作「一」。

3. 所當講明者甚黟：黟，《文載》、《石刻》作「多」。

4. 聖旨勉勵學校碑所當刻：碑，《文載》作「所」。

5. 更衣亭：更衣，《石刻》作「建表」。

6. 大成殿兩廊及爐亭、齋居當整：爐、居，《文載》作「廬」、「扁」。

7. 三年之間日不暇給：間，《文載》、《石刻》下有「日」。

第 28 冊

呂光發

28／60《重修瑞昌縣儒學記》，今據明代李汛《嘉靖九江府志》卷 16《詩文志》〔註 109〕（題為《重修學記》）校：

1. 責必有所繫矣：責，《府志》無。

〔註107〕 （清）汪森《粵西文載》，景印文淵閣四庫全書第 1466 冊，臺灣商務印書館 1986 年版，第 89～90 頁。

〔註108〕 杜海軍輯校《桂林石刻總集輯校》（上），中華書局 2013 年版，第 381～382 頁。

〔註109〕 （明）李汛《嘉靖九江府志》，《天一閣藏明代地方志選刊》，上海古籍書店 1962 年版。

2. 若遵崇學校：遵，《府志》作「尊」。

3. 凡祭祀之冠珮：凡，《府志》上有「而」。

4. 而公爲斯文謀未已也：《府志》無。

5. 慨爲乘時趨凡役事：爲，《府志》無。

6. 修司馬溫公專祀：專，《府志》無。

7. 瑞邑雖褊小：褊，《府志》作「徧」。

8. 徘徊不忍去：不，《府志》前有「凡」。

9. 凡古今諸賢轍跡所至：至，《府志》作「重」。

10. 皆知崇正以繫民瞻：繫，《府志》作「具」。

11. 夫豈言政而不及化哉：及，《府志》作「言」。

12. 從英旅俊：俊，《府志》作「雋」。

13. 賢牧守從善扶誼之功所陶煦也：賢守，《府志》作「太子」。

14. 使後之士大夫知所取法云：知，《府志》作「之」。

15. 大常少卿：大，《府志》作「太」。

16. 學延東魯：延東，《府志》作「尙鄒」。

17. 至元壬辰三月清明之吉旦，後學呂光發記：《府志》無。

揭傒斯

28／364《書王鼎翁文集後序》，今據陸心源《皕宋樓》藏書志卷 93 校〔註110〕：

1. 且其文見不見未可知：未，《藏書志》作「不」。

2. 而大丈夫從容就義之念：念，《藏書志》作「意」。

3. 近從其邑人劉省吾得《王鼎翁集》：邑人，《藏書志》作「門人」，是。
   按：歐陽玄《梅邊先生吾汶稿序》稱「從其門人劉君省吾得《吾汶稿》
   讀之」。

4. 又反復古今所以死節之道：復，《藏書志》作「覆」。

5. 使天下之人共睹於青天白日之下：睹，《藏書志》作「觀」。

6. 與鼎翁之志云爾：爾，《藏書志》作「元統二年春中奉大夫翰林侍講直
   學士同經筵事揭傒斯撰」。

〔註110〕 （清）陸心源《皕宋樓藏書志》，《續修四庫全書》第 929 冊，上海古籍出版
社 1996 年版，第 373～374 頁。

第 29 冊

黃溍

29／79《徐氏詠史詩後序》，今據陸心源《皕宋樓藏書志》卷 93〔註 111〕校：

1. 蓋古者盛時之爲詩：蓋，《藏書志》無。
2. 則出於上而被於下者：出，《藏書志》作「政」。
3. 莫不爲之發憤壹鬱：壹，《藏書志》作「抑」。
4. 張景陽之於二疏：陽，《藏書志》作「晹」，誤。

 按：張景陽《詠史》詩見《文選》卷 21〔註 112〕。

5. 虞子陽之於霍將軍是已：虞，《藏書志》作「盧」，誤。

 按：虞子陽《詠霍將軍北伐》詩見《文選》卷 21〔註 113〕。

6. 蘭溪徐公夙有聞：蘭溪，《藏書志》上有「金華」；公，《藏書志》作「章林先生」。
7. 而尤精於史學：尤精，《藏書志》作「猶積」。
8. 《資治通鑒》所紀君臣事實：紀，《藏書志》作「記」。
9. 總若干首：《藏書志》作「總一千五百三十首」。且下有「命之曰《史詠》」。
10. 豈非先民性情之正：民，《藏書志》作「生」。
11. 公歿已久：《藏書志》作「先生歿已有」。
12. 以傳不朽：《藏書志》作「以俾其不口」。
13. 謂某盍爲後序：某盍，《藏書志》作「溍復」。
14. 某竊觀先師朱子感興之作：某，《藏書志》作「溍」。
15. 學不可徒博，亦不可徑約：徒、徑，《藏書志》作「太」、「輕」。
16. 今之學者，不由公之傳：《藏書志》作「今於學者，不申先生之傳」。
17. 以驗於同志：驗，《藏書志》作「詥」。
18. 公諱口，字秉國：《藏書志》作「公諱鈞，字秉國，號見心」。
19. 文末，《藏書志》有「至正六年秋八月十日後學黃溍拜序」。

〔註 111〕 （清）陸心源《皕宋樓藏書志》，《續修四庫全書》第 929 冊，上海古籍出版社 1996 年版，第 365～366 頁。
〔註 112〕 （梁）蕭統編、（唐）李善等注《六臣注文選》，中華書局 2012 年版，第 390 頁。
〔註 113〕 （梁）蕭統編、（唐）李善等注《六臣注文選》，中華書局 2012 年版，第 398 頁。

第 31 冊

滕賓

31／10《重修狄梁公祠記》，《全元文》據清康熙十二年、同知十二年《彭澤縣志》錄文，今據明代李汛《嘉靖九江府志》卷 8《職官志》〔註114〕校：

1. 社稷臣也：也，《府志》無。
2. 則天蓋亦知公之深矣：之，《府志》無。
3. 蘇味道輩儒雅風流：儒，《府志》作「文」。
4. 抑如水之在地中：之，《府志》無。
5. 余惟梁公相業著在史冊：梁，《府志》無。
6. 卿大夫沒而祭於社：卿、沒，《府志》作「鄉」、「歿」。
7. 公爲唐社稷臣：唐，《府志》無。
8. 豈但祭於社而已：而已，《府志》下有「乎」。
9. 禮有捍大災：大，《府志》無。
10. 公勳烈與天地不朽：公，《府志》下有「之」。
11. 民懷其惠：惠，《府志》作「德」。
12. 饑窘以濟：窘，《府志》作「饉」。
13. 則清忠自許：忠，《府志》作「□」。
14. 則企慕企及：企及，《府志》作「以及」。
15. 太伯季札：札，《府志》作「子」。
16. 所從祀未及他而首營繕公廟：從，《府志》作「崇」。
17. 而還以祀公也：還，《府志》無；祀，《府志》作「事」。
18. 『夫生而賢者』至『則其祀神明也爲無愧』：《府志》無。
19. 蠲其年租稅：稅，《府志》無。
20. 故余又書其事於末：余，《府志》作「予」。
21. 以見公之得祀於是邑也以此：祀，《府志》作「祠」。
22. 而公之德何可忘：而公，《府志》作「侯」。

〔註114〕　（明）李汛《嘉靖九江府志》，《天一閣藏明代地方志選刊》，上海古籍書店 1962 年版。

彭應龍

31／60《潯南遺老集序》，據陸心源《皕宋樓藏書志》卷 94〔註115〕、沈德壽《抱經樓藏書志》卷 58〔註116〕校：

1. 群書論議記釋具存：群、具，《皕宋樓》、《抱經樓》作「辨」、「其」。
2. 未知隔宇宙有可慨者：未，《皕宋樓》、《抱經樓》作「來」。
3. 故所學論說源委則然：則，《皕宋樓》、《抱經樓》作「秩」。
4. 里興賢書院行且鏤梓：里，《皕宋樓》、《抱經樓》作「會」。

戴侗

31／68《六書故序》，據陸心源《皕宋樓藏書志》卷 14〔註117〕校：

1. 往往支離附會而不適於通：通，《藏書志》作「道」。
2. 至於曲藝小技：於，《藏書志》作「與」。
3. 且欲因許氏之遺文訂其得失：欲因，《藏書志》作「收網」。
4. 小子懼先志之墜：墜，《藏書志》作「隊」。
5. 固闕如此：固闕，《藏書志》作「果缺」。

方樗

31／70《重修浦陽江橋記》，《全元文》據清乾隆四十四年《浦江縣志》錄文，今據其父方鳳《存雅堂遺稿》卷 3《記》（續金華叢書本）〔註118〕校：

1. 而公專任其事焉：公，《遺稿》下有「則」。
2. 以為尚書公德業文章：以，《遺稿》上有「余」。
3. 曄然昭著：曄，《遺稿》作「燁」。
4. 至正五年歲在乙酉三月癸未記：記，《遺稿》上有「邑人方樗」。

〔註115〕 （清）陸心源《皕宋樓藏書志》，《續修四庫全書》第 929 冊，上海古籍出版社 1996 年版，第 379～380 頁。
〔註116〕 （清）沈德壽《抱經樓藏書志》，中華書局 1990 年版，第 677 頁。
〔註117〕 （清）陸心源《皕宋樓藏書志》，《續修四庫全書》第 928 冊，上海古籍出版社 1996 年版，第 160 頁。
〔註118〕 （南宋）方鳳《存雅堂遺稿》，《叢書集成續編》第 132 冊，新文豐出版公司 1988 年版，第 577 頁。

31／70《重修聖昌寺記》,《全元文》據清乾隆四十四年《浦江縣志》錄文,今據其父方鳳《存雅堂遺稿》卷3《記》(續金華叢書本)〔註119〕校:

1. 鑴諸碑陰云:《遺稿》下有「進士邑人方樗撰並書」。

釋應深

31／117《水陸大會碑記》,《全元文》據元至順本《鎮江志》錄文。此文重收於47冊第318頁,據清光緒三十年《金山志》錄文,今據以校文:

1. 海內生民安安:安安,《金山志》作「乂安」。
2. 惟念墮墜下泉者罔克攸濟:惟,《金山志》作「為」。
3. 延祐改元二月乙亥:二月,《金山志》無。
4. 特降侈儀修大齋會七晝夜:七,《金山志》作「一七」。
5. 溥用津利:溥,《金山志》作「普」。
6. 其感神光聖燈頗與常殊:殊,《金山志》作「異」。
7. 用追答內弼之勤:追,《金山志》無。
8. 大覺聖人昔愍阿難請啟斛食教:請啟,《金山志》作「啟請」;教,《金山志》無。
9. 水陸要義已具:義,《金山志》作「儀」。
10. 蕭帝廣以法言:廣,《金山志》作「要」。
11. 宏於金山:於,《金山志》作「設」。
12. 皇上今原是教所基:所基,《金山志》無。
13. 兩崇無極之宏勳:宏,《金山志》作「鴻」。
14. 被於金石:被,《金山志》作「勒」。
15. 咸遂蒙福焉云云:云云,《金山志》無。

31／118《復建水陸大會記》,《全元文》據元至順本《鎮江志》錄文。此文重收於47冊第319頁,據清光緒三十年《金山志》錄文,今據以校文:

1. 乃詔有司如延祐元年例嚴備淨儀:詔,《金山志》作「召」。
2. 用培社稷之鴻禧及津幽顯之多眾:禧,《金山志》作「釐」。

〔註119〕 (南宋)方鳳《存雅堂遺稿》,《叢書集成續編》第132冊,新文豐出版公司1988年版,第577頁。

楚惟善

31／145《會通河黃洞林新牐記》,《全元文》據清咸豐九年《濟寧直隸州志》錄文。實則全文見錄明代謝肇淛《北河紀》卷 4,原題為《會通河黃棟林新牐記》〔註120〕。今據以校補:

1. 訖工於夏五月辛酉:此下有大量脫文,《北河紀》有「牐基深常有四尺,廣三;其深有六尺長,視廣又尋有七尺。牐身長三分,基之一崇弱五寸,不及身之半。又於東岸創河神祠,西岸創公署。為屋以間計者十有五,署南為臺構亭其上。凡用石方尺長丈為塊,計三千有奇;木大小以株計,四千六百五十八;堊以斤計,二十五萬;鐵以斤計,一萬六千有奇;甓一十五萬二千五百,麻炭等物稱是。工匠繇卒千八十有五人,用糧千七百五十斛,楮幣四萬緡。制度纖悉,備極精緻。落成之日,舟無留行,役者忘勞,居者聚觀。往來者懽忻稱慶,僚佐耆宿眾相與謀,謂:『不伐石以識,無以彰公之勤,且懼來者之功不繼,而前功遂隳也』」。
2. 公因預期遣壕寨官李獻赴都稟命:遣壕寨官李獻,《北河紀》作「遣官」。
3. 及以未獲命:以,《北河紀》作「久」。
4. 近西數武,舉黃壤及泉:武舉,《北河紀》作「舉武」。
5. 『推是心以往』至『龍不晚矣』:《北河紀》無。
6. 公哈剌乞臺氏:《北河紀》下有「明敏果斷,操守絕人,讀書一過目,輒不忘。律學、醫方,靡不精究」。
7. 政奏韓也先不華:奏,《北河紀》下有「差」。
8. 不能備載,其列碑陰:其,《北河紀》作「具」,是。

陳泰

31／158《天馬賦》,今據《歷代賦匯》校〔註121〕:

1. 伏早欔而中頯:早,《賦匯》作「皁」。
2. 軛鹽車而登太行兮:軛,《賦匯》作「軏」。
3. 路岧嶢其險崎:崎,《賦匯》作「嵜」。
4. 泫然為子涕兮:涕,《賦匯》上有「流」。
5. 寧轢園圃而騰崦嵫:園,《賦匯》作「玄」。

〔註120〕 (明) 謝肇淛《北河紀》,景印文淵閣四庫全書第 576 冊,臺灣商務印書館 1986 年版,第 634～635 頁。
〔註121〕 (清) 陳元龍輯《歷代賦匯》,江蘇古籍出版社、上海書店 1987 年版,第 537 頁。

潘仁

31／416《劉仙巖記》，《全元文》據《古今圖書集成》錄文。《桂林石刻總集輯校》錄此文，題為《遊仙巖記》，今據以校證〔註122〕：

1. 而巖穴幽邃：穴，《石刻》作「洞」。
2. 遊者數至：數，《石刻》上有「罕」。
3. 越仲夏初吉：越，《石刻》下有「明年，佐使妥妥穆爾、僉司長壽宋思義、知事王士勖相繼下車，蔚然當世名彥。同在憲府，一時賓主之盛，論者美之。乃」。
4. 悵然興懷：《石刻》下有「下憩方士觀，焚香煮茗，觴小亭中。酒數行輒止。未幾，四山吐雲，祥嵐襲衣，甘澍大作，人以爲隨車之應。」
5. 命侍吏潘仁記之：《全元文》錄文至此爲止，《石刻》作「命侍吏潘仁曰：『茲者覽觀之勝，要不可以無紀。』仁竊惟憲府朝廷所寄，以爲耳目者也。然踰嶺以南，去京師萬里，庶政否臧，民生休戚所保繫尤重。今自長貳泊賓寮，咸以雅德重望，同寅協恭，率是南服，用能以澄清之暇，怡情山水之同，以寫諮詢之意，推是心也，民瘼庶有瘳乎？謹記其實，以覆命於左云。從行者譯吏胡蒙古，解書史陳璟、曹侯、胡廷英、彭思信、陳時舉、章迪、劉坦、周繼善，奏差羅瑞、鍾玄、張眞安、劉弼。時至正四年，歲在甲申五月十又三日也。」

韓備

31／444《衛尹重建鼓樓記》，《全元文》據1918年刊本《樂安縣志》錄文。今據明代杜思、馮惟訥纂修《嘉靖青州府志》卷8校〔註123〕：

1. 地僻民黟：僻，《府志》作「衍」。
2. 煩於劗劇：煩，《府志》作「首」。
3. 泰定之元：泰，《府志》作「太」。
4. 達魯花赤海申茸廳事：申，《府志》作「中」。
5. 高陶：陶，《府志》作「鉤」。

〔註122〕 杜海軍輯校《桂林石刻總集輯校》（上），中華書局2013年版，第404～405頁。

〔註123〕 （明）杜思、馮惟訥纂修《嘉靖青州府志》，《天一閣藏明代地方志選刊》，上海古籍書店1962年版。

6. 賢令私我也：私，《府志》作「利」。

7. 乃奉屬邑文學李希古狀請書於石：希，《府志》作「布」。

8. 臨民布政實由此出：出，《府志》作「焉」。

9. 固可少後：固，《府志》作「顧」。

10. 愁者懌：懌，《府志》作「澤」。

11. 藏奸以摘：摘，《府志》作「擿」。

12. 蒸嘗婚嫁：《府志》作「烝嘗昏嫁」。

程文

31／487《石君世家》，今據明代陳邦俊《廣諧史》〔註124〕、詹景鳳《古今寓言》卷 1〔註125〕校：

1. 《石君世家》下有副題『司馬用彰作』：《廣諧史》作「爲平江方叔高作」。

2. 絕脰斷吭：脰，《寓言》作「腸」。

3. 子孫別爲碬氏：碬，《廣諧史》、《寓言》作「碼」。

4. 又十餘世，至礫：至，《廣諧史》、《寓言》作「生」。

5. 會上方向文學：向，《廣諧史》、《寓言》作「尙」。

6. 顧諸同舍曰：諸，《寓言》作「謂」。

7. 時徂徠先生礎新自山召入：自，《廣諧史》、《寓言》作「出」。

8. 因念生儒者家者無所事兵法：家者，《廣諧史》、《寓言》作「者家」。

9. 離爲戈兵：戈兵，《廣諧史》、《寓言》作「兵戈」。

10. 公笑曰：笑，《寓言》作「歎」。

胡助

31／497《玉海序》，今據清光緒九年浙江書局刻本《玉海》〔註126〕、陸心源《皕宋樓藏書志》卷 61〔註127〕校：

〔註124〕（明）陳邦俊《廣諧史》，《四庫全書存目叢書》子部第 252 冊，齊魯書社 1997年版，第 268～270 頁。

〔註125〕（明）詹景鳳《古今寓言》，《四庫全書存目叢書》子部第 252 冊，齊魯書社 1997 年版，第 25～27 頁。

〔註126〕（宋）王應麟《玉海》，上海書店出版社、江蘇古籍出版社 1990 年版，第 5頁。

〔註127〕（清）陸心源《皕宋樓藏書志》，《續修四庫全書》第 929 冊，上海古籍出版社 1996 年版，第 1 頁。

1. 積三十年而後成者也：三十，光緒本作「卅」。

2. 先生在宋季以詞學顯庸：庸，光緒本、《藏書志》作「融」。

3. 雖然粹焉如玉，浩乎似海，其最巨者：其，《藏書志》上有「《玉海》之名，斯亦奇矣。先生平日著書特多，《玉海》」。

4. 未就而牟君去：未，《藏書志》上有「事」。

5. 今宣慰都元帥伊奇哩布哈公實來：伊奇哩布哈，光緒本、《藏書志》作「也乞里不花」。

6. 徵費於浙東郡縣學及書院歲入之羨有差：郡，《藏書志》作「群」。

7. 書於翰林國史院：光緒本、《藏書志》作「前翰林國史院編修官東陽胡助序」。

31／500《浦陽淵穎吳先生文集序》，今據陸心源《皕宋樓藏書志》卷 101〔註128〕校：

1. 瑰詭雄峙之狀：峙，《藏書志》作「特」。

2. 蜿蟺磅礴：礴，《藏書志》作「薄」。

3. 最後深裊先生吳君立夫出焉：裊，《藏書志》作「裏」。

4. 其少時：其，《藏書志》上有「自」。

5. 二先生所深畏愛者也：生，《藏書志》無；所深，《藏書志》作「深所」。

6. 陰陽律曆：律曆，《藏書志》作「曆律」。

7. 如千兵萬馬之唧枚疾馳：之唧，《藏書志》作「銜」。

8. 其視吾立夫雄文偉論馳騁於司馬子長：吾，《藏書志》無。

9. 拾遺文若干卷徵予引：引，《藏書志》上有「序」。

10. 夫文章待序而傳者哉：章，《藏書志》作「豈」。

11. 必遺文之所在也：之，《藏書志》無。

12. 文末，《藏書志》有「承事郎太常博士致仕東陽胡助謹序」。

〔註128〕　（清）陸心源《皕宋樓藏書志》，《續修四庫全書》第 929 冊，上海古籍出版社 1996 年版，第 459 頁。

第 32 冊

郝采麟

32／1《世系紀》，《全元文》據清道光八年刻本《陵川文集》卷首錄文。今據清代王汝楫《郝文忠公年譜》（清乾隆三年刻道光間重印《郝文忠公陵川文集》本）〔註129〕校：

1. 高祖諱昇：高，《年譜》上有「公」。

干文傳

32／69《字鑒序》，《全元文》據清光緒十四年《澤存堂五種》本《字鑒》錄文。今據《叢書集成初編》本《字鑒》〔註130〕校：

1. 遠引旁證：旁，《初編》作「傍」。
2. 手抄成帙：抄，《初編》作「鈔」。
3. 五十又一日：《初編》上有「□□□□□」。

32／70《春秋讞義原序》，《全元文》據四庫本《春秋讞義》錄文。今據陸心源《皕宋樓藏書志》卷 9〔註131〕校：

1. 慨聖人之不作：人，《藏書志》作「王」。
2. 然聖人行事本於道，聖人之道本於心：《藏書志》作「然聖人行事本於心」。
3. 百王異世而同神：神，《藏書志》作「心」。
4. 其有理則有其事，作《春秋》以行法度之權；有其事則有其理，顯微無間也：《藏書志》作「有其理，顯微無間也」。
5. 易書詩禮具著訓辭：訓辭，《藏書志》作「訓釋辭」。
6. 獨於是經未聞注釋：注，《藏書志》作「著」。
7. 放求《易經本義》：放，《藏書志》作「考」。
8. 證以胡氏釋辭：辭，《藏書志》作「詞」。

〔註129〕 （清）王汝楫《郝文忠公年譜》，《北京圖書館藏珍本年譜叢刊》第 36 冊，北京圖書館出版社 1999 年版，第 85～87 頁。
〔註130〕 （元）李文仲《字鑒》，中華書局 1985 年版，第 3～5 頁。
〔註131〕 （清）陸心源《皕宋樓藏書志》，《續修四庫全書》第 928 冊，上海古籍出版社 1996 年版，第 101～102 頁。

32／71《雁門集序》，《全元文》據清光緒八年《代州志》錄文，今據陸心源《皕宋樓藏書志》卷 102〔註 132〕校：

1. 以其成功告之神明者：之，《藏書志》下有「於」。
2. 皆邠、鎬西北之境也：皆，《藏書志》下有「由」。
3. 詩亦隨變，爲變騷，爲漢選：變騷，《藏書志》作「楚騷」。
4. 然而大川崇林：川，《藏書志》作「山」。
5. 可謂軼漢唐而闖諸風雅：謂，《藏書志》作「以」。
6. 故爲雁門人：故，《藏書志》下有「以」。
7. 便接雋傑：雋，《藏書志》作「俊」。
8. 傳誦士林：誦，《藏書志》作「頌」。
9. 余得以盡觀：余，《藏書志》作「予」。下文「余序之」、「余之言」、「嘗念君與余聚首京師」同。
10. 險勁如泰華雲門：門，《藏書志》作「開」。
11. 周人忠厚之意具：具，《藏書志》下有「在」。
12. 相與商榷古道：榷，《藏書志》作「確」。
13. 華人所謂濟善也：華，《藏書志》上有「即」。
14. 亦以生於雁門：於，《藏書志》作「居」。
15. 文末，《藏書志》有「至正丁丑秋八月望嘉議大夫禮部尚書兼集賢待制史居總裁官吳都干文傳書」。

王都中

32／220《瑞竹堂經驗方序》，《全元文》據四庫本《瑞竹堂經驗方》錄文。今據清代丁丙《當歸草堂醫學叢書》本《瑞竹堂經驗方》（光緒四年刻本）〔註 133〕校：

1. 足以澤被四海：海，《叢書》作「方」。
2. 繡衣直指：衣，《叢書》作「文」。
3. 殆將小試龔黃事業：業，《叢書》無。

〔註 132〕（清）陸心源《皕宋樓藏書志》，《續修四庫全書》第 928 冊，上海古籍出版社 1996 年版，第 471～472 頁。

〔註 133〕（元）沙圖穆蘇《瑞竹堂經驗方》，《當歸草堂醫學叢書》本，江蘇廣陵古籍刻印社 1982 年版。

錢良右

32／223《翠寒集跋》，《全元文》據《吳都文粹續編》錄文。今據張金吾《愛日精廬藏書續志》卷 4〔註 134〕校：

1. 子虛先余廿年：廿，《藏書志》作「二十」。
2. 雖知嗜吟：知，《藏書志》下有「其」。
3. 公疾視默覽：默，《藏書志》作「嘿」。
4. 句之次第：之，《藏書志》作「世」。
5. 世所謂膾炙者：謂，《藏書志》無。
6. 子虛亟拜且喜：且，《藏書志》作「亟」。
7. 何一覽其卷而盡能默記佳句於俄頃之間：默，《藏書志》作「嘿」。
8. 因徵予書：予，《藏書志》作「余」。

陳樵

32／237《東陽縣學暉映樓賦》，今據《歷代賦匯》校〔註 135〕：

1. 於是立辟雍於上京：立，《賦匯》上有「自」。
2. 承先王之容典：容，《賦匯》作「鉅」。
3. 曳方履兮秩秩：秩秩，《賦匯》作「秋秋」。
4. 伊文儒之至盛：伊，《賦匯》作「惟」。
5. 散綠霧於綃窗：綃，《賦匯》作「瑣」。
6. 睠清碧之蘭林兮：清，《賦匯》作「涵」。
7. 相昭諫之隱居兮：相，《賦匯》作「想」。
8. 樂文章之穎秀兮：章，《賦匯》作「學」。
9. 琢鏤爲戶文錦楹兮：鏤，《賦匯》作「桂」。
10. 丹翬引翼翠螭騰兮：丹，《賦匯》作「名」。

32／239《閒犧賦》，今據《歷代賦匯》校〔註 136〕：

1. 杜余門而卻埽兮：余、卻，《賦匯》作「予」、「郤」。

〔註 134〕（清）張金吾《愛日精廬藏書志》，上海古籍出版社 2014 年版，第 817 頁。
〔註 135〕（清）陳元龍輯《歷代賦匯》，江蘇古籍出版社、上海書店 1987 年版，第 330 頁。
〔註 136〕（清）陳元龍輯《歷代賦匯》，江蘇古籍出版社、上海書店 1987 年版，第 614 頁。

2. 當步軔之秋浦：軔，《賦匯》作「忉」。

3. 萬夫莫先：先，《賦匯》作「前」。

4. 猶誕置之河陝也：置，《賦匯》作「實」。

5. 蔭斯亭以寓處兮：寓，《賦匯》作「宴」。

6. 愛夫容之婉娩兮：夫容，《賦匯》作「芙蓉」；之，《賦匯》無。

7. 鷖鷖在柳：鷖，《賦匯》作「啼」。

8. 或進壺挾矢：挾，《賦匯》作「投」。

9. 佃漁交學：交，《賦匯》作「六」。

10. 與舟共浮：共，《賦匯》作「俱」。

11. 賓客益落：落，《賦匯》作「樂」。

12. 荷爲屋兮荷爲袪：荷，《賦匯》作「桂」。

32／240《臥褥香爐賦》，今據《歷代賦匯》校〔註137〕：

1. 缸花暗墮：缸，《賦匯》作「釭」。

2. 連溫幬之屈膝：幬，《賦匯》作「屛」。

3. 楚芳委椒：芳，《賦匯》作「房」。

4. 薔薇百濯，豆蔻湯乾：百、豆，《賦匯》作「露」、「荳」。

5. 共瓊株之晨照：株，《賦匯》作「枝」。

6. 均茵蓆而莫我知兮：蓆、我，《賦匯》作「席」、「吾」。

32／241《璿瑁賦》，今據《歷代賦匯》校〔註138〕：

1. 控三翼之雲馱：馱，《賦匯》作「駛」。

2. 傾於南嶽：嶽，《賦匯》作「垂」。

3. 巨千之資：資，《賦匯》作「貲」。

4. 厭西棚：棚，《賦匯》作「棚」。

5. 混餘蚔而比瑜：蚔，《賦匯》作「眠」。

6. 接余含榮：餘，《賦匯》作「耀」。

7. 虞蓼垂蘇：蘇，《賦匯》作「苕」。

8. 遊龍森箭：遊，《賦匯》作「流」。

〔註137〕（清）陳元龍輯《歷代賦匯》，江蘇古籍出版社、上海書店 1987 年版，第
　　　　355 頁。

〔註138〕（清）陳元龍輯《歷代賦匯》，江蘇古籍出版社、上海書店 1987 年版，第
　　　　548 頁。

9. 石蘊肉而吐華：肉，《賦匯》作「玉」。

10. 蹸水英，獵神蘭：水、蘭，《賦匯》作「山」、「囂」。

11. 糅靈釵之豔逸：逸，《賦匯》作「色」。

12. 壓唐妃之義髻：髻，《賦匯》作「結」。

13. 遲隆荊玉：飭，《賦匯》作「飾」。

14. 絲以玉函：絲，《賦匯》作「照」。

15. 合璪貝以爲麾：璪，《賦匯》作「藻」。

32／246《胡氏鐵心亭賦》，今據《歷代賦匯》校〔註139〕：

1. 夕飲冰兮旦而食蘗：蘗，《賦匯》作「檗」。

   按：飲，四庫本《歷代賦匯》作「引」。

2. 徒列姑射山之神君：列，《賦匯》作「藐」。

3. 燁乎其澤：乎，《賦匯》作「兮」。

4. 枯株斷影：株，《賦匯》作「枝」。

5. 獨耿耿乎中夕也：乎，《賦匯》作「於」。

6. 良謂足矣：足，《賦匯》作「是」。

7. 丈人亦聞其風而憎其讖歟：憎、讖，《賦匯》作「譖」、「微」。

   按：《全元文》云「恐當作嫩」，而《歷代賦匯》正作「嫩」。

8. 枉光塵兮來下：枉，《賦匯》作「杜」。

32／250《放螢賦》，今據《歷代賦匯》校〔註140〕：

1. 左驂駿：驂駿，《賦匯》偏旁均作「馬」。

2. 玫瑰奪燄：四庫本《歷代賦匯》作「瑰玫」。

3. 白虹貫月：月，四庫本《歷代賦匯》作「日」。

4. 飛屑焜煌：屑，《賦匯》作「鳥」。

5. 鵠籥夜開：籥，《賦匯》作「鑰」。

6. 影娥零亂：娥，《賦匯》作「蛾」。

7. 戶挾露囊：露，《賦匯》作「綃」。

8. 臨月殿：月，《賦匯》作「昵」。

〔註139〕 （清）陳元龍輯《歷代賦匯》，江蘇古籍出版社、上海書店 1987 年版，第
334 頁。

〔註140〕 （清）陳元龍輯《歷代賦匯》，江蘇古籍出版社、上海書店 1987 年版，第
553 頁。

9. 龍腦煙寒五成帳：五，四庫本《賦匯》作「兮」。

10. 光華夜繞瓊樹珠：珠，《賦匯》作「枝」。

32／252《太極賦》，今據《歷代賦匯》校〔註141〕：

1. 块圠希希：希希，《賦匯》作「希夷」。

2. 大不知其外有兮：外有，《賦匯》作「有外」。

　　按：上文云「後不知其有終兮」。

3. 天大寓左旋：天，《賦匯》作「大」。

4. 曾崑崙之不老兮：崑崙，《賦匯》作「渾淪」。

32／253《蔗菴賦賦》，今據《歷代賦匯》校〔註142〕：

1. 憲寫宮府：憲寫，《賦匯》作「竄窅」。

2. 綠宇當戶：宇，《賦匯》作「字」。

3. 則子於吾乎求之：吾，《賦匯》作「我」。

4. 君仙之居兮　，君：《賦匯》作「群」。

5. 安其身未若修諸身也：未，《賦匯》上有「又」；諸，《賦匯》作「其」。

6. 奈何柘漿石蜜忘搗：柘，《賦匯》作「蔗」。

32／254《八詠樓賦》，今據《歷代賦匯》校〔註143〕：

1. 於時天漢焞焞：漢，《賦匯》作「策」。

2. 登斯樓以馳明：明，《賦匯》作「望」。

3. 彼何以爲容室之地耶：耶，《賦匯》作「邪」。

4. 畦畹皓其紛績：績，《賦匯》作「續」。

5. 金沙及於河壖：壖，《賦匯》作「涘」。

6. 若泉之縈：縈，《賦匯》作「縈」。

7. 狨綏扶輿：狨，《賦匯》作「蕤」。

8. 排飛闥：飛，《賦匯》作「紫」。

9. 砂雞走狗：砂，《賦匯》作「鬥」。

〔註141〕（清）陳元龍輯《歷代賦匯》，江蘇古籍出版社、上海書店 1987 年版，第277 頁。

〔註142〕（清）陳元龍輯《歷代賦匯》，江蘇古籍出版社、上海書店 1987 年版，第345 頁。

〔註143〕（清）陳元龍輯《歷代賦匯》，江蘇古籍出版社、上海書店 1987 年版，第329 頁。

10. 則無以墮襄陽之淚，沾齊侯之襟。雍門亦無慮乎池臺之陞者也：《賦匯》作「則無以墮襄陽之淚於峴首，沾齊侯之襟於雍門，亦無慮乎池臺之陞者也」。

11. 潘卿炙之，潘卿遺直：此二句，《賦匯》作「潘卿之遺直」。

12. 又烏知庶民以風月而瓠肥也哉：瓠，《賦匯》作「匏」。

32／257《節婦賦》，今據《歷代賦匯》校〔註 144〕：

1. 宜受祜於天朝：祜，《賦匯》作「祐」。

2. 知待終以可榮：可，《賦匯》作「爲」。

3. 每發背以沾衣：沾，《賦匯》作「霑」。

4. 舉黃鵠於千里：於，《賦匯》無。

   按：於，四庫本《賦匯》作「乎」。

5. 夫何關乎今之世：乎，《賦匯》作「於」。

6. 顧皇極之不建兮：建，《賦匯》作「立」。

7. 金薤繁兮白露未晞：繁，《賦匯》作「繁」。

32／259《迎華觀瑞蓮賦》，今據《歷代賦匯》校〔註 145〕：

1. 銀谷山人秋食蜚英：蜚，《賦匯》作「菊」。

2. 碧李楞梨：李，《賦匯》作「奈」。

3. 又有冥海如瓜之棗：冥，《賦匯》作「溟」。

4. 包約流黃之素：包，《賦匯》作「苞」。

5. 罷單鵠寡鳧之奏：鵠，《賦匯》作「鴻」。

6. 連隻禽於一縱：隻，《賦匯》作「雙」。

7. 鏌鋣繼之而來侵：侵，《賦匯》作「復」。

8. 豈比夫東百勞而西燕：百，《賦匯》作「伯」。

9. 問之花神而莫余知：余，《賦匯》作「予」。

32／261《李夫人賦》，今據《歷代賦匯》校〔註 146〕：

〔註 144〕 （清）陳元龍輯《歷代賦匯》，江蘇古籍出版社、上海書店 1987 年版，第 635 頁。

〔註 145〕 （清）陳元龍輯《歷代賦匯》，江蘇古籍出版社、上海書店 1987 年版，第 497 頁。

〔註 146〕 （清）陳元龍輯《歷代賦匯》，江蘇古籍出版社、上海書店 1987 年版，第 618 頁。

1. 顧羅綺兮成堆：羅綺，《賦匯》作「綺羅」。
2. 下軒液、薦浴壺：液、浴，《賦匯》作「掖」、「玉」。
3. 月照金缸：缸，《賦匯》作「釭」。
4. 皇帝撫今懷古：古，《賦匯》作「故」。
5. 曄曄乎若晴華之倚草：倚，《賦匯》作「依」。
6. 昔宴惰以爲虞兮：惰，《賦匯》作「墮」。
7. 當蕙羅霜：羅，《賦匯》作「罹」。
8. 夕露寒之迎涼：露寒，《賦匯》作「寒露」。
9. 委夫容之裙衼兮：夫容，《賦匯》作「芙蓉」。
10. 穠花如故：花，《賦匯》作「華」。
11. 命洛妃於春洲：洲，《賦匯》作「流」。
12. 華一夭而莫予留：夭，《賦匯》作「去」。
13. 華見之而懷羞：華，《賦匯》作「花」。
14. 蛾影散兮明鏡飛：蛾，《賦匯》作「娥」。

32／263《垂絲海棠賦》，今據《歷代賦匯》校〔註147〕：

1. 雨褾五色：褾，《賦匯》作「標」。
2. 而態有餘榮：態，《賦匯》作「熊」，誤。
3. 桂華明密：華，《賦匯》作「花」。
4. 山礬孤瘦：礬，《賦匯》作「樊」。
5. 垂彤粉而點萼：粉，《賦匯》作「紛」。
6. 惟匍匐於秦橐：惟，《賦匯》作「睢」。
7. 爾乃湛酒瀏殽：殽，《賦匯》作「肴」。
8. 香芝入座：芝，《賦匯》作「風」。
9. 同夜笑於缸花：缸，《賦匯》作「釭」。
10. 怨花時之末暮：末，《賦匯》作「未」。
11. 嗟周親兮狎友：兮，《賦匯》作「與」。

〔註147〕 （清）陳元龍輯《歷代賦匯》，江蘇古籍出版社、上海書店 1987 年版，第 505 頁。

馮福京

32／277《昌國州圖志前序》，今據陸心源《皕宋樓藏書志》卷 32〔註 148〕校：

1. 三者闕一：闕，《藏書志》作「缺」。下文並同。
2. 有諸侯之史：諸，《藏書志》作「南」。
   按：下文有「是諸侯之史也」。
3. 余益以悲世變之至：益，《藏書志》作「蓋」。
4. 宋獨圖書史籍一事：圖書史籍，《藏書志》作「圖籍文書」。
   按：上文有「收秦圖籍文書」。
5. 始於里民購得其籍：得，《藏書志》作「獲」。
6. 此事中輟：《藏書志》作「此書遂廢」。
7. 乃趣學官：官，《藏書志》作「宮」。
8. 使州之闕文者於所補：者，《藏書志》作「著」。
9. 俾二三子知所決擇：決，《藏書志》作「治」。
10. 史闕則紀綱將板蕩而無稽矣：板，《藏書志》作「版」；矣，《藏書志》無。

孛朮魯翀

32／292《張文忠公歸田類稿序》，今以四庫本《歸田類稿》〔註 149〕（文題為《歸田類稿原序》）、陸心源《皕宋樓藏書志》卷 94〔註 150〕校：

1. 關陝以西兵襖旱厲：襖，《類稿》、《藏書志》作「侵」。
2. 湯沸泛溢：泛，《類稿》作「泉」、《藏書志》作「眾」。
3. 士民談道琅琅耿耿：士，《藏書志》作「上」。
4. 風熙日舒：風，《藏書志》作「人」。
5. 江淛等處行中書省參知政事孛朮魯翀序：孛朮魯翀，《類稿》改譯為「富珠哩翀」。

〔註 148〕（清）陸心源《皕宋樓藏書志》，《續修四庫全書》第 928 冊，上海古籍出版社 1996 年版，第 353～355 頁。
〔註 149〕（元）張養浩《歸田類稿》，景印文淵閣四庫全書第 1192 冊，臺灣商務印書館 1986 年版，第 473 頁。
〔註 150〕（清）陸心源《皕宋樓藏書志》，《續修四庫全書》第 929 冊，上海古籍出版社 1996 年版，第 388～389 頁。

32／296《序韻會舉要書考》

按：《古今韻會舉要》，有劉辰翁序（8／569）、熊中序（36／230）、余謙序（46／201），文題均作《古今韻會舉要序》。此序文題似不當。

馬祖常

32／364《傷己賦》，今據《歷代賦匯》校〔註151〕：

1. 力遲古之高風：遲，《賦匯》作「追」。
2. 呼莫龍以駕我兮：莫，《賦匯》作「天」。
3. 將世德之下賢：賢，《賦匯》作「移」。
4. 薦芻茭於宗器兮綴履綦以璣璿：璣璿，《賦匯》作「璿璣」。
5. 問禮意而莫支：支，《賦匯》作「知」。
6. 指綱維爲械意：意，《賦匯》作「繫」。
7. 憫相道之無朋兮：道，《賦匯》作「通」。
8. 膠吾口而難辭：而，《賦匯》作「之」。
9. 世或謂之固然：之，《賦匯》作「其」。

32／364《適忘賦》，今據《歷代賦匯》校〔註152〕：

1. 叢生沓來：至，《賦匯》作「生」。

    按：四庫本《石田文集》亦作「生」，《全元文》失校〔註153〕。
2. 子庸知我之底蘊耶：底蘊，《賦匯》作「蘊底」。
3. 何發軔之詎達：詎，《賦匯》作「遽」。

    按：四庫本《石田文集》亦作「遽」，《全元文》失校。
4. 而謬以不智目我哉：智，《賦匯》作「知」。

    按：四庫本《石田文集》亦作「知」，《全元文》失校。
5. 實狴犴與鈐鐲：鈐，《賦匯》作「鈴」。

    按：四庫本《石田文集》亦作「鈴」，《全元文》失校。

〔註151〕（清）陳元龍輯《歷代賦匯》，江蘇古籍出版社、上海書店 1987 年版，第 582 頁。

〔註152〕（清）陳元龍輯《歷代賦匯》，江蘇古籍出版社、上海書店 1987 年版，第 613 頁。

〔註153〕（元）馬祖常《石田文集》，景印文淵閣四庫全書第 1206 冊，臺灣商務印書館 1986 年版，第 550～551 頁。

6. 後世孰親於妻帑：帑，《賦匯》作「奴」。

　　按：四庫本《石田文集》亦作「奴」，《全元文》失校。

7. 世方湛渤，子翅瀺灂：子，《賦匯》作「兮」。

　　按：子，四庫本《石田文集》作「奚」，《全元文》失校。

8. 喔咿粟斯：粟，《賦匯》作「栗」。

　　按：《楚辭・漁父》：「將哫訾栗斯，喔咿儒兒，以事婦人乎？」〔註154〕

9. 矛盾辨詰：辨，《賦匯》作「辯」。

32／366《悠然閣賦》，今據《歷代賦匯》校〔註155〕：

1. 殆反予乎空谷：反，《賦匯》作「及」。

　　按：四庫本《石田文集》亦作「及」，《全元文》失校。

32／366《草亭賦》，今據《歷代賦匯》校〔註156〕：

1. 無刳辭以飾：刳，《賦匯》作「誇」。

2. 非先生之草亭邪：邪，《賦匯》作「耶」。

3. 筆間研石：間，《賦匯》作「簡」。

　　按：四庫本《石田文集》亦作「簡」，《全元文》失校。

4. 是則遊息之植學：植，《賦匯》作「殖」。

5. 有美君子，不恤其私。不恤其私，燁也古辭：後一句『不恤其私』，《賦匯》無；也，《賦匯》作「燁」。

　　按：四庫本《石田文集》亦作後一句「不恤其私」，《全元文》失校。

6. 於室之東：於，《賦匯》作「千」。

32／367《感柏樹賦》，今據《歷代賦匯》校〔註157〕：

1. 涉淮湍而南邁：南邁，《賦匯》作「返」。

　　按：四庫本《石田文集》亦作「返」，《全元文》失校。

2. 畫州圻而近古：畫，《賦匯》作「屈」。

　　按：四庫本《石田文集》亦作「屈」，《全元文》失校。

〔註154〕 （南宋）洪興祖《楚辭補注》，中華書局1983年版，第177頁。
〔註155〕 （清）陳元龍輯《歷代賦匯》，江蘇古籍出版社、上海書店1987年版，第337頁。
〔註156〕 （清）陳元龍輯《歷代賦匯》，江蘇古籍出版社、上海書店1987年版，第334頁。
〔註157〕 （清）陳元龍輯《歷代賦匯》，江蘇古籍出版社、上海書店1987年版，第463～464頁。

3. 又相田以謀食：相，《賦匯》作「於」。

　　按：四庫本《石田文集》亦作「於」，《全元文》失校。

4. 廩饋錙餾其浮浮：餾，《賦匯》作「饎」。

5. 列穤植於兩阤：阤，《賦匯》作「所」。

6. 撢未艾於孫子：撢、孫子，《賦匯》作「澤」、「子孫」。

　　按：四庫本《石田文集》亦作「子孫」，《全元文》失校。

第 33 冊

謝端

33／5《此山詩集跋》，今據陸心源《皕宋樓藏書志》卷 98〔註 158〕校：

1. 余欲求此山此集示之：余，《藏書志》作「予」。

33／6《跋先氏書岩記》，《全元文》據清同治十年刻《合江縣志》錄文，以四庫本《四川通志》、民國十八年排印本《遂寧縣志》校。今覆校四庫本《四川通志》，《全元文》有漏校。補校如下：

1. 覽讀書崖之記：《通志》作「讀書岩之記」。《全元文》校記③校出「崖」作「岩」。

劉致

　33／74《蕭貞敏公謚議》，今據清代曹本榮《古文輯略》〔註 159〕校：

1. 高尚其事者以之：事，《輯略》作「志」。

2. 則束帛戔戔，賁於邱園：邱，《輯略》作「丘」。

　　按：《周易·賁》云「六五：賁於丘園，束帛戔戔。」

〔註 158〕（清）陸心源《皕宋樓藏書志》，《續修四庫全書》第 929 冊，上海古籍出版社 1996 年版，第 432～433 頁。

〔註 159〕（清）曹本榮《古文輯略》，《四庫全書存目叢書》集部第 392 冊，齊魯書社 1996 年版，第 305 頁。

第 34 冊

吳師道

34／2《望崞山賦》，今據《歷代賦匯》校〔註160〕：

　　1. 友人黃君晉卿向嘗爲予言：予，《賦匯》作「余」。下文並同。

　　2. 其詞曰：詞，《賦匯》作「辭」。

34／3《雲臥八極賦》，今據《歷代賦匯》校〔註161〕：

　　1. 其詞云：詞，《賦匯》作「辭」。

　　2. 挾迅雷以爲輈：輈，《賦匯》作「電」。

　　3. 揆厥初而不越：越，《賦匯》作「遠」。

　　4. 自大一兮：大，《賦匯》作「太」。

34／4《懷別賦》，今據《歷代賦匯》校〔註162〕：

　　1. 忘棲棲之解歡：解，《賦匯》作「鮮」。

　　2. 惜芳密而邅睽兮：芳，《賦匯》作「方」。

　　3. 炯相炤於中丹：炤，《賦匯》作「照」。

34／80《戰國策校經序》，今據陸心源《皕宋樓藏書志》卷 24〔註163〕校：

　　1. 文最沉博：沉博，《藏書志》作「訛舛」。

　　2. 宋尚書郎括蒼鮑彪詆其疏略謬妄：謬，《藏書志》作「繆」。

　　3. 時出己見：見，《藏書志》無。

　　4. 若謬妄：謬，《藏書志》作「繆」。

　　5. 若去謬誤雖未嘗顯列：謬，《藏書志》作「繆」。

　　6. 而用此考彼：用，《藏書志》作「因」。

　　7. 學莫善於關疑：關，《藏書志》作「缺」。

〔註160〕 （清）陳元龍輯《歷代賦匯》，江蘇古籍出版社、上海書店 1987 年版，第
　　　　　76 頁。

〔註161〕 （清）陳元龍輯《歷代賦匯》，江蘇古籍出版社、上海書店 1987 年版，第
　　　　　613 頁。

〔註162〕 （清）陳元龍輯《歷代賦匯》，江蘇古籍出版社、上海書店 1987 年版，第
　　　　　593 頁。

〔註163〕 （清）陸心源《皕宋樓藏書志》，《續修四庫全書》第 929 冊，上海古籍出版
　　　　　社 1996 年版，第 257 頁。

8. 闕焉可也：闕，《藏書志》作「缺」。

9. 《說文》《集韻》等：等，《藏書志》無。

10. 多摭彼書之見文：文，《藏書志》作「聞」。

11. 不問本事之當否：事，《藏書志》作「字」。

12. 《史》注自裴氏外：裴，《藏書志》下有「徐」。

13. 《索隱》《正義》皆不之見：見，《藏書志》作「引」。

14. 以伐燕爲齊宣：伐，《藏書志》作「代」。

15. 魏惠王盟臼里：臼，《藏書志》作「日」。

16. 以中山司馬期爲楚昭王卿：期，《藏書志》作「子期」。

17. 其論說自謂翼宣教化：翼，《藏書志》作「翊」。

18. 則猶有可議者：有、者，《藏書志》無。

19. 所排蘇代之辭爲不可廢：辭，《藏書志》作「詑」。

20. 又及見晉孔衍《春秋後語》：及，《藏書志》無。

21. 《大事記》頗引之：頗，《藏書志》上有「亦」。

22. 而世罕誦傳：誦，《藏書志》無。

23. 其他固弗之察也：其，《藏書志》無。

24. 予既悉睹其失，豈容不正乎：《藏書志》無。

25. 輒因鮑注：輒，《藏書志》作「□」。

26. 證以姚本：證，《藏書志》作「正」。

27. 鮑之區區：鮑，《藏書志》下有「彪」。

28. 其將明其說於天下：其，《藏書志》作「者，固」。

29. 非謂大儒必斥：謂，《藏書志》作「雖」。

30. 文末，《藏書志》有「泰定二年歲乙丑八月日金華吳師道序」。

34／87《香溪先生文集後序》，今據張金吾《愛日精廬藏書志》卷 31〔註164〕、陸心源《皕宋樓藏書志》卷 83〔註165〕、鐵琴銅劍樓藏明刊本〔註166〕校：

1. 婺之蘭溪人：溪，《愛日精廬》、《皕宋樓》、明刊本均作「江」，誤。

〔註164〕（清）張金吾《愛日精廬藏書志》，上海古籍出版社 2014 年版，第 558～559 頁。

〔註165〕（清）陸心源《皕宋樓藏書志》，《續修四庫全書》第 929 冊，上海古籍出版社 1996 年版，第 263～264 頁。

〔註166〕（宋）范浚《范香溪先生文集》，《四部叢刊續編》本。

2. 某幼即訪其文集：某，《愛日精廬》、《百宋樓》、明刊本均作「師道」。

3. 讀徐忠莊公《徵言傳》而知其所取：徵，《愛日精廬》、《百宋樓》、明刊本均作「徽」，是。

> 按：香溪先生即范浚，其《香溪集》卷 21 有《徐忠壯傳》，云：「徐徽言，字彥猷，衢之西安人。〔註 167〕」徐徽言傳見《宋史》卷 447《列傳》第 206〔註 168〕，載「諡忠壯」。句中「莊」疑爲「壯」，故此句當讀作「讀《徐忠壯公徽言傳》而知其所取」。

4. 而不得誦其詩而讀其書：得，《愛日精廬》、《百宋樓》、明刊本均無。

5. 始得先生文七卷於親友應氏：氏，《愛日精廬》、《百宋樓》、明刊本下有「家」。

6. 陳公岩有序稱：有，《愛日精廬》、《百宋樓》、明刊本均作「肖」，是。

> 按：范浚《香溪集》前有陳岩肖序〔註 169〕，稱「紹興三十一年四月十三日同郡陳岩肖序」。《愛日精廬藏書志》亦全文收錄〔註 170〕。

7. 凡二十一卷：凡，《愛日精廬》、《百宋樓》均作「文」；一，《愛日精廬》、《百宋樓》明刊本均作「二」。

> 按：《香溪集》卷數爲 22 卷，可參看張劍《宋范浚〈香溪集〉版本源流考》〔註 171〕。

8. 先生族孫來言：孫，《愛日精廬》、《百宋樓》、明刊本下有「俊」。

9. 本節偉矣：本，《愛日精廬》、《百宋樓》、明刊本均作「大」。

10. 而有子孫者每患其不知學：患，《愛日精廬》、《百宋樓》均作「惡」。

11. 恨其不能專爲先生置祠奉常：專，《愛日精廬》、《百宋樓》、明刊本均無；常，《愛日精廬》、《百宋樓》、明刊本均作「嘗」。

12. 而不忘者固自若：忘，《愛日精廬》、《百宋樓》、明刊本均作「亡」。

13. 今右史裔孫璹：璹，《愛日精廬》、《百宋樓》、明刊本均作「元璹」。

14. 念殘闕之復完：闕，《愛日精廬》、《百宋樓》、明刊本均作「集」。

〔註 167〕（宋）范浚《香溪集》，中華書局 1985 年版，第 197～202 頁。

〔註 168〕（元）脫脫《宋史》（第 38 冊），中華書局 1977 年版，第 13190～13194 頁。

〔註 169〕（宋）范浚《香溪集》，中華書局 1985 年版，第 1～2 頁。

〔註 170〕（清）張金吾《愛日精廬藏書志》，上海古籍出版社 2014 年版，第 557～558 頁。

〔註 171〕張劍《宋范浚〈香溪集〉版本源流考》，《文獻》2013 年第一期，第 16～22 頁。

15. 將卒其族人之力而終之：卒，《愛日精廬》、《皕宋樓》、明刊本均作「率」；人、《愛日精廬》、《皕宋樓》均作「中」。

16. 又以右史《蒙齋集》未及刊：齋，《愛日精廬》、《皕宋樓》均作「□」。

17. 則以其與香溪唱酬諸詩先附見焉：先，《愛日精廬》作「□」、《皕宋樓》無、四部叢刊本作「既」。

18. 又嘉璹之能光昭其先：又，《愛日精廬》、《皕宋樓》均作「文」；嘉，《愛日精廬》、《皕宋樓》、明刊本下均有「無」。

19. 庶幾賢子孫已：已，《皕宋樓》作「與」。

20. 凡與於此者：凡，《皕宋樓》作「幾」。

21. 文末，《愛日精廬》、《皕宋樓》有「年月日後學里生吳師道序」、明刊本作「至順壬申春三月後學里生吳師道序」。

34／88《敬鄉前錄序》，今據陸心源《皕宋樓藏書志》卷 27〔註172〕校：

1. 時時繙閱故藏：繙，《藏書志》作「番」。

2. 則因近里中火後：因近，《藏書志》作「近因」。

3. 因念蘭溪縣漢隸會稽：縣，《藏書志》作「緜」。

4. 歸求其餘：其，《藏書志》作「有」。

34／89《敬鄉後錄序》，今據陸心源《皕宋樓藏書志》卷 27〔註173〕校：

1. 且仙釋之徒與賢士大夫孰愈：且，《藏書志》無。

2. 賢材繼出：賢材，《藏書志》作「材賢」。

3. 豈無憾於其後耶：其後，《藏書志》作「冥冥」。

4. 方且與同志博考而並載之：並，《藏書志》作「具」。

5. 夫何病於僭哉：病，《藏書志》作「憮」。

34／97《張文忠公雲莊家集序》，據《歸田類稿》卷首〔註174〕校：

1. 力詆權奸更變法度非編：更變，《類稿》作「變更」。

2. 犯顏嬰鱗：嬰，《類稿》作「攖」。

〔註172〕（清）陸心源《皕宋樓藏書志》，《續修四庫全書》第 928 冊，上海古籍出版社 1996 年版，第 300～301 頁。

〔註173〕（清）陸心源《皕宋樓藏書志》，《續修四庫全書》第 928 冊，上海古籍出版社 1996 年版，第 301 頁。

〔註174〕（元）張養浩《歸田類稿》，景印文淵閣四庫全書第 1192 冊，臺灣商務印書館 1986 年版，第 473～474 頁。

3. 既解參議中書：既，《類稿》作「暨」。

4. 所養益可知己：益，《類稿》作「蓋」。

5. 忽聞鼓樓梁木自壞：忽聞，《類稿》作「奉元」。

6. 薦星隕於濟南：薦、隕，《類稿》作「若」、「殞」。

7. 公《雲莊集》四十卷已刊於龍興學宮：刊，《類稿》作「刻」。

8. 臨川危素復掇其關於治教大體者爲此編：復，《類稿》作「履」。

9. 文末，《類稿》有「吳師道集」。

34／137《姚氏校注戰國策後題》，今據陸心源《皕宋樓藏書志》卷 24〔註175〕校：

1. 近得於一舊士人家：近，《藏書志》作「後」。

2. 卷末載季文叔：季，《藏書志》作「李」，是。

   > 按：李文叔《書戰國策後》，文載明代卜大有輯《明刻珍本史學要義》
   >   卷 4〔註176〕。另可參看張正男《戰國策初探》第十六章《兩宋諸
   >   家》中《李文叔書國策後》一節〔註177〕。

3. 劉敞所傳集賢院新本：集，《藏書志》上有「並」。

4. 上標劉校字：劉，《藏書志》上有「錢」。

5. 因高誘注間有增蓄：增，《藏書志》作「曾」。

6. 考其書成於紹興丙寅：於，《藏書志》作「當」。

7. 弟令威、令憲則皆顯於時：《藏書志》作「弟寬令威、憲令則，皆顯於
   時」，是。

   > 按：宋代王明清《揮塵後錄》卷 11 載：姚宏，字令聲，越人也。……
   >   弟寬，字令威，問學詳博，注《史記》行於世，三乘九流，無所不
   >   通。……憲無它材能，不逮二兄，後登政府，命也。〔註178〕

8. 已百年餘物：年餘，《藏書志》作「餘年」。

9. 文末，《藏書志》有「至順四年癸酉七月吳師道識」。

〔註175〕（清）陸心源《皕宋樓藏書志》，《續修四庫全書》第 928 冊，上海古籍出版
　　　　 社 1996 年版，第 260 頁。

〔註176〕（明）卜大有《明刻珍本史學要義》，中國公共圖書館古籍文獻珍本彙刊，中
　　　　 華全國圖書館文獻縮微複製中心 1999 年版，第 458～460 頁。

〔註177〕張正男《戰國策初探》，臺灣商務印書館 1984 年版，第 229～233 頁。

〔註178〕（宋）王明清《揮塵錄》，上海書店出版社 2001 年版，第 170 頁。

歐陽玄

34／385《天馬賦》，據《歷代賦匯》〔註179〕校：

1. 噪神質於渥窪：窪，《賦匯》作「窪」。
2. 影捷杜矢之馳：杜，《賦匯》作「枉」，是。

    按：枉矢，星名。《史記・天官書》：「枉矢，類大流星，蛇行而倉黑，
    望之如有毛羽然。」〔註180〕

34／385《辟雍賦》，據《歷代賦匯》〔註181〕、《湖南文徵》卷53〔註182〕校：

1. 誾誾啾啾：啾啾，《文徵》作「休休」。
2. 泮奐夷猶：泮，《賦匯》作「伴」。
3. 踵賢關之雋遊：雋，《賦匯》作「儁」。
4. 治盛中世：中，《賦匯》作「繼」。
5. 鼓篋圜橋：《賦匯》作「鼓鐘於論」。
6. 藏曲阜之特祠：藏，《賦匯》作「蔵」；祠，《賦匯》作「桐」。
7. 焆日星乎曠世之：焆，《賦匯》作「蜎」、《文徵》無。

    按：《全元文》出注，云「『之』後疑有脫文」。李新宇先生指出：「其實
    此句無脫文，文中『焆』為『興旺』之意，宋高似孫《剡錄・修學
    碑》：『剡之文治焆然一變。』故此句標點應為：『三年而科詔頒，
    文治焆。日星乎曠世之條，風霆乎多士之氣。』」〔註183〕當如此句
    讀，方為正確。不過，《賦匯》「焆」作「蜎」，意亦通。宋代真德
    秀《跋彭忠肅文集》「國朝文治蜎興，歐、王、曾、蘇以大手筆追
    還古作，高處不減二子」〔註184〕、元代李冶《元遺山集序》（2／
    20）「不數歲，神聖御天，文治蜎興」，可證。

8. 前以光八百年之成周：關，《文徵》作「觀」。

〔註179〕（清）陳元龍輯《歷代賦匯》，江蘇古籍出版社、上海書店1987年版，第
    537頁。
〔註180〕（西漢）司馬遷著、（宋）裴駰集解、（唐）司馬貞索隱、張守節正義《史記》
    （第4冊），中華書局1959年版，第1336頁。
〔註181〕（清）陳元龍輯《歷代賦匯》，江蘇古籍出版社、上海書店1987年版，第
    316頁。
〔註182〕（清）羅汝懷編纂《湖南文徵》（第2冊），嶽麓書社2008年版，第1171～
    1172頁。
〔註183〕李新宇《元代辭賦研究》，中國社會科學出版社2008年版，第59頁。
〔註184〕（南宋）真德秀《西山先生真文忠公文集》卷三十六，《四部叢刊》本。

34／387《義門賦》，據《湖南文徵》卷 51〔註 185〕校：

1. 他日謁予：予，《文徵》作「余」。

2. 承世嫩之蟬嫣兮：承，《文徵》作「永」。

3. 曰五倫之於日用兮：曰、用，《文徵》作「明」、「月」。

4. 闈儀雍雍以賓退兮：闈，《文徵》作「禮」。

5. 少者孝乎順柔：孝，《文徵》作「效」。

6. 雪霜貿貿於當世兮：貿貿，《文徵》作「皜皜」。

7. 松栢岑蔚乎故丘：丘，《文徵》作「邱」。

8. 聞孫起家而交辟兮：聞，《文徵》作「文」。

9. 尋重席於官庠兮：官，《文徵》作「宮」。

34／390《浮雲道院賦》，《全元文》據清咸豐五年重刊本《惟實集·外集》錄文。今據楊訥、李曉明編《文淵閣四庫全書補遺（集部）》第四冊《惟實集》〔註 186〕校：

1. 海陵郡博士劉君楚奇與予會於□門：□，《補遺》作「鄲」。

2. 一日浩然賦歸，因為詞以和之。其志云：賦、詞、志，《補遺》作「志」、「賦」、「詞」。

3. 嗟浮雲之為物兮：物，《補遺》作「質」。

4. 歲食之得膏而：膏而，《補遺》作「而膏」。

5. 抒田園之幽雅兮：幽，《補遺》作「幽」，誤。

6. 聲颯颯其終：終，《補遺》上有「未」。

7. 步前簪以彳亍兮：簪，《補遺》作「榮」。

8. 思大清之廓夷：清，《補遺》作「虛」。

34／393《進遼史表》，據《湖南文徵》卷 51〔註 187〕校：

1. 竊惟天文莫驗於機衡：機，《文徵》作「璣」。下文「則必察乎機衡之精」同。

2. 史臣雖迷前代之設施：臣、迷，《文徵》作「者」、「述」。

3. 大意有助時君之鑒戒：大，《文徵》作「天」。

〔註 185〕（清）羅汝懷編纂《湖南文徵》（第 2 冊），嶽麓書社 2008 年版，第 1172 頁。

〔註 186〕楊訥、李曉明編《文淵閣四庫全書補遺（集部）》（第 4 冊），北京圖書館出版社 1997 年版，第 495～497 頁。

〔註 187〕（清）羅汝懷編纂《湖南文徵》（第 2 冊），嶽麓書社 2008 年版，第 1140～1141 頁。

－221－

4. 則恪尊三歲之制：尊，《文徵》作「遵」。

5. 享國二百一十有七載：七，《文徵》作「九」。

6. 大祐苟延：祐，《文徵》作「命」。

7. 國既丘墟：丘，《文徵》作「邱」。

8. 予奪各循其主：循，《文徵》作「徇」。

9. 講經兼誦乎祖謨：謨，《文徵》作「模」。

10. 中書平章政事臣鐵睦爾達實：實，《文徵》作「世」。

    按：鐵睦爾達實，四庫本《圭齋文集》改譯爲「特穆爾達實」。

11. 今兵部尚書臣廉惠山凱雅：凱雅，《文徵》作「海牙」。

12. 翰林監修臣陳繹曾爲修史官，分選《遼史》：《文徵》作「翰林監修臣陳繹曾徇職以分撰」。

13. 刪潤研磨：磨，《文徵》作「劘」。

14. 氣之直則詞之昌：詞之昌，《文徵》作「辭之嚴」。

15. 《表》若干卷：《文徵》作「表十八卷」。

16. 《列傳》四十五卷：四十五，《文徵》作「三十六」。

17. 無任激切屏營之至：無任，《文徵》上有「臣」。

34／394《進金史表》，據《湖南文徵》卷51〔註188〕校：

1. 乃煥有乎名聲：《文徵》作「乃煥乎有聲明」。

2. 嘗循初而迄終：嘗，《文徵》作「常」。

3. 不足以固百年之基：固，《文徵》作「著」。

4. 宣宗輕動：動，《文徵》作「聽」。

5. 指顧可成於儁功：儁，《文徵》作「雋」。

6. 席捲河朔：河，《文徵》作「雲」。

7. 滅夏國而蹴秦鞏：而，《文徵》作「以」。

8. 冒萬死出饒風：死，《文徵》作「險」。

9. 及我世祖聖德神功文武皇帝：我，《文徵》無。

10. 是以纂修之事：事，《文徵》作「命」。

11. 延祐申舉而未遑：申，《文徵》作「中」。

12. 若此眞符：眞，《文徵》作「禎」。

〔註188〕（清）羅汝懷編纂《湖南文徵》（第2冊），嶽麓書社2008年版，第1141～1142頁。

34／396《進宋史表》，據《湖南文徵》卷 51〔註189〕校：

1. 中書右丞相：中書，《文徵》下有「大夫」。

2. 襲封廣平王阿魯圖言：《文徵》作「廣惠司事臣阿魯圖等」。

3. 咸遵稟授之筭：授，《文徵》作「受」。

4. 事幾有待：幾，《文徵》作「機」。

5. 祖宗功德：《文徵》作「祖功宗德」。

6. 平章政事臣帖穆爾達實：帖穆爾達實，《文徵》作「帖木兒達世」。

7. 翰林學士承旨臣達實特穆爾：，《文徵》作「達實帖木兒」。

8. 翰林修撰臣鎦文：鎦文，《文徵》作「劉聞」。

9. 匯萃為書：萃，《文徵》作「粹」。

10. 紹興之圖回：回，《文徵》作「維」。

11. 納畔主而侵境：主，《文徵》作「臣」。

　　按：主，四庫本《圭齋文集》亦作「臣」。

12. 齊亡而謗：謗，《文徵》作「訪」。

13. 王蠋乃存秉節之臣：秉，《文徵》作「守」。

14. 亦惟斷以至公：惟，《文徵》作「難」。

15. 事嚴敢訃於疾徐：訃，《文徵》作「計」。

　　按：訃，四庫本《圭齋文集》亦作「計」。

16. 《列傳》《世家》二百二十五卷：二百二十五，《文徵》作「二百五十五」。

17. 裝潢成四百九十二帙：四百九十二，《文徵》作「二百五十二」。

34／398《進經世大典表》，據《湖南文徵》卷 51〔註190〕校：

1. 欽惟欽天統聖至德誠功大文孝皇帝陛下：誠，《文徵》作「成」。

2. 臣某叨承旨喻：喻，《文徵》作「諭」。

3. 俾綜纂修：綜，《文徵》作「宗」。

4. 裝潢成帙：帙，《文徵》作「帖」。

34／401《答意山先生》，據《湖南文徵》卷 35〔註191〕（題為《答意山書》）
校：

〔註189〕 （清）羅汝懷編纂《湖南文徵》（第 2 冊），嶽麓書社 2008 年版，第 1142～
　　　　　1143 頁。

〔註190〕 （清）羅汝懷編纂《湖南文徵》（第 2 冊），嶽麓書社 2008 年版，第 1144 頁。

〔註191〕 （清）羅汝懷編纂《湖南文徵》（第 2 冊），嶽麓書社 2008 年版，第 830 頁。

1. 第恨溢美辭多：恨，《文徵》作「憾」。
2. 深愧莫能效毫髮之助：莫，《文徵》作「無」。
3. 力疾作一書干之：作，《文徵》無。
4. 側聞茲歲垂帳仍在舊館：茲，《文徵》作「今」。
5. 等干尊照：干，《文徵》作「於」。

34／402《又與意山先生書》，據《湖南文徵》卷 49〔註 192〕（題為《又與意山書》）校：
1. 因推其八字：八字，《文徵》作「生年日月」。
2. 非常發達：發達，《文徵》無。
3. 右臂時苦風氣流注：苦，《文徵》作「若」。

34／402《回所中書》，據《湖南文徵》卷 49〔註 193〕校：
1. 是時不肖與所中俱在子弟之列：子弟，《文徵》作「弟子」。
2. 去夏謁告祠垣：祠，《文徵》作「詞」。
3. 一訪故耳：耳，《文徵》作「里」。
4. 居行未知攸錯：居行，《文徵》作「行止」。

34／403《回所立書》，據《湖南文徵》卷 35〔註 194〕（題為《答所立書》）校：
1. 追憶曩時侍先君子琴冊：侍，《文徵》作「時」。
2. 仰為名門雍熙之軌：為名門，《文徵》作「惟門第」。
3. 殊以魯生不來為恨：恨，《文徵》作「憾」。
4. 何足置牙頰：置，《文徵》作「致」。
5. 甚者以六一為是：是，《文徵》上有「比」。
6. 此則斷斷然不夢見腳板者也：腳，《文徵》作「足」。
7. 僕為崇韜不敢：敢，《文徵》作「也」。
8. 不敢布素：敢，《文徵》作「改」。
9. 家兄面次：面，《文徵》作「兩」，誤。

〔註 192〕（清）羅汝懷編纂《湖南文徵》（第 2 冊），嶽麓書社 2008 年版，第 1110 頁。
〔註 193〕（清）羅汝懷編纂《湖南文徵》（第 2 冊），嶽麓書社 2008 年版，第 1110 頁。
〔註 194〕（清）羅汝懷編纂《湖南文徵》（第 2 冊），嶽麓書社 2008 年版，第 830 頁。

34／404《回劉申齋先生書》，據《湖南文徵》卷 49〔註195〕（題為《答劉申齋書》）校：

　　1. 第緘寄雄文：第，《文徵》作「承」。

　　2. 不審何故：故，《文徵》作「如」。

　　3. 凡百潦略：百，《文徵》作「有」。

34／404《答劉桂隱書》，據《湖南文徵》卷35〔註196〕校：

　　1. 乃未獲一寓桑梓之敬：一寓，《文徵》無。

　　2. 且有文集敘之喻：喻，《文徵》作「諭」。

　　3. 升學士：士，《文徵》無。

34／405《答孫春洲書二》，據《湖南文徵》卷 49〔註197〕校：

　　1. 第玉署再遷之言：再，《文徵》無。

　　2. 使之姑遂其本性：本，《文徵》無。

　　3. 豈有復可驅策者哉：豈，《文徵》下有「不」。

34／405《又》，據《湖南文徵》卷 49〔註198〕（題為《再答春洲》）校：

　　1. 春洲先生契友：契友，《文徵》作「執事」。

　　2. 與曼碩揭公談江右人物：曼碩揭公，《文徵》作「揭曼碩」。

　　3. 揭稱譽足下才美：《文徵》作「曼碩稱譽足下文品」。

　　4. 會見咄咄逼人：會，《文徵》作「曾」。

　　5. 他日相知翰墨中：相，《文徵》作「在」。

　　6. 日者敝族諸子弟見過：子弟，《文徵》作「弟子」。

　　7. 第恨才薄資淺：資，《文徵》作「質」。

34／407《與劉文廷書》，據《湖南文徵》卷 35〔註199〕校：

　　1. 玄頓首再拜：《文徵》作「元手書再拜」。

　　2. 上文廷博士提學相公仁友：仁友，《文徵》無。

　　3. 同列中以不獲一言以別為恨：恨，《文徵》作「憾」。

　　4. 其駭則以賤跡離翰苑時：賤，《文徵》無。

〔註195〕（清）羅汝懷編纂《湖南文徵》（第 2 冊），嶽麓書社 2008 年版，第 1110 頁。

〔註196〕（清）羅汝懷編纂《湖南文徵》（第 2 冊），嶽麓書社 2008 年版，第 829 頁。

〔註197〕（清）羅汝懷編纂《湖南文徵》（第 2 冊），嶽麓書社 2008 年版，第 1111 頁。

〔註198〕（清）羅汝懷編纂《湖南文徵》（第 2 冊），嶽麓書社 2008 年版，第 1111 頁。

〔註199〕（清）羅汝懷編纂《湖南文徵》（第 2 冊），嶽麓書社 2008 年版，第 831 頁。

5. 當撥力勉其留：其，《文徵》無。

6. 一人蹙額特甚：特，《文徵》作「大」。

7. 莫年盡傷：《文徵》作「暮年盡傷」。

8. 不如姑聽造物所以處我者何如耳：如，《文徵》作「若」。

9. 極知剩出：剩，《文徵》作「膾」。

10. 毫楮草草：草草，《文徵》作「草」。

34／408《與劉文廷啟》，據《湖南文徵》卷 52〔註200〕校：

1. 㲀㲀馳忱：㲀㲀，《文徵》作「鬵鬵」。

34／408《回有壬許參政啟》，據《湖南文徵》卷 52〔註201〕校：

1. 回有壬許參政啓：《文徵》作「復許參政啓」。

2. 眾謂兆足以行矣：眾，《文徵》作「忽」。

3. 嘗效力於代言：效，《文徵》作「超」。

4. 曷免絳侯見沮：免，《文徵》作「克」。

5. 洊行周家選舉之法：行，《文徵》無。

6. 至詒朋友：詒，《文徵》作「貽」。

7. 共播虞廷賡歌之音：共，《文徵》無；賡歌，《文徵》作「喜起」。

8. 惟乞閒身：惟，《文徵》作「世」。

34／424《國朝名臣事略序》，今據陸心源《皕宋樓藏書志》卷 100〔註202〕校：

1. 專容修竿牘之教：教，《藏書志》作「敬」。

34／413《送翰林應奉李一初南歸序》，今據楊訥、李曉明編《文淵閣四庫全書補遺（集部）》第四冊《雲陽集‧附錄》〔註203〕校：

1. 送翰林應奉李一初南歸序：《補遺》作「送李一初應奉南歸序」。

2. 是皆儒者之所難遇也：難，《補遺》上有「甚」。

3. 余之言則曰：余，《補遺》作「予」。

〔註200〕 （清）羅汝懷編纂《湖南文徵》（第 2 冊），嶽麓書社 2008 年版，第 1164 頁。
〔註201〕 （清）羅汝懷編纂《湖南文徵》（第 2 冊），嶽麓書社 2008 年版，第 1164 頁。
〔註202〕 （清）陸心源《皕宋樓藏書志》，《續修四庫全書》第 929 冊，上海古籍出版社 1996 年版，第 448～449 頁。
〔註203〕 楊訥、李曉明編《文淵閣四庫全書補遺（集部）》（第 4 冊），北京圖書館出版社 1997 年版，第 825～827 頁。

4. 又何其至也：其，《補遺》無。

5. 賢，莫不願之成：《補遺》作「賢，莫不願之學；學，莫不願之成」。

6. 文末，《補遺》有「元統二年甲戌春正月望奉常歐陽玄序」。

34／424《國朝名臣事略序》，《全元文》據《涵芬樓古今文鈔》校。今據陸心源《皕宋樓藏書志》卷 27〔註204〕校：

1. 且筆札又富：且，《藏書志》作「月」。

2. 君獨博取中朝鉅公文集而日錄之：錄，《藏書志》作「抄」。

3. 凡有元臣世卿墓表：有，《藏書志》作「而」。

4. 匯而輯之：輯，《藏書志》作「稡」。

5. 徐之詞章：祠，《藏書志》作「辭」。

6. 所謂九京可作：京，《藏書志》作「原」。

7. 乾坤如許大：《藏書志》上有「嗟乎」。

8. 未渠央也：也，《藏書志》無。

9. 文末，《藏書志》有「天曆己巳四月乙卯翰林待制冀郡歐陽元謹序」。

34／425《廬陵劉氏通鑑綱目書法後序》，《全元文》據《湖南文徵》卷 25〔註205〕校。補校如下：

1. 三復歎之日：之，《文徵》無。

2. 願即先生一二而揚確之：揚確，《文徵》作「商榷」。

　　按：《全元文》據《文徵》校「揚」作「商」。

34／430《易問辯序》，今據楊訥、李曉明編《文淵閣四庫全書補遺（集部）》第四冊《圭齋集》卷 7〔註206〕校（題為《易問辨序》）：

1. 其為說宜無窮焉：窮，《補遺》作「過」。

2. 『於五經』至『歷考諸家之異同』：《補遺》無。

3. 後改日《問辯》：辯，《補遺》作「辨」。

4. 吾宗巽齋先生為曾大父冀郡公作《經訓堂記》：父，《補遺》作「夫」。

5. 歐陽氏即以八世博士世其學：以，《補遺》作「有」。

〔註204〕 （清）陸心源《皕宋樓藏書志》，《續修四庫全書》第 928 冊，上海古籍出版社 1996 年版，第 303 頁。

〔註205〕 （清）羅汝懷編纂《湖南文徵》（第 2 冊），嶽麓書社 2008 年版，第 604 頁。

〔註206〕 楊訥、李曉明編《文淵閣四庫全書補遺（集部）》（第 4 冊），北京圖書館出版社 1997 年版，第 569～570 頁。

6. 《詩》有《本義》：本，《補遺》作「書」，誤。

7. 凡宋儒以通經學古爲高：古，《補遺》作「者」。

34／440《鈐南道士歐陽賓實詩集序》，今據楊訥、李曉明編《文淵閣四庫全書補遺（集部）》第四冊《圭齋集》卷 7〔註207〕校：

1. 道之能詩者絕少：道，《補遺》作「遍」。

2. 或以爲崆峒道士鄒訢類也：或，《補遺》作「我」。

3. 蓋道家者流之餘風焉：之，《補遺》作「仰」。

4. 以能詩深爲蜀郡虞先生所賞識：以，《補遺》下有「其」。

5. 尤能以所學知名四方與：尤，《補遺》作「猶」；名，《補遺》下有「於」。

34／445《羅舜美詩序》，據《湖南文徵》卷 25〔註208〕校：

1. 雖楊宗少於黃：楊宗，《文徵》作「宗楊」。

2. 士子專意學詩：士子，《文徵》作「學者」。

3. 江西士之京師者：之，《文徵》下有「在」。

34／446《宋翰林燕石集序》，今據陸心源《皕宋樓藏書志》卷 102〔註209〕校：

1. 燕東並遼海：並，《藏書志》無。

2. 翰林薊門宋君顯夫眠予詩若干首：眠予，《藏書志》作「示余」。

3. 余讀盡卷：余，《藏書志》作「予」。

4. 吾知齊魯老生之不能及是也：齊魯，《藏書志》作「魯齊」。

5. 奈何猶以《燕石》自名其集邪：自，《藏書志》作「爲」。

34／447《此山詩集序》，今據張金吾《愛日精廬藏書志》卷 33〔註210〕、陸心源《皕宋樓藏書志》卷 98〔註211〕

1. 乃得肆力於辭章：辭，《愛日精廬》、《皕宋樓》作「詞」。

〔註207〕楊訥、李曉明編《文淵閣四庫全書補遺（集部）》（第 4 冊），北京圖書館出版社 1997 年版，第 570～572 頁。

〔註208〕（清）羅汝懷編纂《湖南文徵》（第 2 冊），嶽麓書社 2008 年版，第 604 頁。

〔註209〕（清）陸心源《皕宋樓藏書志》，《續修四庫全書》第 929 冊，上海古籍出版社 1996 年版，第 466～467 頁。

〔註210〕（清）張金吾《愛日精廬藏書志》，上海古籍出版社 2014 年版，第 631～632 頁。

〔註211〕（清）陸心源《皕宋樓藏書志》，《續修四庫全書》第 929 冊，上海古籍出版社 1996 年版，第 431～432 頁。

2. 攜其編詣余評之：余，《愛日精廬》、《皕宋樓》作「予」。下文『余曰』、『因志餘之說於是』並同。

3. 抑余不獨因是以知周君之生平：余、生平，《愛日精廬》、《皕宋樓》作「予」、「平生」。

34／448《中書參知政事許公文過集序》，今據楊訥、李曉明編《文淵閣四庫全書補遺（集部）》第四冊《圭齋小稿·附錄》〔註212〕校：

1. 每北渡居庸：渡，《補遺》作「度」。

2. 賦詩百二十餘首：二十，《補遺》作「廿」。

34／451《潛溪後集序》，今據《湖南文徵》卷 25〔註213〕、楊訥、李曉明編《文淵閣四庫全書補遺（集部）》第四冊《圭齋集》卷 7〔註214〕校：

1. 以金華宋濂先生所著文集徵予序：宋濂先生，《文徵》作「宋君濂」。

2. 文章唯西京盛：唯，《文徵》作「惟」。

3. 為士者以從焉無根之學：從，《文徵》作「泛」。

4. 上而日星之昭晰：晰，《文徵》作「析」。

5. 其神思飄逸：神：《文徵》、《補遺》作「心」。

6. 翩然褰舉：翩，《文徵》作「翻」。

7. 唯真知文者：唯，《文徵》、《補遺》作「惟」。

34／452《梅邊先生吾汝稿序》，今據陸心源《皕宋樓藏書志》卷 93〔註215〕校：

1. 廬陵梅邊先生：廬陵，《藏書志》下有「王」。

2. 予恨未及一識：予，《藏書志》作「余」。

3. 然正人心：然，《藏書志》下有「其」。

4. 而屹然可仗於流離顛沛之日：仗，《藏書志》作「伏」。

5. 然後知斯文之所繫如是其重與：之，《藏書志》無。

6. 文末，《藏書志》有「也。元統二年春中順大夫僉太常禮儀事歐陽玄撰。」

〔註212〕楊訥、李曉明編《文淵閣四庫全書補遺（集部）》（第 4 冊），北京圖書館出版社 1997 年版，第 661〜662 頁。

〔註213〕（清）羅汝懷編纂《湖南文徵》（第 2 冊），嶽麓書社 2008 年版，第 603〜604 頁。

〔註214〕楊訥、李曉明編《文淵閣四庫全書補遺（集部）》（第 4 冊），北京圖書館出版社 1997 年版，第 566〜569 頁。

〔註215〕（清）陸心源《皕宋樓藏書志》，《續修四庫全書》第 929 冊，上海古籍出版社 1996 年版，第 375 頁。

34╱454《劉桂隱先生文集序》，今據陸心源《皕宋樓藏書志》卷 95〔註216〕校：

1. 如目擊古人：人，《藏書志》作「事」。
2. 其間命意措辭：措辭，《藏書志》作「修詞」。
3. 有無窮之言而懷無窮之功者：功，《藏書志》作「巧」，是。
   按：下文有「文章懷無窮之巧者」。
4. 明辯閎雋：閎，《藏書志》作「雄」。
5. 試從劉先生求之：劉，《藏書志》無。
6. 蓋有不可得以言傳者矣：《藏書志》作「有不可得傳以言者矣」。
7. 劉先生文傳世可必：劉，《藏書志》無。
8. 短章尤佳：章，《藏書志》作「篇」。
9. 渤海歐陽玄撰：《藏書志》無。

34╱456《雍虞公文集序》，《全元文》據《珊瑚木難》、《式古堂書畫譜》、《湖南文徵》卷 25 校。今據陸心源《皕宋樓藏書志》卷 100〔註217〕、《湖南文徵》〔註218〕、楊訥、李曉明編《文淵閣四庫全書補遺（集部）》第四冊《道園學古錄》〔註219〕補校：

1. 雍虞公文集序：《藏書志》、《文徵》、《補遺》作「道園學古錄序」。
2. 風雅迭唱：唱，《藏書志》、《補遺》作「倡」。
3. 辭指精覈：指，《文徵》作「旨」。
4. 公卿大夫之碑版：版，《補遺》作「板」。
5. 將傳諸梓：傳，《補遺》作「傅」。
6. 屬玄為序：玄，《文徵》無。
7. 言惟李漢於昌黎：言，《補遺》作「玄」。
8. 是豈為前人役乎：豈，《補遺》下有「能」。
9. 敦篤夙誼如是：夙，《藏書志》、《補遺》作「風」。
10. 『至正六年二月』至文末，《文徵》無。

〔註216〕（清）陸心源《皕宋樓藏書志》，《續修四庫全書》第 929 冊，上海古籍出版社 1996 年版，第 400～401 頁。
〔註217〕（清）陸心源《皕宋樓藏書志》，《續修四庫全書》第 929 冊，上海古籍出版社 1996 年版，第 448 頁。
〔註218〕（清）羅汝懷編纂《湖南文徵》（第 2 冊），嶽麓書社 2008 年版，第 809 頁。
〔註219〕楊訥、李曉明編《文淵閣四庫全書補遺（集部）》（第 4 冊），北京圖書館出版社 1997 年版，第 523～525 頁。

34／463《太師右丞相畫墨竹》，《全元文》據《湖南文徵》卷 34、清刻本《麟溪集》校。今據《湖南文徵》〔註220〕、楊訥、李曉明編《文淵閣四庫全書補遺（集部）》第四冊《圭齋集》卷 14〔註221〕補校：

　　1. 與近代李薊丘諸人所作迥然不同：丘，《文徵》、《補遺》作「邱」。

　　2. 『至正壬辰九月初吉』至文末：《文徵》、《補遺》無。

34／464《御賜石刻千文拓本後題》，據《湖南文徵》卷 34〔註222〕、楊訥、李曉明編《文淵閣四庫全書補遺（集部）》第四冊《圭齋集》卷 14〔註223〕校：

　　1. 御賜石刻千文拓本後題：《文徵》作「御賜石刻千文拓本後敬題」。

　　2. 朝廷嘗旌之：嘗，《文徵》、《補遺》作「常」。

　　3. 愚故願義門之子孫世世寶之：愚，《文徵》作「元」。

　　4. 『至正十三年十一月廿五日』至文末：《文徵》、《補遺》無。

34／465《跋遠林劉君墓誌銘》，據《湖南文徵》卷 34〔註224〕、楊訥、李曉明編《文淵閣四庫全書補遺（集部）》第四冊《圭齋集》卷 14〔註225〕校：

　　1. 跋遠林劉君墓誌銘：《補遺》作「遠林劉君墓誌銘跋」

　　2. 或契友：契，《文徵》作「密」。

　　3. 今常博劉君文廷制中作《遠林劉君墓銘》：常博，《文徵》作「太常博士」、《補遺》作「博常」。

34／465《跋王大年詩帙》，據楊訥、李曉明編《文淵閣四庫全書補遺（集部）》第四冊《圭齋集》卷 14〔註226〕校：

　　1. 跋王大年詩帙：《補遺》作「王大年詩帙跋」。

〔註220〕（清）羅汝懷編纂《湖南文徵》（第 2 冊），嶽麓書社 2008 年版，第 606 頁。
〔註221〕楊訥、李曉明編《文淵閣四庫全書補遺（集部）》（第 4 冊），北京圖書館出版社 1997 年版，第 601～602 頁。
〔註222〕（清）羅汝懷編纂《湖南文徵》（第 2 冊），嶽麓書社 2008 年版，第 809 頁。
〔註223〕楊訥、李曉明編《文淵閣四庫全書補遺（集部）》（第 4 冊），北京圖書館出版社 1997 年版，第 601～602 頁。
〔註224〕（清）羅汝懷編纂《湖南文徵》（第 2 冊），嶽麓書社 2008 年版，第 812 頁。
〔註225〕楊訥、李曉明編《文淵閣四庫全書補遺（集部）》（第 4 冊），北京圖書館出版社 1997 年版，第 602～603 頁。
〔註226〕楊訥、李曉明編《文淵閣四庫全書補遺（集部）》（第 4 冊），北京圖書館出版社 1997 年版，第 603 頁。

34／466《跋劉士行墓誌銘》，據楊訥、李曉明編《文淵閣四庫全書補遺（集部）》第四冊《圭齋集》卷 14〔註227〕校：

1. 跋劉士行墓誌銘：《補遺》作「劉士行墓誌銘跋」。
2. 父以經學名家：父，《補遺》作「暮」。
3. 曩予在京師：予，《補遺》作「余」。

34／465《族祖澗谷先生留稿跋》，據《湖南文徵》卷 34〔註228〕、楊訥、李曉明編《文淵閣四庫全書補遺（集部）》第四冊《圭齋集》卷 14〔註229〕校：

1. 族祖澗谷先生留稿跋：《文徵》作「跋羅澗谷先生遺稿」、《補遺》作「羅孺文族祖澗谷先生留稿跋」。
2. 帙中或手自抄：抄，《文徵》作「鈔」。
3. 士大夫寓形天地：寓，《文徵》作「□」；天地，《文徵》、《補遺》無。

34／467《歐陽文忠公墨蹟跋》，據《湖南文徵》卷 34〔註230〕校：

1. 歐陽文忠公墨蹟跋：《文徵》作「跋兗國文忠公墨蹟」。
2. 百丈輝上人所見《州郡名急就章》：百丈，《文徵》作「於文」。
3. 及晚年《三乞致仕表草》：草，《文徵》作「章」。
4. 獨祁公書端謹結體：獨，《文徵》下有「與」。
5. 皆名墨也：墨，《文徵》下有「筆」。
6. 第書中覰字兩用：第，《文徵》無。
7. 姑識此說：姑，《文徵》無。
8. 以竢博古之君子：竢，《文徵》作「俟」。

34／467《眉壽二大字跋》，據《湖南文徵》卷 34〔註231〕校：

1. 眉壽二大字跋：《文徵》作「跋皇太子眉壽二大字」。
2. 學在內府：在，《文徵》作「士」。
3. 庶以永其子之養也：永，《文徵》作「求」，誤。

〔註227〕 楊訥、李曉明編《文淵閣四庫全書補遺（集部）》（第 4 冊），北京圖書館出版社 1997 年版，第 603～604 頁。
〔註228〕 （清）羅汝懷編纂《湖南文徵》（第 2 冊），嶽麓書社 2008 年版，第 811 頁。
〔註229〕 楊訥、李曉明編《文淵閣四庫全書補遺（集部）》（第 4 冊），北京圖書館出版社 1997 年版，第 603～604 頁。
〔註230〕 （清）羅汝懷編纂《湖南文徵》（第 2 冊），嶽麓書社 2008 年版，第 811 頁。
〔註231〕 （清）羅汝懷編纂《湖南文徵》（第 2 冊），嶽麓書社 2008 年版，第 810 頁。

4. 老人眉有毫：毫，《文徵》作「豪」。

5. 賦《魯頌》之鮐背：鮐，《文徵》作「臺」，誤。

34／468《沁園春》，據《湖南文徵》卷 34〔註232〕校：

1. 沁園春：《文徵》作「敬跋先冀郡公沁園春詞後」。題下小序，《文徵》無。

2. 文首，《文徵》有「詞云」。

3. 汝母慈仁有兒，如今恨：《文徵》作「汝母慈仁喜有兒，如今憾」。

4. 我亦平生：平生，《文徵》作「生平」。

5. 待老吾泉石：老吾，《文徵》作「吾老」。

6. 先公祝之以《沁園春》，玄受而藏之：《文徵》作「先公作《沁園春》，元受而讀之」。

7. 第年少家貧：第，《文徵》無。

8. 殆不忍觀：觀，《文徵》作「睹」。

9. 先公在時所定謝氏：謝氏，《文徵》下有「姻」。

10. 謀爲玄畢婚姻：姻，《文徵》無。

11. 遂爲此生抱恨之大端：恨，《文徵》作「憾」。

12. 屢嘗籲之先公：嘗，《文徵》作「常」。

13. 延祐乙卯以來：以來，《文徵》作「之年」。

14. 至元元年乙亥：元年，《文徵》作「改元」。

15. 乃壽八翁《沁園春》也：也，《文徵》上有「詞」。

16. 裝裱既完：完，《文徵》作「畢」。

17. 必攜以自隨：《文徵》作「必隨以自攜」。

18. 並致所感云：致，《文徵》作「志」。

34／475《周伯琦扈從詩跋》，今據陸心源《皕宋樓藏書志》卷 104〔註233〕校：

1. 惟茲玄黓執徐之歲：惟，《藏書志》作「維」。

2. 褎然炎虛之秀：褎，《藏書志》作「裒」。

3. 乘鸞羽之潔清：鸞，《藏書志》作「鷺」。

4. 抒思輒形清詠：形，《藏書志》下有「諸」。

〔註232〕（清）羅汝懷編纂《湖南文徵》（第 2 冊），嶽麓書社 2008 年版，第 809～810 頁。

〔註233〕（清）陸心源《皕宋樓藏書志》，《續修四庫全書》第 929 冊，上海古籍出版社 1996 年版，第 486～487 頁。

5. 回轅遂積多篇：多，《藏書志》作「乎佳」。

6. 匯以示余：余，《藏書志》作「予」。

7. 屬之敘引：敘，《藏書志》作「序」。

8. 螭坳舊傳載筆：坳，《藏書志》作「蚴」。

34／485《貢舉策》，《全元文》據《湖南文徵》卷 10 錄文題。今據《湖南文徵》〔註234〕校：

1. 而士君子所當講者：而，《文徵》無。

2. 而試以時務之大：時，《文徵》作「承」。

3. 今執事不循故常：循，《文徵》作「尋」。

4. 明問有日云云：云云，《全元文》小號字排版，以爲注文，《文徵》乃爲正文。

5. 而散秩之祿尙多。昔劉景升有大牛芻豆數倍：昔，《文徵》作「者」。

6. 斯又正選之大患也：斯又，《文徵》作「則又在」。

7. 去傑黠之習：傑黠，《文徵》作「桀傲」。

8. 能否同滯：能，《文徵》作「賢」。

9. 此可蓄常調：蓄，《文徵》作「畜」。

10. 使碌碌庸叟不得含糊洀泧：叟，《文徵》作「吏」。

11. 未是悛也：是，《文徵》作「足」。

12. 今法書無一定：今，《文徵》無。

13. 近代錢若水以同州推官清直而擢樞副：代，《文徵》作「若」。

14. 前以示勸也：前，《文徵》作「所」。

15. 愚既已略言之：已，《文徵》作「以」。

16. 更僕未可終也：僕，《文徵》無。

17. 則冗官何由汰：汰，《文徵》作「去」。

34／485《大廷策》，《全元文》據《湖南文徵》卷 10 錄文題。今據《湖南文徵》〔註235〕校：

1. 其或致理之效偶有未備：致，《文徵》作「治」。

〔註234〕 （清）羅汝懷編纂《湖南文徵》（第 1 冊），嶽麓書社 2008 年版，第 318～320 頁。

〔註235〕 （清）羅汝懷編纂《湖南文徵》（第 1 冊），嶽麓書社 2008 年版，第 320～322 頁。

2. 則當守之以專：則，《文徵》作「尤」。

3. 然以臣切觀陛下之所爲：切觀，《文徵》作「竊窺」。

4. 英毅之略：毅，《文徵》作「敏」。

5. 舜文之道：道，《文徵》作「事」。

6. 臣愚以謂知氣則知志矣：謂，《文徵》作「爲」。

7. 至如麟鳳龜龍諸福之物：至，《文徵》下有「其」。

8. 致中和：《文徵》無。

9. 臣伏讀聖策曰：策，《文徵》下有「有」。

10. 則文王所謂小人怨汝詈汝者：小人，《文徵》無。

11. 陛下如以悠久待之：如，《文徵》作「惟」。

12. 而臣輒以爲可以四三王、可以六五帝者：以，《文徵》均無。

13. 臣以是知二君於仁義之效：以，《文徵》下有「爲」。

14. 臣伏讀聖策曰：伏，《文徵》作「又」。

34／492《李觀尚賓字說》，據《湖南文徵》卷 13〔註236〕校：

1. 聞余訪族至其外舅家：外，《文徵》無。

2. 嘗作亭名兩山間：名，《文徵》下有「曰」。

34／493《彭以恭說》，據《湖南文徵》卷 13〔註237〕校：

1. 彭以恭說：《文徵》作「彭以恭字說」。

2. 斯不瀆也：也，《文徵》無。

3. 求予爲字說以贈：爲字，《文徵》無。

4. 曾爲色取而可乎：曾爲，《文徵》作「謂」。

5. 祛一者之失：祛，《文徵》下有「此」。

6. 求諸中斯可：諸，《文徵》作「之」。

34／495《彭以恭說》，據《湖南文徵》卷 13〔註238〕校：

1. 唯十有五志於學：唯，《文徵》作「惟」。

2. 禮莫大乎敬：禮，《文徵》無。

3. 巽翁一名巽享：享，《文徵》作「亨」。

4. 知齊吾之綱領矣：齊吾，《文徵》作「吾齊」。

〔註236〕 （清）羅汝懷編纂《湖南文徵》（第 1 冊），嶽麓書社 2008 年版，第 380 頁。
〔註237〕 （清）羅汝懷編纂《湖南文徵》（第 1 冊），嶽麓書社 2008 年版，第 381 頁。
〔註238〕 （清）羅汝懷編纂《湖南文徵》（第 1 冊），嶽麓書社 2008 年版，第 381 頁。

34／520《趙忠簡公祠堂記》，據《湖南文徵》卷 17〔註239〕校：

1. 衡神明其書：衡，《文徵》無。
2. 卓然有志先王，亦可概見於斯：《文徵》無。

34／521《保靚祠堂記》，據《湖南文徵》卷 17〔註240〕校：

1. 居袁、吉間：間，《文徵》作「門」。
2. 予惟瞽宗祠於學：惟，《文徵》作「以」。
3. 吉之檜分袁之裔：檜，《文徵》作「襘」。

34／539《瀏陽州州官題名記》，《全元文》據《湖南文徵》卷 17〔註241〕校文，出校記二則。今補校如下：

1. 瀏陽州州官題名記：州州，《文徵》作「縣縣」。
2. 就任擢風紀者有之：風，《文徵》作「監」。
3. 斯則承平之盛觀也：觀，《文徵》作「事」。
4. 即所以報君親也：即，《文徵》無。
5. 則是記之作：是，《文徵》作「斯」。

34／545《圭塘記》，今據楊訥、李曉明編《文淵閣四庫全書補遺（集部）》第四冊《圭齋小稿・附錄》〔註242〕校：

1. 而總曰圭塘者：總，《補遺》下有「之」。
2. 塘之形本豐而末撝：，《補遺》作「橢」。
3. 象圭之終葵者：者，《補遺》作「首」。
4. 塘舊為庸氏業：庸，《補遺》作「康」。
5. 在鄞城西：鄞，《補遺》作「相」。
6. 距許公有壬居可二里許：有壬居，《補遺》作「城裏第」。
7. 出舊所賜金買之：所，《補遺》下有「得」。
8. 餘地通二十畝而：二十，《補遺》作「廿」。

〔註239〕（清）羅汝懷編纂《湖南文徵》（第 1 冊），嶽麓書社 2008 年版，第 441 頁。
〔註240〕（清）羅汝懷編纂《湖南文徵》（第 1 冊），嶽麓書社 2008 年版，第 441
　　　～442 頁。
〔註241〕（清）羅汝懷編纂《湖南文徵》（第 1 冊），嶽麓書社 2008 年版，第 439
　　　～440 頁。
〔註242〕楊訥、李曉明編《文淵閣四庫全書補遺（集部）》（第 4 冊），北京圖書館出版
　　　社 1997 年版，第 668～674 頁。

9. 夾道植柳，名曰巷。巷罄折而至門：巷巷，《補遺》作「柳巷」。

10. 門扁曰圭塘：《補遺》下有「外有蔬圃」。

11. 入有疊石假山：疊石假，《補遺》作「湖石」。

12. 假山之後有菊壇：假，《補遺》無。

13. 東西舍各一：《補遺》下有「庭中雜植花果」。

14. 近世好稱推慕：稱推，《補遺》作「偁景」。

15. 修辭者作動字用，蓋善即獎：蓋，《補遺》作「之」。

16. 多即善：善，《補遺》作「侈」。

17. 堂之前稍東：前稍，《補遺》無。

18. 因之爲安石院：因，《補遺》下有「名」。

19. 其西南隅爲臺：此句前，《補遺》有「院之東爲藥畦」。

20. 其顛磊石爲楯：磊，《補遺》作「累」。

    按：顛，明代賀復徵編《文章辨體彙選》卷 604 作「巔」〔註 243〕。

21. 絕流爲甬道達亭上，亭成：道，《補遺》下有「納橋」；亭上，《文徵》下有「夜則撤去」。

22. 爲三逕而重行：逕，《補遺》下有「衡」。

23. 人行蔽虧間波無，樹陰人影間錯：無，《補遺》作「光」。故此句當讀爲「人行蔽虧間，波光、樹陰、人影間錯」。

按：無，明代賀復徵編《文章辨體彙選》卷 604 作「搖」〔註 244〕。

24. 中有通道，自亭至洲爲納橋，晝納而夜撤也：《補遺》作「中爲小橋，穹然子午相貫。又中折而東之以達亭。亭之東爲孤嶼路，不與亭相通，欲望則命舟也」。

25. 往往載酒攜樂而從：從，《補遺》下有「之」。

26. 奉圖及書徵賁：賁，《補遺》作「諾責」。

27. 書至日：日，《補遺》上有「之」。

28. 而余已被旨賜歸矣：已，《補遺》無。

29. 抑君子有九能謂之德音：抑，《補遺》無。

〔註 243〕 （明）賀復徵編《文章辨體彙選》，景印文淵閣四庫全書第 1409 冊，臺灣商務印書館 1986 年版，第 376 頁。

〔註 244〕 （明）賀復徵編《文章辨體彙選》，景印文淵閣四庫全書第 1409 冊，臺灣商務印書館 1986 年版，第 376 頁。

30. 神必愶之繇矣：繇，《補遺》作「猶」。

31. 不易致乎：不，《補遺》作「果」。

32. 余之記斯塘：塘，《補遺》下有「也」。

33. 雖盛於一時：雖，《補遺》作「樂」。

34. 而事有傳之百世者：有、者，《補遺》作「可」、「也」。

35. 不克盡力乎竹帛：力，《補遺》無。

36. 而致美乎林塘：美，《補遺》無。

37. 愚不識司造之生賢能：愚，《補遺》下有「固」。

38. 使之用而使之止是歟：《補遺》作「使之施用而止是歟」。

39. 故願陳君子出處之大義：義，《補遺》作「誼」。

40. 文末，《補遺》有「至正十二年八月初吉圭齋老人廬陵歐陽元作《圭齋記》，書於京城之慶壽禪寺松樾軒」。

34／549《世采堂記》，《全元文》據《湖南文徵》卷 17〔註245〕校文，僅出校記一則。今補校如下：

1. 具大父母、父母衣純以繢：大父母、父母，《文徵》作「父母、大父母」。

2. 貤爵不受：貤，《文徵》作「進」。

3. 遇人謙撝：謙撝，《文徵》作「撝謙」。

34／554《聽雨堂記》，據清代羅汝懷編纂《湖南文徵》卷 17〔註246〕校：

1. 心志之由生：之，《文徵》下有「所」。

2. 而能述以言者焉：焉，《文徵》無。

34／569《至正河防記》，《全元文》據《湖南文徵》卷 39〔註247〕錄文，據《元史》、《元史類編》校。《湖南文徵》文中已據《元史類編》出校記，以雙行小注附於文中。《全元文》有錄文錯訛、漏校之處。今補校如下：

1. 水隳突則以殺其怒：隳，《文徵》作「墮」。

2. 凹裏村缺河口生地：缺，《文徵》下有：「《元史類編》作減水」。

〔註245〕（清）羅汝懷編纂《湖南文徵》（第 1 冊），嶽麓書社 2008 年版，第 439～440 頁。

〔註246〕（清）羅汝懷編纂《湖南文徵》（第 1 冊），嶽麓書社 2008 年版，第 440 頁。

〔註247〕（清）羅汝懷編纂《湖南文徵》（第 2 冊），嶽麓書社 2008 年版，第 918～922 頁。

34／581《敬心齋銘》，《全元文》據《湖南文徵》卷 52〔註248〕校，出校記一則。然有漏校之處。今補校如下：

1. 彼何人哉：哉，《文徵》作「與」。
2. 太史氏玄：玄，《文徵》作「焉」。
3. 餘日望之：余，《文徵》作「予」。

34／583《御書九霄贊》，據清代羅汝懷編纂《湖南文徵》卷 52〔註249〕校：

1. 待其將出：待，《文徵》作「逮」。
2. 物物容光：光，《文徵》作「納」。

34／583《麟鳳二大字贊》，據清代羅汝懷編纂《湖南文徵》卷 52〔註250〕校：

1. 則錄所賜人姓名而登載之：錄，《文徵》作「籍」。
2. 屬玄記其事於下方：屬玄記屬玄記，《文徵》作「囑元敬書」。
3. 春宮臨池：宮，《文徵》作「官」。

34／584《十八羅漢畫像贊》，據清代羅汝懷編纂《湖南文徵》卷 52〔註251〕（題為《十八羅漢像贊》）校：

1. 我觀應眞：眞，《文徵》作「貞」。
2. 自墮幼咙：《文徵》作「自幼嚨嚨」。
3. 孰前搏控：搏，《文徵》作「摶」。
4. 猿吟鶴飛：猿，《文徵》作「猾」。
5. 巴滇蜀駞：駞，《文徵》作「隴」。
6. 冠詭服彤：詭，《文徵》作「讒」。

34／585《為防里族侄題兗文忠公像》，據清代羅汝懷編纂《湖南文徵》卷 52〔註252〕校：

1. 為防里族侄題兗文忠公像，《文徵》作「兗國文忠公像贊」。

〔註248〕（清）羅汝懷編纂《湖南文徵》（第 2 冊），嶽麓書社 2008 年版，第 1155 頁。
〔註249〕（清）羅汝懷編纂《湖南文徵》（第 2 冊），嶽麓書社 2008 年版，第 1159 頁。
〔註250〕（清）羅汝懷編纂《湖南文徵》（第 2 冊），嶽麓書社 2008 年版，第 1159 頁。
〔註251〕（清）羅汝懷編纂《湖南文徵》（第 2 冊），嶽麓書社 2008 年版，第 1159 頁。
〔註252〕（清）羅汝懷編纂《湖南文徵》（第 2 冊），嶽麓書社 2008 年版，第 1159 頁。

34／586《靜修先生畫像贊》，據清代羅汝懷編纂《湖南文徵》卷 52〔註 253〕（題為《靜修先生像贊》）校：

1. 於裕皇之仁：於裕，《文徵》作「以高」。

2. 然一鳴而《六典》作：作，《文徵》作「出」。

3. 麒麟鳳凰：凰，《文徵》作「皇」。

34／590《高昌偰氏家傳》，今據楊訥、李曉明編《文淵閣四庫全書補遺（集部）》第四冊《圭齋集》卷 11〔註 254〕校：

1. 乘驛從後：驛，《補遺》作「日」。

2. 威制高昌：制，《補遺》作「料」。

3. 鋤強齺奸：強，《補遺》無。

4. 除商山鐵冶都提舉：除，《補遺》無。

5. 希臺特勒封高昌郡太夫人：昌，《補遺》無。

6. 行省以番易官吏不稱職：省，《補遺》作「有」。

7. 而俯仰陳邇：邇，《補遺》作「跡」。

8. 非託之文字：字，《補遺》作「家」。

34／609《曲阜重修宣聖廟碑》，據明代于慎行編《兗州府志》（明萬曆二十四年刻本）卷 41《藝文志》3《碑記》〔註 255〕校：

1. 御史大夫臣別里怯不華：華，《府志》作「花」。

   按：別里怯不華，四庫本《圭齋文集》改譯為「伯勒濟爾布哈」。

2. 臣脫脫、御史中丞臣達識鐵穆兒、臣約、治書侍御史臣鏞等，奏監察御史：《府志》作「臣脫脫等」。

   按：脫脫、達識鐵穆兒，四庫本《圭齋文集》改譯為「托克托」、「達實特穆爾」。

3. 奎章閣學士院臣奏：院臣，《府志》下有「沙臘班等列」。

4. 曲阜宣聖廟自漢、唐、宋、金：金，《府志》作「今」。

5. 則立碑以詔方來：詔，《府志》作「昭」。

6. 今新廟既落而成績未紀：落，《府志》作「完」。

〔註 253〕（清）羅汝懷編纂《湖南文徵》（第 2 冊），嶽麓書社 2008 年版，第 1159 頁。

〔註 254〕楊訥、李曉明編《文淵閣四庫全書補遺（集部）》（第 4 冊），北京圖書館出版社 1997 年版，第 572～599 頁。

〔註 255〕（明）于慎行《兗州府志》，齊魯書社 1985 年版。

7. 奎章閣學士院臣巎巎爲書：院，《府志》下有「大學士」。

　　按：巎巎，四庫本《圭齋文集》改譯爲「庫庫」。

8. 侍御史臣起岩爲篆：侍，《府志》作「前」。

9. 制皆允：《府志》下有「乃命宣聖五十四代孫御史思立」。

10. 傳勑臣玄俾序其事：序，《府志》作「書」。

11. 天祐下民：祐，《府志》作「祐」。

12. 天獨俾以斯道：俾、斯，《府志》作「畀」、「師」。

13. 刪《詩》《書》：《府志》作「刪詩定書」。

14. 太祖皇帝聖知天授：知，《府志》作「智」。

15. 復孔、顏、孟三世子孫：世，《府志》作「氏」。

16. 是歲歷日銀諸路以其半：歷，《府志》作「曆」；半，《府志》下有「益都」。

17. 尋詔括金之禮樂官師及前代典冊：詔，《府志》下有「元措」；之，《府志》作「人」。

18. 辭章、鍾磬等器：磬，《府志》作「罄」，誤。等器，《府志》下有「以數來上，仍命於曲阜閱習禮樂，以備時用，又詔諸路設學」。

19. 比其即位：比，《府志》作「及」。

20. 闢廣庠序：闢，《府志》作「開」。

21. 命御史臺勉勵校官：勉勵，《府志》上有「以」。

22. 大司農興舉社學，建國子監學以訓誨冑子：《府志》作「國子監學以訓誨冑子，大司農興舉社學」。

23. 興文署以板行海內書籍：興，《府志》上有「以」。

24. 立提學教授以主領外路儒生：立，《府志》無。

25. 弼輔大臣居多俊乂：弼輔，《府志》作「輔弼」。

26. 內廷獻納能明夫子之道者：廷，《府志》作「庭」。

27. 討論之規，裨益遠矣：《府志》作「日討論之規模日益弘矣」。

28. 銳意文治，詔曰：詔，《府志》上有「踐阼之初」。

29. 夫子之道：夫，《府志》作「孔」。

30. 增廣學宮數百區：學宮，《府志》作「黌舍」。

31. 冑監教養之法始備：監，《府志》作「子」。

32. 武宗皇帝焆興制作：焆，《府志》作「喟」。

33. 遣使祠以太牢：祠，《府志》作「闕里祀」。

34. 以造天下士：《府志》作「登崇俊良，以張治縣」。

35. 鋪張巨麗：麗，《府志》作「典」。

36. 改衍聖公三品印章：改，《府志》下有「鑄」。

37. 課及江西、江浙兩省學田：江浙，《府志》作「浙江」。

38. 歲入中統楮幣三十一萬四千緡：四千，《府志》下有「四百」。

39. 俾濟寧路以修曲阜廟庭：俾、以，《府志》均作「畀」。

40. 今上皇帝入纘丕圖：入纘，《府志》作「大纘」。

41. 山東憲司泊濟南總管菈恪共恪：濟南總管，《府志》作「濟寧總管張仲仁、曲阜縣尹孔克欽」。

42. 繕修宣聖廟再：者，《府志》上有「者」。

43. 東冒扶桑：扶桑，《府志》作「出日」。

44. 治本實在茲矣：治，《府志》作「端」。

45. 有詔御史臣思立：《府志》作「臣玄奉命撰述，又詔御史思立」。

46. 奉祝幣牲齊馳驛往祭：往祭，《府志》下有「告厥成功」。

47. 臣玄既敘顛末：敘，《府志》作「序」。

48. 三五既作：既，《府志》作「繼」。

49. 孰網孰維：網，《府志》作「綱」。

　　按：網，四庫本《圭齋文集》改譯爲「綱」。

50. 聖人以生：以，《府志》作「既」。

51. 維皇建極：維，《府志》作「惟」。

52. 俊民用彰：彰，《府志》作「章」。

53. 首法孔聖：孔，《府志》作「元」。

54. 多士屬心：多，《府志》作「髦」。

55. 裕宗溫文：《府志》作「溫文裕宗」。

56. 入繼離明：離，《府志》作「維」。

57. 蓄德懿文：《府志》作「美德懿聞」。

58. 宏賁洪庥：庥，《府志》作「休」。

59. 衰裳衣襘：《府志》作「衰衣襘襘」。

60. 極被堪輿：被，《府志》作「彼」。

61. 維茲曲阜：維，《府志》作「惟」。

62. 皇鑒在上：鑒，《府志》作「監」。

63. 昭宣獻謨：獻，《府志》作「叡」。

34／625《上清萬壽宮櫺星門銘》，《全元文》據《湖南文徵》錄文，今據元代元明善撰、明代張國祥、張顯庸續撰《續修龍虎山志》卷中（北京圖書館藏明刻本）〔註256〕校：

1. 夫天垂元象：元，《龍虎山志》作「玄」。

2. 天門三關：門，《龍虎山志》作「關」。

3. 祕殿宏敞：宏，《龍虎山志》作「弘」。

4. 凡有良工：有，《龍虎山志》作「尤」。

5. 給以浙江：浙江，《龍虎山志》作「江浙」。

6. 鼇事既竣：鼇，《龍虎山志》作「熙」。

7. 力卻常饋：饋，《龍虎山志》作「鑽」。

8. 千株樛柏：株，《龍虎山志》作「枝」。

9. 擢竹萌而無根：擢，《龍虎山志》作「櫂」。

10. 非資凝乳而集：非，《龍虎山志》作「匪」。

11. 是又異之甚者：是，《龍虎山志》作「而」。

12. 門應天之象：天，《龍虎山志》作「星」。

13. 石本星之精。稽圖牒其足徵：二句之間，《龍虎山志》有「矧是留侯之裔，實爲曾〔註257〕城之祠，斯則元康之幽德，朱草生元封之齋房」。

14. 非徒旌元運於悠久：元運，《龍虎山志》作「悠久」。

15. 烏乎盛哉：烏乎，《龍虎山志》作「於戲」。

16. 銘曰：《龍虎山志》無。

17. 崇尚元素：元，《龍虎山志》作「玄」。

18. 祇若惠顧：祇，《龍虎山志》作「祗」。

19. 代祀名山：祀，《龍虎山志》作「祠」。

20. 祭布何嬴：嬴，《龍虎山志》作「瀛」。

21. 無贐無賂：無，《龍虎山志》作「毋」。

〔註256〕 （元）元明善撰、（明）張國祥、張顯庸續撰《續修龍虎山志》，《四庫全書存目叢書》史部第 228 冊，齊魯書社 1996 年版，第 184～186 頁。

〔註257〕 「未曾」二字，明刻本漫漶不清。今據《故宮珍本叢刊》本《續修龍虎山志》補，海南出版社 2001 年版，第 64 頁。

22. 時惟元成：惟，《龍虎山志》作「維」。

23. 口笠澤神：口，《龍虎山志》作「屼」。

24. 並手皆作：作，《龍虎山志》作「柞」。

25. 亭列陛柂：柂，《龍虎山志》作「柢」。

26. 枝葉布覆：覆，《龍虎山志》作「濩」。

27. 石筍耀祥：耀，《龍虎山志》作「効」。

28. 文末，《龍虎山志》有「至元四年十一月之吉歐陽玄記」。

34／635《元中書左丞集賢大學士國子祭酒贈正學垂憲佐理功臣太傅開府儀同三司上柱國追封魏國公謚文正許先生神道碑》，據清代羅汝懷編纂《湖南文徵》卷 41〔註 258〕、《光緒河內縣志》卷 21《金石志》校：

1. 上接伏羲神農黃帝堯舜不傳之統：不傳之統，《縣志》作「禹湯文武以來數聖人之道統」。

2. 若魯齋許先生以純正之學：《縣志》作「河內許先生以天挺之才，得聖賢不傳之學」。

3. 下接周公孔子曾思孟軻以來不傳之道：《縣志》作「上接周公孔子曾思孟軻以來數君子之道統」。

4. 而爲不世之臣：世，《縣志》下有「出」。

5. 仁宗皇帝詔暨宋九儒從祀宣聖廟庭：庭，《文徵》、《縣志》均作「廷」。

6. 今上皇帝勅賜臣玄文其神道之碑：賜，《縣志》作「詞」。

7. 論世祖之爲君：《縣志》下有「而稱述許先生之爲臣，則見元朝廷之間有唐虞明良之氣象；論許先生之爲臣，而推本世祖之爲君」。

8. 當眞元會合之氣運：眞，《文徵》、《縣志》作「貞」。

9. 臣謹按先生家乘及嘗私淑父師者：私淑，《縣志》下有「於」。

10. 以金泰和九年己巳九月丙寅：以，《縣志》上有「先生」。

11. 有道士過：過，《縣志》下有「門」。

12. 目光射人如箭：如箭，《縣志》無。

13. 冒險數百里就而錄之：錄，《縣志》作「鈔」。

14. 先生從容曲譬：譬，《文徵》作「喻」。

15. 萬夫長南征：征，《縣志》作「往」。

〔註 258〕　（清）羅汝懷編纂《湖南文徵》（第 2 冊），嶽麓書社 2008 年版，第 962～966 頁。

16. 遷泰安之館鎮：館，《縣志》上有「東」。

17. 入洛求第，果得之：第果，《縣志》作「弟衎」。

18. 一介取予：介，《縣志》作「芥」；予，《文徵》、《縣志》作「與」。

19. 於是師道尊嚴，親友日至：《縣志》作「於是師道日立，友道日親」。

20. 凡伊洛性理之書：凡，《縣志》作「既得」。

21. 朱子《語孟集注》：語，《縣志》作「論」。

22. 慨然思復三代庠序之法：法，《文徵》作「學」。

23. 世祖即胙：胙，《文徵》、《縣志》作「祚」。

24. 召先生為家教：《縣志》作「召先生於家」。

25. 既至，謁歸。復召至上京：復，《縣志》上有「既歸」。

26. 自上京兆：兆，《文徵》、《縣志》作「召」。

27. 樞以才見嫉：以，《縣志》上有「尤」。

28. 蓋竇言本出於先生：竇，《文徵》作「默」。

29. 乃奏姚為太子太保：姚，《文徵》作「樞」；太子太保，《縣志》作「太子太傅，先生為太子太保」。

30. 竇姚拜命：竇姚，《文徵》作「姚竇」、《縣志》作「默樞」。

31. 今能遽復此乎：此，《縣志》下有「禮」。

32. 此禮自我廢也：此禮，《縣志》作「師道」。

33. 竇為翰林侍講學士：竇，《文徵》作「默」；講，《縣志》作「讀」。

34. 姚為大司農：姚，《文徵》作「樞」。

35. 久乃予告還內：久，《文徵》無；內，《文徵》、《縣志》作「河內」。

36. 有詔即家為校：校，《文徵》作「教」。

37. 乃躬耕里中：乃，《縣志》作「及」。

38. 召入省議事：召，《縣志》作「詔」。

39. 欲留之：留，《縣志》上有「勉」。

40. 時流欲輩行許先生：欲，《縣志》上有「皆」。

41. 遂北行：北，《文徵》作「遄」。

42. 聖人道拯高遠：拯，《文徵》、《縣志》作「極」。

　　按：四庫本《圭齋文集》亦作「極」。

43. 自是預大議：預，《縣志》下有「國」。

44. 諮訪日廣：諮，《縣志》作「諮」。

45. 宿衛之士見先生入對：士，《縣志》作「上」，誤。

46. 曰愼徽典禮：《文徵》、《縣志》作「曰愼微」。

47. 先生即斂衽求退：衽，《縣志》作「卷」。

48. 賜西域名藥善酒：善，《縣志》作「美」。

49. 特用先生爲中書右丞：特，《縣志》上有「上」；右，《縣志》作「左」。

50. 一非勳舊，二蔑文德：勳舊、文，《縣志》作「舊勳」、「才」。

51. 恐於聖模神籌：模，《縣志》作「謨」。

52. 毋事多讓：毋，《縣志》作「無」。

53. 遣近臣哈剌合孫先諭止之：哈剌，《文徵》作「哈剌」、《縣志》作「合剌」。
    按：哈剌合孫，四庫本《圭齋文集》改譯爲「哈札爾孫」。

54. 因病謝幾務：幾，《縣志》作「機」。

55. 有旨以國人世冑子弟就學：有，《縣志》上有「尋」。

56. 呂端善：端，《縣志》作「喘」。

57. 劉安中十二人爲伴讀：伴，《縣志》作「泮」。

58. 而必本諸聖賢啓後學之方：啓，《縣志》下有「迪」。

59. 講貫通適：講貫，《文徵》作「貫講」；通適，《縣志》作「適用」。

60. 十四年召議改曆法：四，《縣志》作「三」。

61. 路朝錫杖：錫，《縣志》作「賜」。

62. 疾劇：《縣志》作「疾少劇」。

63. 裕宗在東宮聞之：宗，《縣志》作「皇」。

64. 先生幸醫藥自輔：幸，《縣志》作「近」。

65. 嘗遇迅雷起前：雷，《縣志》作「霆」。

66. 精義入神爲終：終，《縣志》作「要」。

67. 余之不幸而有是名也：余，《縣志》作「予」。

68. 仕豈不有食君祿者哉：不有，《縣志》作「有不」。

69. 食無忝而已：食，《縣志》下有「求」。

70. 一時名公卿人受攻取之略：受，《縣志》作「售」。

71. 未嘗以失慊：失慊，《文徵》作「是慊」、《縣志》作「失計爲慊」。

72. 臣觀三代而下：臣，《縣志》下有「嘗」。

73. 當時儒宗：時，《文徵》、《縣志》作「世」。

74. 或知足與知：前一『知』，《縣志》作「智」。

75. 宋濂洛數公克續斯道：續，《縣志》作「緒」。

76. 然未嘗有得君者：嘗，《縣志》作「聞」。

77. 諸儒請尚其號：尚，《縣志》作「上」。

78. 中外如一喙：如，《縣志》下有「出」。

79. 譬工師受命作室：譬，《縣志》下有「之」。

80. 能贊襄其君憲章往聖之心：襄，《縣志》作「勷」。

81. 有非三代以下有家國者之所可及矣：家國，《縣志》作「國家」。

82. 致海內之士：內之，《縣志》作「□□」。

83. 非程朱之書不讀：朱，《縣志》下有「子」。

84. 則周衰以來：則，《縣志》上有「斯」。

85. 是豈淺之為知者乎：知，《縣志》作「志」。

86. 先生諱衡，字仲平：仲，《縣志》作「中」。

87. 妣李氏追封魏國夫人：魏國，《縣志》作「魏國公」。下文「追封魏國夫人敬氏子」同。

88. 公於閨門有禮：公於，《縣志》作「先生」。

89. 歷襄陽路總管：《縣志》作「歷衛輝襄陽路總管，終通議大夫、廣平路總管」。

90. 博學敏思，工於辭章：《縣志》無。

91. 今由兩臺中丞：兩，《縣志》作「西」。

92. 以歸德知府政事：政事，《縣志》作「致仕」。

93. 積官監察御史、山南憲僉：《縣志》作「積官山南憲僉、監察御史」。

94. 終河東副使：《文徵》作「終河東副」、《縣志》作「終河東憲副使」。

95. 志趣端正，惜未究用：《縣志》無。然《縣志》此書有「乃先生之嫡宗孫也」一句。

96. 今翰林院國史經歷：今，《文徵》無。

97. 中書右三部照磨官：官，《文徵》無。

98. 長適廣東宣慰司都元帥甯居仁：《縣志》下有「奉覃懷郡夫人」。

99. 次適阜城尉陳恕：陳，《縣志》作「張」。

100. 次紹祖，秘書著作佐郎，武進縣尹：《縣志》作「次紹祖，秘書著作，從宸之嫡子也」。

101. 曾孫女某：《縣志》作「曾孫女四，皆幼。先生有《魯齋集》及《中庸語意》，門人記載語錄行於世。昔王文忠公磐論先生曰：『吾年八十，閱人多矣。平生力學，不知聖道之所在，非天與幸，幾失此人』」。

102. 嘉謀日告：日，《文徵》作「曰」、《縣志》作「入」。

103. 至大三年，加贈太傅：三，《縣志》作「二」。

104. 則不生命世之大賢：賢，《縣志》作「才」。

105. 肆命爲蒸民之先覺：命、蒸，《縣志》作「用」、「烝」。

106. 續傳道之業：續，《縣志》作「緒」。

107. 然誦諸儒之說：然，《縣志》下有「嘗」。

108. 先生之道統：之，《縣志》下有「於」。

109. 非徒託諸言語文字而已：而已，《縣志》上有「之間」。

110. 蓋自謹獨之功：謹，《縣志》作「值」。

111. 充而至於天德王道之蘊：蘊，《縣志》作「縕」。

112. 惟曰王道：惟，《縣志》作「唯」。

113. 則曰三十年有成矣：矣，《縣志》無。

114. 終無以忓：無以，《縣志》作「以無」。

115. 則凜若萬夫之勇：若，《縣志》作「然」。

116. 躬萃四時之和：萃，《縣志》作「備」。

117. 則大空晴云：大，《縣志》作「太」。

118. 遇物而動：遇，《縣志》作「應」。

119. 草木甲拆：拆，《縣志》作「坼」。

120. 事至而不疑：疑，《縣志》作「凝」。

121. 則惟見其胸中磅礴：磅礴，《文徵》作「旁薄」。

122. 又嘗切論之：切，《縣志》作「竊」。

123. 先生天資高出：高出，《縣志》作「之高」。

124. 至於體用兼該，表裏洞徹：《縣志》作「至於體用兼原，顯微無間」。

125. 不言而信之域：域，《縣志》下有「者」。

126. 又有濂洛數君子所未發者：者，《縣志》下有「焉」。

127. 熙寧之紛爭：《文徵》作「淳熙之紛爭」、《縣志》作「嘉熙之分爭」。

128. 豈有是哉：豈，《縣志》作「寧」。

129. 拜手稽首：《縣志》作「臣元拜首稽首」。

130. 大樸日雕：大，《文徵》作「太」。

131. 屈蠖之信：信，《縣志》作「伸」。

132. 朝思夕維：維，《縣志》作「惟」。

133. 以辨以問：辨，《縣志》作「辯」。

134. 灼之俊心：之，《縣志》作「知」。

135. 容德休休：容德，《縣志》作「德容」。

136. 小學功隳：隳，《文徵》作「墮」。

137. 雖聖有模：模，《文徵》、《縣志》作「謨」。

138. 就司榮瘁：就，《文徵》、《縣志》作「孰」；瘁，《縣志》作「悴」。

139. 道統有任：任，《縣志》作「在」。

140. 文末，《縣志》有「至元元年歲次乙亥冬十一月己卯朔二十六日甲辰第
國子光祿大夫御史中丞師敬立石」。

**34／642《元翰林學士承旨榮祿大夫知制誥兼修國史贈江浙等處行中書省平
章政事魏國趙文敏公神道碑》，據清代羅汝懷編纂《湖南文徵》卷 41**〔註 259〕
校：

1. 擢掌詞垣：掌，《文徵》作「長」。

2. 今上皇帝以集賢大學士塔爾哈等特賜墓道之碑勅翰林學士歐陽玄爲
文：等，《文徵》作「□」。

3. 衛國大夫人：大，《文徵》作「太」。

4. 祖考希承：承，《文徵》作「戴」。

5. 續娶丘氏：丘，《文徵》作「邱」。下文「丘夫人賢能」、「丘夫人嘗語之
曰」並同。

6. 公丘出：《文徵》作「公邱氏出」。

7. 涪湛鄉社間：涪湛，《文徵》作「浮沉」。

8. 進集賢學士、資德大夫：德，《文徵》作「政」。

9. 至治元年：治，《文徵》無，誤。

10. 上聞大旨：聞，《文徵》作「問」。

11. 同役不勝榜掠：榜，《文徵》作「搒」。

〔註 259〕（清）羅汝懷編纂《湖南文徵》（第 2 冊），嶽麓書社 2008 年版，第 966
～971 頁。

12. 兩家兵後互爭：後，《文徵》作「役」。

13. 先遣平章阿剌渾撒里馳至都：剌，《文徵》作「刺」。下文「素善阿剌渾撒里」同。

    按：阿剌渾撒里，四庫本《圭齋文集》改譯爲「諤爾根薩里」。

14. 州縣置獄株逮：逮，《文徵》作「連」。

15. 吏發兵蒐捕：蒐，《文徵》作「搜」。

16. 具會兩院諸老都堂：兩，《文徵》作「南」。

17. 上深善卒章之意：善，《文徵》作「喜」。

18. 出見奉御撒薩里於幄殿側：撒，《文徵》作「徹」。下文「撒里曰」、「後撒里語及斯事」並同。

    按：撒里，四庫本《圭齋文集》改譯爲「薩里」。

19. 天子誇疆理於其父：理，《文徵》作「里」。

20. 葉右丞相：《文徵》作「葉丞相右」。

21. 文人世所難得：人，《文徵》作「臣」。

22. 公至遇晚：遇，《文徵》作「偶」。

23. 況味垺布韋：布韋，《文徵》作「韋布」。

24. 管氏附：附，《文徵》作「祔」。

25. 仁廟匯公及管夫人及子雍所書：匯，《文徵》作「累」。

26. 群臣議法：《文徵》作「群議法命」。

27. 相莫之沮：沮，《文徵》作「阻」。

28. 皓首末歸：末，《文徵》作「來」。

29. 分鎮山澤：《文徵》作「山嶽照耀」。

30. 偶獲簡牘：簡牘，《文徵》作「片紙」。

31. 想見眉目：眉目，《文徵》作「風采」。

32. 唯一清氣：唯，《文徵》作「惟」。

33. 一清所爲：爲，《文徵》作「施」。

34. 星月明概：概，《文徵》作「概」。

35. 巧出天智，智窺神能：智智，《文徵》作「授知」。

36. 風翩其羽：翩，《文徵》作「翔」。

37. 螭首龜趺：趺，《文徵》作「蚨」。

34／711《元故奎章閣侍書學士翰林侍講學士通奉大夫虞雍公神道碑》，據清代羅汝懷編纂《湖南文徵》卷 41〔註260〕校：

1. 二者胥失焉：胥，《文徵》作「均」。
2. 皇元混一天下三十餘年：皇，《文徵》上有「我」。
3. 虞雍公赫然以文鳴於朝著之間：著，《文徵》作「寧」。
4. 陟生盰眙丞智：智，《文徵》作「知」。
5. 季曰昭白：白，《文徵》作「伯」。
6. 季曰祺：祺，《文徵》作「琪」。
7. 是爲並齋先生：並，《文徵》作「井」。
8. 參知政事平州先生棟之猶子也：州，《文徵》作「川」。
   按：下文言「從父平舟先生以道學自任」、「平州草封事於家」、「平舟歎曰」。舟、州，《文徵》均作「川」。
9. 次葉：葉，《文徵》作「業」。
10. 夢一牙兵刺持劍入白：刺持劍入白，《文徵》作「持刺劍入曰」。
11. 公在召列：召，《文徵》作「上」。
12. 勅修遼、金、宋三史：遼金宋，《文徵》作「宋金遼」。
13. 明年己丑八月二十一日乙酉：一，《文徵》作「七」。
    按：己丑爲至正九年，八月己丑朔，初二十一日爲己酉，初二十七日爲乙卯，本月無乙酉日。
14. 維摩努：努，《文徵》作「奴」。
15. 生男一人高門：門，《文徵》作「明」。
16. 像圖凌煙：圖，《文徵》作「繪」。
17. 禮部公與臨卬魏華甫：卬，《文徵》作「邛」。
18. 如南陽孛朮魯狆子蕈：南陽、朮，《文徵》作「陽南」、「木」。
19. 招四方名儒爲司業：司，《文徵》無。
20. 司業投劾去：劾，《文徵》作「敕」。
21. 上議極陳學校之弊：極，《文徵》作「及」。
22. 如此而望斯道之立：師，《文徵》作「師」。
23. 今既莫若求明經行修之成德者：既，《文徵》無；若，《文徵》下有「亙」。

〔註260〕 （清）羅汝懷編纂《湖南文徵》（第 2 冊），嶽麓書社 2008 年版，第 971 ～976 頁。

24. 諸經傳注合有所主：合，《文徵》作「各」。

25. 版萬夫長：版，《文徵》作「作」。

26. 惰者易之勤者：勤者，《文徵》下有「勸之」。

27. 物地力之高下：物，《文徵》無。

28. 庶可寬東南歲餉之役：歲，《文徵》作「運」。

29. 又因使富民仕之志遂：仕，《文徵》作「貴」。

30. 數年之間：之，《文徵》無。

31. 將復見於虛空之野矣：虛空，《文徵》作「空虛」。

32. 今藏太史齊伯高家：今藏，《文徵》作「今書藏於」。

33. 得俞音：音，《文徵》作「旨」。

34. 閣中日承顧問：日，《文徵》作「入」。

35. 家人察知之：知之，《文徵》作「之知」。

36. 受命草一勳舊封王製詞於內庭：庭，《文徵》作「廷」。

37. 此可為忠孝：此，《文徵》無。

38. 世世毋忘本朝厚恩：毋，《文徵》作「不」。

39. 揚榷人品：榷，《文徵》作「推」。

40. 惟是之從：惟，《文徵》無。

41. 人以儗眉山三蘇：儗，《文徵》作「擬」。

42. 孟兄秉以莞庫解送官物至京：秉，《文徵》作「采」。

43. 廣平程公：程，《文徵》作「陳」。

44. 刺乎其中：刺，《文徵》作「浹」。

45. 造乎混成：混，《文徵》作「渾」。

46. 清河元公復初友厚：友，《文徵》作「交」。

47. 詔告冊文：告，《文徵》作「誥」。

48. 四方碑板：板，《文徵》作「版」。

49. 多出乎手：乎，《文徵》作「其」。

50. 下筆便覺超詣：詣，《文徵》作「邁」。

51. 以惠學子：惠，《文徵》作「會」。

52. 磅礴深廣：磅礴，《文徵》作「旁薄」。

53. 騏驥上驤：驤，《文徵》作「襄」。

54. 孰能措之範防也：措，《文徵》作「指」。

55. 誰謂九京：京，《文徵》作「原」。下文「九京可作兮」同。

56. 孰控孰搏：搏，《文徵》作「摶」。

34／711《元故隱士更齋先生劉公墓碑銘》，據清代羅汝懷編纂《湖南文徵》卷41〔註261〕校：

1. 元故隱士更齋先生劉公墓碑銘：公，《文徵》作「君」。

按：文中「公諱過」、「公從兩王先生」、「尤偉公論議馳騁」、「終不能傲公」、「公器局散朗」、「公承檄扞禦」、「公侍先君子座側」、「於公為中表」、「士元先公一歲卒」、「偉矣劉公」、「矧公學行」、「公亦高蹈」、「知公於斯」並作「君」。

2. 其弟信豐宰逵父往來：逵，《文徵》作「遠」。

3. 墳素軼出：素，《文徵》作「索」。

4. 劉氏雖好辯者：辯，《文徵》作「辨」。

5. 當世務搶攘：世，《文徵》作「時」。

6. 公承檄扞禦：扞，《文徵》作「捍」。

7. 間歲侵：侵，《文徵》作「祲」。

8. 輒殺直以發：直，《文徵》作「值」。

9. 曾祖從龍。祖有開，宋迪公郎、安吉州烏程縣令：《文徵》作「曾祖從龍，宋迪公郎。祖有開，宋吉州烏程縣令」。

10. 子男二：二，《文徵》無。

11. 孤孫揆寅以至順壬申十月二十二十奉公柩：二十二十、公，《文徵》作「二十二日」、「君」。

12. 屬其姻戚易君景升狀公行：君，《文徵》無；公，《文徵》作「君」。

13. 易，余校藝江右時所得進士：易，《文徵》作「景升」；進，《文徵》無。

14. 而余亦素知劉公學行節概：劉公，《文徵》作「君」。

15. 亦士大夫之所願友者：之，《文徵》無；友，《文徵》作「交」。

16. 由孫及曾：《文徵》作「由會及祖」。

17. 太史撰銘：太，《文徵》作「大」。

18. 悠久之徵：《文徵》作「徵之悠久」。

〔註261〕　（清）羅汝懷編纂《湖南文徵》（第2冊），嶽麓書社2008年版，第977頁。

34／716《元故旌表高年耆德山村先生歐陽公墓碑銘》，據清代羅汝懷編纂《湖南文徵》卷41〔註262〕校：

1. 元故旌表高年耆德山村先生歐陽公墓碑銘：碑，《文徵》無。
2. 袁之分宜山村先生歐陽公是年九十：公，《文徵》作「翁」。

    按：下文「偶近公生朝」、「至公之門」、「子惟德以里名士孫復孫作所狀公行」、「公諱涇」、「而公如素之習不改」、「見公之文」、「求識公面」、「先公卒」、「每以公壽期之」、「公爲族弟」、「惟公之身」並作「翁」。

3. 公年九十三：年，《文徵》上有「是」。
4. 二帛未足以示優禮也：二，《文徵》作「一」。
5. 詢前詔：前，《文徵》作「先」。
6. 旌表燁然：燁，《文徵》作「煜」，乃避諱而改。
7. 詳見吾宗楚國文忠公譜：楚，《文徵》作「兗」。
8. 多至數百指：百，《文徵》作「千」。
9. 匯粹先儒格言：粹，《文徵》作「萃」。
10. 曾從出學。公教學者無他言：出、公，《文徵》作「翁」、「者」。
11. 唯勉其用功根柢：唯，《文徵》作「惟」。
12. 沒以大元後至元乙亥十一月十一日：大、後，《文徵》無。
13. 公歿之歲：歿，《文徵》作「幹」。
14. 數近滿百：近，《文徵》作「不」。
15. 太樸未斫：太，《文徵》作「大」。

34／718《居士歐陽南谷墓碑銘》，據清代羅汝懷編纂《湖南文徵》卷43〔註263〕校：

1. 居士自幼爲學質實：質，《文徵》作「資」。
2. 輕財而賤利：賤，《文徵》作「薄」。
3. 輒聚而保之：輒，《文徵》作「必」。
4. 施於孫子：孫子，《文徵》作「子孫」。
5. 子男四：震亨、晉亨、巽亨：震，《文徵》作「鼎」。

    按：下文論及「鼎亨」、「巽亨」。故疑此處有脫文，子男四人當爲鼎亨、震亨、晉亨、巽亨。

〔註262〕（清）羅汝懷編纂《湖南文徵》（第2冊），嶽麓書社2008年版，第978～979頁。

〔註263〕（清）羅汝懷編纂《湖南文徵》（第2冊），嶽麓書社2008年版，第1002頁。

6. 辟清湘縣儒學教諭：清，《文徵》作「臨」。

7. 適李、適彭、適胡、適劉，皆里名家：《文徵》作「所適皆里名家」。

8. 子孫以亭侯爲氏：氏，《文徵》作「世」。

9. 上世有府君諱俙：上，《文徵》作「八」。

10. 子孫多遷居外郡：多，《文徵》上有「最」。

11. 世用則訓：世用，《文徵》作「用世」。

12. 我宗儀刑：刑，《文徵》作「形」。

34／720《元處士劉公梅國先生墓銘》，據清代羅汝懷編纂《湖南文徵》卷 43〔註264〕校：

1. 公姓劉氏：公，《文徵》作「翁」。下文並同。

2. 獎借誘掖：借，《文徵》作「勸」。

3. 輒加警約：警，《文徵》作「瑾」。

4. 舊家子弟異愜：愜，《文徵》作「輒」。

5. 爲人燆難觿糾：觿，《文徵》作「鐫」。

6. 始遷安成蜜湖：蜜，《文徵》作「密」。下文「蜜湖是家」同。

7. 沅陵令崧：崧，《文徵》作「松」。

8. 腹心崔公君舉、巽吾彭某：《文徵》作「腹心崔公君舉及彭巽吾」。

9. 尚論先世蘊蓄之深：蓄，《文徵》作「藉」。

10. 子燁：燁，《文徵》作「煜」，乃避諱而改。下文同。

11. 孫曰漢、善、鵬、嵩、岳、正、泰、鈞、貫：鈞，《文徵》作「約」。

12. 素箏軍門：素箏，《文徵》作「負弩」。

13. 彼秩三品：彼，《文徵》作「被」。

34／722《元翰林侍講學士中奉大夫知制誥同修國史同知經筵事豫章揭公墓誌銘》，據清代羅汝懷編纂《湖南文徵》卷 43〔註265〕校：

1. 詣玄謁公墓銘：謁，《文徵》作「撰」。

2. 生而穎悟：悟，《文徵》作「異」。

3. 元統，遷翰林待制：元統，《文徵》下有「初」。

〔註264〕（清）羅汝懷編纂《湖南文徵》（第 2 冊），嶽麓書社 2008 年版，第 1003～1004 頁。

〔註265〕（清）羅汝懷編纂《湖南文徵》（第 2 冊），嶽麓書社 2008 年版，第 1004～1007 頁。

4. 中書平章政事鐵睦爾達識以下凡六人爲總裁官：識，《文徵》無。

5. 豫章族始祖積：積，《文徵》作「禎」。下文「蓋積、塤伯仲」同。

6. 公職子弟：職，《文徵》作「爲」。

7. 少自處約立身：約，《文徵》無。

8. 出入始乘馬：始，《文徵》上有「未」。

9. 示非所欲：示，《文徵》上有「以」。

10. 有盛名公卿間：公卿，《文徵》上有「於」。

11. 既而貢集賢奎章：章，《文徵》無。

12. 浦城楊載仲弘繼至：浦城，《文徵》無；弘，《文徵》作「宏」，乃避諱而改。

13. 楷法精健閒雅：閒，《文徵》作「嫻」。

14. 今上聽其講篇：今，《文徵》無。

15. 至則以內府所賜諸王段表裏賜之：段，《文徵》作「緞」。下文「又賜金織紋段」同。

16. 轉八階：八，《文徵》作「九」。

17. 進神御殿碑：進，《文徵》無。

18. 不見幾微自衒之色：衒，《文徵》作「炫」。

19. 第言某處災傷未賑卹：賑卹，《文徵》作「振恤」。

20. 以其事付本屬官：其，《文徵》無；本，《文徵》下有「院」。

21. 多得名士：得，《文徵》無。

22. 公待之泊然：泊，《文徵》作「汩」。

23. 公則曰：則，《文徵》無。

24. 嘗有郡侯以勢諷其部民奉金爲公壽：公，《文徵》無。

25. 求文記其德政：文，《文徵》上有「公」。

26. 時或不平：時，《文徵》無。

27. 身任勞責：責，《文徵》作「勩」。

28. 予斆是非擅萬世：斆、世，《文徵》作「奪」、「事」。

34／727《元故承務郎建德路淳安縣尹眉陽劉公墓誌銘》，據清代羅汝懷編纂《湖南文徵》卷 43〔註266〕校：

〔註266〕 （清）羅汝懷編纂《湖南文徵》（第 2 冊），嶽麓書社 2008 年版，第 1008～1009 頁。

1. 元故承務郎建德路淳安縣尹眉陽劉公墓誌銘：眉陽，《文徵》無。

2. 同年友廬陵歐陽玄聞訃：廬陵，《文徵》作「瀏陽」。

3. 後是百餘年：是，《文徵》作「世」。

4. 余讀之欷歔：余，《文徵》作「元」（即「玄」）。

5. 吾於劉公：公，《文徵》無。

6. 家於隋（下有注文「疑誤」）：隋，《文徵》作「隨」；疑誤，《文徵》無。

7. 由丹稜遷眉之金流鎮：稜，《文徵》作「陵」。

8. 授代還：授，《文徵》作「受」。

9. 《春秋例義》：義，《文徵》作「議」。

10. 《左傳記事本末》：傳，《文徵》作「氏」。

11. 《春秋澤存》：澤，《文徵》作「擇」。

12. 《易詩說》未脫稿：詩，《文徵》作「經」。

13. 有荀慈明愧陳太丘之色：丘，《文徵》作「邱」。

14. 方今宇內，州、路、縣：路，《文徵》無。

34／730《元故將仕郎臨安路錄事羅君墓誌銘》，據清代羅汝懷編纂《湖南文徵》卷 43〔註267〕校：

1. 元故將仕郎臨安路錄事羅君墓誌銘：臨安，《文徵》作「臨江」。

2. 時朝廷驟黜舊制：制，《文徵》作「類」。

3. 久乃按堵：按，《文徵》作「安」。

4. 吏初疑儒者劣於剸裁：初，《文徵》作「從」。

5. 故相文山文公與其子弟有斯文昆弟之好：文山文公，《文徵》作「文文山」。

6. 曾祖妣蕭氏：妣，《文徵》作「母」。

7. 甘苦燥濕共之：甘苦，《文徵》無。

8. 余幼：《文徵》無。

9. 霽即立夫子：霽，《文徵》無。

10. 不止止於藪：止止，《文徵》作「止」。

〔註267〕（清）羅汝懷編纂《湖南文徵》（第 2 冊），嶽麓書社 2008 年版，第 1009～1010 頁。